兰州大学中央高校基本科研业务费专项资金资助项目"欧洲一体化进程中的民族主义及其影响研究"相关成果

教育部人文社会科学重点研究基地
兰州大学西北少数民族研究中心

国家民委"一带一路"国别和区域研究中心
兰州大学欧盟研究中心成果文库

欧盟列国志

田　烨　李正芳◎著

中国社会科学出版社

图书在版编目（CIP）数据

欧盟列国志 / 田烨，李正芳著. —北京：中国社会科学出版社，2024.2（2024.12重印）

ISBN 978-7-5227-3138-4

Ⅰ. ①欧⋯　Ⅱ. ①田⋯②李⋯　Ⅲ. ①欧洲联盟—会员国—概况　Ⅳ. ①D814.1

中国国家版本馆 CIP 数据核字（2024）第 045005 号

出 版 人	赵剑英
责任编辑	宫京蕾
责任校对	夏慧萍
责任印制	郝美娜

出　　版	中国社会科学出版社
社　　址	北京鼓楼西大街甲 158 号
邮　　编	100720
网　　址	http://www.csspw.cn
发 行 部	010-84083685
门 市 部	010-84029450
经　　销	新华书店及其他书店

印刷装订	北京君升印刷有限公司
版　　次	2024 年 2 月第 1 版
印　　次	2024 年 12 月第 2 次印刷

开　　本	710×1000　1/16
印　　张	16.25
插　　页	2
字　　数	275 千字
定　　价	98.00 元

目　　录

目前欧盟共有 27 个成员国，分别为：比利时、法国、德国、意大利、卢森堡、荷兰、丹麦、爱尔兰、希腊、葡萄牙、西班牙、奥地利、保加利亚、芬兰、罗马尼亚、瑞典、塞浦路斯、捷克、爱沙尼亚、匈牙利、拉脱维亚、立陶宛、马耳他、波兰、斯洛伐克、斯洛文尼亚、克罗地亚。这些国家分布在北欧、西欧、中欧、南欧、东欧等地区。

第一章　北欧地区

北欧主要由斯堪的纳维亚国家组成，共包括挪威、瑞典、芬兰、丹麦、冰岛 5 个主权国家，其中瑞典、芬兰和丹麦为欧盟的成员国。

一　瑞典

瑞典王国（The Kingdom of Sweden）简称瑞典，是北欧最大的国家。瑞典位于斯堪的纳维亚半岛，西部毗邻挪威，东北部与芬兰接壤，西南部濒临斯卡格拉克海峡和卡特加特海峡，东部为波罗的海与波的尼亚湾。

大北方战争（也称为第二次北方战争，1700—1721 年）

公元前 12000 年，冰河时期进入晚期，冰川开始退却，欧洲气温迅速上升，这时瑞典境内已经有人类居住，他们主要从事狩猎和食物采集，瑞典北方的耶姆特兰省曾发现过绘制于公元前 9000 年前的岩画。公元前 4000 年左右，瑞典进入新石器时代，农业和畜牧业开始出现，一些居民

瑞典首都斯德哥尔摩市

瑞典瓦萨王朝的开创者国王古斯塔夫·瓦萨（1523—1560 年在位）

通过饲养奶牛获得牛奶。[1] 公元前 1500 年左右，瑞典地区的居民开始使用铜器。[2]

　　公元前后，罗马人北上，逐渐将帝国边界从莱茵河推进至易北河，企图将罗马帝国扩张到北欧。随着罗马帝国不断向西北欧扩张，罗马人逐渐对生活在斯堪的纳维亚半岛的居民有所了解。古罗马历史学家塔西陀

（Tacitus）在其著作《日耳曼尼亚志》（Germania）中记载了生活在斯堪的纳维亚半岛从事狩猎和食物采集的部落，他提到居住在斯堪的纳维亚半岛的瑞典部落（Suiones）非常强大，善于制造武器和船只。公元9年，罗马军队在条顿堡森林中遭到日耳曼人的伏击，罗马帝国的扩张遭受重挫。

从公元8世纪到11世纪中叶，瑞典进入维京时代。在此期间，瑞典逐渐发展为统一的国家，为瑞典民族的形成奠定了基础。与毗邻的丹麦人和挪威人相比，瑞典地区的维京人①更注重商业贸易而不是扩张，他们致力于向欧洲东部和东南部的发展，其势力曾远达黑海和里海沿岸，足迹遍及波罗的海国家、俄罗斯、白俄罗斯、乌克兰，他们曾沿着第聂伯河进入黑海并到达君士坦丁堡，在那里开展了多次袭击。维京人还到达了芬兰湾北岸、涅瓦河和拉多加湖一带，他们在那里建立据点，并继续向南推进，在诺夫哥罗德建立了诺夫哥罗德公国。一支维京人还进入东欧腹地并建立了基辅罗斯，他们被称为瓦良格人。②维京时代一直持续到11世纪中叶，当时斯堪的纳维亚半岛的基督教化基本完成，瑞典成为最后一个接受基督教的维京国家。

瑞典王国大约形成于公元11世纪，相关的传说中流传着瑞典早期国王的姓名和事迹，如埃里克家族和斯沃克家族。早期瑞典国王埃里克九世（Erik IX）在瑞典大力发展基督教，起到了凝聚国民的作用，从而使瑞典整合为一个国家。国家的统一为瑞典民族的形成创造了条件，瑞典民族由斯韦阿兰人（Svenonians）和哥特人（Goths）为主体③，不断吸收后来迁入的移民以及部分萨米人和芬兰人而构成。

在瑞典王国形成初期，瑞典由一些独立性很强的省组成了王国，国王负责各省之间的协调和组织对外战争等事务。到公元12世纪时，瑞典王权强大起来，形成了全国统一的税收和法律体系。此时的瑞典已征服了芬兰的西南沿海地区，并继续向东南方扩张。14世纪中叶，黑死病传入瑞典，使瑞典丧失了大量的人口，约有三分之一的人口在1349—1351年期

---

① 斯堪的纳维亚探险家、商人和战士的统称。——作者注

② ［俄］拉夫连季：《往年纪事》，朱寰等译，商务印书馆2011年版，第14—15页。

③ 斯韦阿兰人和哥特人同属于日耳曼部落。——作者注

间死亡。① 直到 19 世纪初，瑞典人口再也没有恢复到 1348 年的水平。在这一时期，瑞典与汉萨同盟之间的矛盾逐渐扩大。

"汉萨同盟"（Hanseatic League）一词最早出现于 1344 年，由莱茵地区的商人组织互相合作以维护共同的利益，是共享特权的商人联盟。1356 年，商人汉萨同盟发展为城市汉萨同盟，成员由商人转变为城市，包括绝大多数德国北部的沿海城市，核心成员为吕贝克市（Lubeck）、汉堡市（Hamburg）和不来梅市（Bremen），后来加入者有科隆市（Cologne）、但泽市（Danzig）和柯尼斯堡市（Königsberg）。1358 年，波罗的海东岸的里加（Riga）等城市加入了汉萨同盟，汉萨同盟逐渐垄断了东欧、北欧同西欧的贸易。1367 年，加入汉萨同盟的 77 个城市的代表在科隆市举行首次会议，同盟设立了最高议会和最高法院，有权对外开展外交、宣战、媾和、缔约等活动。

随着汉萨同盟势力的不断扩大，其排他性的贸易模式对瑞典的发展产生了负面影响。为了对抗强大的汉萨同盟在北海和波罗的海的势力，瑞典、丹麦、挪威三国于 1397 年在瑞典东南部的卡尔马市（Kalmar）举行会议，决定成立由丹麦王室主导的卡尔马联盟（Kalmar U-nion，1397—1523），从此瑞典和挪威臣服于丹麦国王的统治，但保留了王国的地位。在卡尔马联盟时期，瑞典与丹麦的冲突时有发生。1520 年，丹麦国王克里斯蒂安二世（Christian Ⅱ）率军进入瑞典首都斯德哥尔摩平息了一场独立运动。随后，本地贵族古斯塔夫·瓦萨（Gustav Vasa）在瑞典中部的达拉纳省（Dalarna）组织了反对联盟的独立运动，逐渐控制了瑞典的大部分地区。在与丹麦敌对的汉萨同盟盟主城邦吕贝克的援助下，瑞典人攻入斯德哥尔摩。1523 年，丹麦军队在镇压瑞典独立运动中失败，瑞典获得独立，卡尔马联盟解体，古斯塔夫·瓦萨被选为瑞典国王（1523—1560 年在位），建立了瓦萨王朝（Vasa Dynasty，1523—1654）。

瑞典独立后，国王古斯塔夫·瓦萨开展了一系列的改革，主要包括三个方面。在行政体制方面，国王镇压大贵族的反抗，废除他们的封地、采邑，向地方派出官员，从而加强了中央集权；在宗教方面，国王任用路德

---

① Franklin D. Scott, *Sweden*：*The Nation's History*, Minneapolis：University of Minnesota Press, 1977, pp. 56-57.

派教士开展宗教改革，没收教会土地，解散教会军队，路德宗于1593年成为瑞典国教；在国家制度方面，国王于1544年宣布废除选举制，代之以世袭制。这些改革取得了巨大的成就，为瑞典不久后称霸波罗的海地区打下了坚实的基础。在16世纪的几次战争中，瑞典打败了丹麦、波兰的军队，成为北欧的军事霸权。

在发生于17世纪的三十年战争期间（1618—1648年），瑞典加入新教阵营参战，派兵深入神圣罗马帝国腹地，曾一度征服了神圣罗马帝国约一半的领土。瑞典国王古斯塔夫二世·阿道弗斯（Gustav Ⅱ Adolphus）曾梦想成为神圣罗马帝国的新皇帝，统治斯堪的纳维亚半岛和神圣罗马帝国。但是，在1632年发生的吕岑战役（Battle of Lützen）中，国王古斯塔夫二世阵亡。之后，瑞典军队在1634年的纳德林根战役（Battle Of Nordlingen）中战败，从而撤回国内。

1642年，瑞典再次出兵德意志，于1648年与法国联军最终战胜了神圣罗马帝国。从1643年起，瑞典及新教诸侯与神圣罗马帝国在威斯特伐利亚的奥斯纳布吕克、法国与神圣罗马帝国及天主教诸侯在威斯特伐利亚的明斯特开始谈判，最终于1648年10月24日在明斯特签订了《威斯特伐利亚和约》（Peace of Westphalia）①的最后条款。②瑞典据此得到了德意志北部地区的领土，如西波美拉尼亚（West Pomerania）、不来梅—维登（Bremen-Verden）和维斯马（Wismar）。三十年战争后，瑞典在波罗的海的势力达到顶峰，成为欧洲领土面积第三大国，仅次于俄罗斯和西班牙。

三十年战争推动了欧洲近代民族国家的形成，是欧洲近代史的开端。《威斯特伐利亚和约》的缔结，承认了神圣罗马帝国统治下的一些邦国是独立的主权国家，在欧洲出现了众多独立的主权国家，同时确立了国际关系中的国家领土、主权与独立等原则，被认为是现代国际关系的起源。③《威斯特伐利亚和约》的签订，标志着近代意义上的国际社会得以形成。

1655年，小北方战争（也称为第一次北方战争，Little Northern War，1655—1660年）爆发。瑞典国王卡尔十世·古斯塔夫（Karl Ⅹ

---

① 《威斯特伐利亚和约》由《奥斯纳布吕克条约》与《明斯特条约》构成。——作者注
② 黄德明：《论威斯特伐利亚和约对国际法的影响》，《江汉论坛》2000年第6期。
③ 任东波：《历史与理论的张力：反思"威斯特伐利亚"》，《史学集刊》2019年第4期。

Gustav）对波兰—立陶宛联邦宣战，希望以此扩大领土。瑞典与勃兰登堡结盟后入侵波兰—立陶宛联邦，赶走波兰国王约翰二世·卡齐米日（Jan II Kazimierz），取得了初步胜利。不久，俄国、丹麦和奥地利联盟，对瑞典宣战，此时勃兰登堡大选帝侯腓特烈·威廉（Frederick William）背弃瑞典加入敌对联盟。瑞典军队被逐出波兰—立陶宛联邦后，两次入侵丹麦，大败丹麦国王弗雷德里克三世（Frederik III）。1658年，瑞典迫使丹麦签订了《罗斯基勒条约》（Treaty of Roskilde），让丹麦割让了斯堪的纳维亚半岛南端的斯科讷省、布莱金厄省、哈兰省和巴哈斯省给瑞典。瑞典形成了一个以芬兰湾为中心的波罗的海帝国，包括卡累利阿（Karelia）、英格里亚（Ingria）、爱沙尼亚（Esthonia）和利沃尼亚（Livonia）等地。瑞典达到了卡尔十世·古斯塔夫（Karl X Gustav，1654—1660年在位）统治下的最大领土范围。①

经历半个多世纪的战争后，瑞典经济开始恶化，综合国力下降。1700年，俄国、波兰—立陶宛联邦、丹麦结盟后与瑞典交战，大北方战争（也称为第二次北方战争，Great Northern War，1700—1721年）爆发。1709年，瑞典国王卡尔十二世的军队在今乌克兰境内的波尔塔瓦（Poltava）被俄国沙皇彼得一世击溃，卡尔十二世逃至奥斯曼帝国。俄国开始取代瑞典成为北欧及波罗的海地区的新兴强国。大北方战争最终在1721年结束，瑞典在这场战争中损失了约20万人，其中的大部分来自瑞典，另外约有5万人来自瑞典统治下的芬兰。1721年，瑞典作为战败国和俄国签订了《尼斯塔德条约》（Treaty of Nystad），将爱沙尼亚（Estonia）、利沃尼亚（Livonia）、英格里亚（Ingria）和芬兰东南部割让给俄国。瑞典因战败丧失了波罗的海属地及其军事强国地位，仅有波美拉尼亚（Pomerania）在佩内河西部的部分仍然归瑞典所有。② 随着瑞典失去影响力，俄国走向强盛，成为欧洲的主要国家之一。

1741年，瑞典对俄国发动复仇战争——瑞典史称之为帽子战争（Hats' Russian War，1741—1743），俄军再创瑞芬联军，占领了芬兰的大

---

① Carlton J. H. Hayes, *A Political and Social History of Modern Europe*：*Volume* 1：1500-1815, Wokingham：Dodo Press, 2007, pp.574-575.

② ［英］尼尔·肯特：《瑞典史》，吴英译，中国大百科全书出版社2009年版，第98页。

部分土地。① 1809 年，俄国派兵吞并了瑞典统治下的芬兰，芬兰成为俄罗斯帝国内的大公国，沙皇亚历山大一世兼任芬兰大公。

1814 年 1 月，在拿破仑战争（Napoleonic Wars，1803—1815）中战败的丹麦与瑞典签订了《基尔条约》（Treaty of Kiel），丹麦把挪威割让给瑞典，但是，由于挪威乘机宣布独立并颁布了宪法，瑞典对挪威发动了一场短暂的战争，挪威被迫臣服于瑞典，直到 1905 年挪威摆脱瑞典统治而独立。在拿破仑战争后的两个世纪中，瑞典试图避免卷入任何战争与冲突，在两次世界大战中均保持中立，持久的和平稳定促进了瑞典经济和科技的发展。

1952 年 3 月，瑞典、丹麦、挪威、冰岛四国于哥本哈根签订协议，决定成立北欧理事会（Nordic Council），芬兰于 1955 年加入。北欧理事会是一个五国议会间组织和各成员国政府的咨询机构，旨在为北欧国家的议会和政府提供联系，探讨北欧各国的合作途径，加强和扩大北欧各国间的合作，其合作领域包含经济、社会、文化、法律、劳工、交通运输和环境保护，等等。为了与欧洲经济共同体抗衡，1960 年 1 月，瑞典与英国、丹麦、挪威、葡萄牙、瑞士、奥地利等国签订了《建立欧洲自由贸易联盟公约》（即《斯德哥尔摩公约》），成立了欧洲自由贸易联盟（EFTA）②。

20 世纪 70 年代，伴随两次石油危机对瑞典的破坏，瑞典国内的主导产业遭受重创，尽管政府提供了一些补贴和政策支持，但国内经济并未得到复苏。随后，英国和丹麦退出了欧洲自由贸易联盟加入了欧洲经济共同体，导致欧洲自由贸易联盟大大收缩，瑞典不得不重新考虑与欧共体的关系，于 1972 年与欧共体签订了双边自由贸易协定，加入了欧洲自由贸易区。③

---

① "European Kingdoms"，https：//www. historyfiles. co. uk/KingListsEurope/EasternRussia. htm.

② 欧洲自由贸易联盟亦称"小自由贸易区"，其宗旨为消除成员国间关税和非关税壁垒，实现联盟内工业品自由贸易。由于英国、丹麦提出加入欧洲经济共同体，小自由贸易区其余几国遂于 1972—1973 年间分别与欧洲经济共同体签订协定，组成欧洲自由贸易区（亦称"大自由贸易区"）。——作者注

③ 欧洲自由贸易区即"大自由贸易区"，是欧共体与其他若干欧洲国家组成的自由贸易区。该自由贸易区无统一超国家组织机构，由欧共体于 1972 年 7 月分别与瑞典、瑞士、奥地利、葡萄牙、冰岛、列支敦士登、芬兰签约组成。——作者注

　　随着许多发达国家的资本市场走向自由化，瑞典政府也逐步废除或放松了金融监管，继而导致 20 世纪 80 年代末瑞典国内产生了泡沫经济，致使国内生产总值不断出现负增长。同时，20 世纪 90 年代前后柏林墙的倒塌、苏联解体、中欧和东欧国家向资本主义过渡等一系列国际事件影响着瑞典对欧共体的态度。1991 年 7 月 1 日，瑞典正式向欧共体提交加入申请。

　　这一时期欧共体为非成员国提供了进入欧洲单一市场的途径，即加入欧洲经济区（EEA）①。欧共体允许瑞典进入欧洲单一市场，但瑞典没有权力参与欧共体的任何决策。1993 年 2 月 1 日，瑞典正式就成员资格与欧共体进行谈判。由于瑞典是一个特殊的社会民主主义国家，具有较为完善的社会福利制度，瑞典国内对是否加入欧共体产生了重大分歧，工会和左翼政党认为加入欧共体可能会对瑞典的福利体系构成威胁。随着二者经济合作的深化，尽管瑞典国内存在担忧，已经建立的贸易关系表明参与欧洲一体化具有必要性。在 1994 年 3 月开展的入盟谈判结束后，当年 5 月发布的谈判决议指出，瑞典加入欧盟具有重大意义，不仅有助于国内经济复苏，而且有利于保障其民主、和平和安全。1994 年 11 月 13 日，瑞典公民就是否加入欧盟进行投票，赞成率为 52.2%。② 根据投票结果，瑞典于 1995 年 1 月 1 日正式加入欧盟。

　　尽管瑞典成为欧盟的成员国，但在 2003 年的全民投票中，大多数瑞典人拒绝加入欧元区，这表明瑞典在与欧盟加强密切合作的同时，不愿大规模放弃经济主权。瑞典于 2001 年 3 月 25 日起加入申根协定，成为申根国家。加入欧盟后，瑞典进出口贸易发展良好，根据 2016 年的统计数据，瑞典出口总额的 59% 为欧盟内部贸易，进口总额的 71% 来自欧盟成员国。③ 在第 9 届欧洲议会 705 个席位中，瑞典拥有 20 个席位。

---

　　①　欧共体 12 国和欧洲自由贸易联盟 7 国中的奥地利、芬兰、冰岛、挪威和瑞典 5 国于 1994 年 1 月 1 日组成了欧洲经济区。——作者注

　　②　"Ingvar Carlsson votes in the referendum on Sweden's accession to the European Union", https：//www.cvce.eu/en/obj/ingvar_carlsson_votes_in_the_referendum_on_sweden_s_accession_to_the_european_union_stockholm_13_november_1994-en-55848ece-5e80-4c97-a778-ccb5e78b396e.html.

　　③　"Country - Profiles/Sweden"，欧盟官方网站：https：//european - union.europa.eu/principles-countries-history/country-profiles/sweden_en.

　　瑞典总面积约 45 万平方公里，全国总人口约 1044 万（截至 2021 年 11 月）。[1] 瑞典主体民族为瑞典族，人口约占总人口的 80.3%。[2] 标准瑞典语（Svenska）是瑞典官方语言，其来源于 19 世纪瑞典中部的方言，并在 20 世纪初固定下来。瑞典语和丹麦语同属于北欧东斯堪的纳维亚语，与之相对的北欧西斯堪的纳维亚语则由法罗语、冰岛语和挪威语组成。绝大多数瑞典居民信奉新教，其中基督教路德宗是瑞典的国教。

二　芬兰

　　芬兰共和国（The Republic of Finland）简称芬兰，位于欧洲北部，与瑞典、挪威、俄罗斯接壤，南临芬兰湾，西濒波的尼亚湾。芬兰内陆水域面积占全国总面积的 10%，有湖泊约 18.8 万个，有"千湖之国"之称。

芬兰波尔沃小镇

　　在距今约 9000 年前的冰河末期，芬兰人的祖先从波罗的海的南部和

---

　　① "Statistics Sweden"，瑞典统计局官网：http://www.scb.se/en/finding - statistics/statistics-by-subject-area/population/population-composition/population-statistics/.

　　② "Sweden Ethnic groups"，https://www.indexmundi.com/sweden/ethnic_groups.html.

芬兰共和国首任总理卡罗·尤霍·斯塔尔伯格

芬兰国家博物馆

东南部迁居至此。[①] 这一时期的居民使用石器，以狩猎和采集为生。公元

---

① Georg Haggrén, Petri Halinen, Mika Lavento, Sami Raninen and Anna Wessman, *Muinaisu-utemme jäljet*：*Suomen esi-ja varhaishistoria kivikaudelta keskiajalle*，Helsinki：Gaudeamus Helsinki University Press，2015，p. 23.

前 3000 年至公元前 2500 年间，芬兰南部沿海地区出现了农业生产，但狩猎和捕鱼仍然是当地居民获取食物的重要来源。公元前 1300 年，芬兰境内的居民开始制造青铜器具。在铁器时代，芬兰南部的人口快速增长，他们与波罗的海和斯堪的纳维亚地区的居民交流频繁。虽然目前没有明确的证据证明芬兰境内有维京人的聚落，但维京人曾通过贸易或劫掠与芬兰先民接触。

直到公元 12 世纪左右，芬兰仍处于原始公社阶段。瑞典人曾于 12 世纪初试图占领芬兰，迫使信奉多神教的芬兰先民皈依天主教，臣服于瑞典国王。从 13 世纪始，芬兰逐渐融入了欧洲中世纪的文化圈。1249 年，天主教多明我会（Dominican Order）传入芬兰并产生了重大影响。1293 年，第三次瑞典十字军控制了西卡累利阿（Western Karelia），西卡累利阿因此归于西方文化圈，而东卡累利阿由于被诺夫哥罗德控制，在文化上逐渐转向俄罗斯和东正教。

12—14 世纪，瑞典和诺夫哥罗德发生了多次冲突，冲突各方于 1323 年签订了《诺特伯格条约》（Treaty of Nöteborg），天主教和东正教的界线也随着该条约的签订而定于芬兰的东界。

在中世纪时期，芬兰发展缓慢，城市化程度非常低。芬兰南部和波的尼亚湾沿岸只有一些以农业为生的芬兰先民定居于此，其他地区分布着以渔猎和小规模农耕为主的萨米人。12—13 世纪，大量的瑞典人移民至芬兰南部和西北部。在奥兰群岛及奥兰群岛和图尔库（Turku）之间的群岛中，瑞典语广泛流行，并成为那一时期芬兰其他地区上层阶级所使用的语言。1362 年，来自芬兰的代表获邀参加瑞典国王的选举，这一事件常被认为是芬兰融入瑞典王国的表现，代表着芬兰接受了瑞典的统治。

1389 年，丹麦女王玛格丽特一世（Margaret Ⅰ，1375—1412 年在位）将瑞典、丹麦、挪威三个王国纳入自己的统治之下，之后又成立了卡尔马联盟，丹麦女王成为瑞典的君主，芬兰的总督由丹麦统治者进行委任。芬兰在这一时期发展较快，人口不断增长，从而进入相对富裕的时期。1523 年，卡尔马联盟瓦解，瑞典恢复独立，瑞典建立了瓦萨王朝，重新恢复对芬兰的统治。瑞典国王古斯塔夫一世（Gustavus Ⅰ，1523—1560 年在位）于 1550 年建立了赫尔辛弗斯（Helsingfors）——即后来的赫尔辛基，但自建立后两个世纪以来，赫尔辛弗斯仍然只是个渔村，发展速度缓慢。

16 世纪，由于瑞典奉行对外扩张的政策，常年的征战使芬兰人饱受战争带来的征兵、重税和军队的骚扰，从而引发了 1596—1597 年欧斯特博腾尼亚（Ostrobothnia）、北塔瓦西亚（Northern Tavastia）和萨沃（Savo）地区的农民起义，起义因瑞典的血腥镇压而结束，芬兰史称这场起义为"棒民暴动"（Cudgel War）。

自 16 世纪中叶起，瑞典开始和俄国、丹麦、德意志、波兰争夺波罗的海霸权，芬兰沦为战场，长期陷于战乱之中。1630 年，瑞典和芬兰联合军队进入德意志，参加三十年战争，芬兰提供了多达三分之一的兵力。

在大北方战争（也称为第二次北方战争，Great Northern War，1700—1721 年）时期，俄国军队战胜了瑞典军队，瑞典被迫与俄国进行不平等的和谈。瑞典和俄国于 1721 年签订了《尼斯塔德条约》（Treaty of Nystad），瑞典将爱沙尼亚（Estonia）、利沃尼亚（Livonia）、英格里亚（Ingria）和芬兰东南部割让给俄国，芬兰史将之称为"大仇恨时期"（Great Hate）。1741 年，瑞典对俄国发动复仇战争，俄军再创瑞芬联军，占领了芬兰的大部分土地。战争各方于 1743 年签订了《奥布条约》（Treaty of Åbo），俄国获得了芬兰居密河（Kymi River）以东广大土地，芬兰史将之称为"小仇恨时期"（Lesser Hate）。

1808 年，俄国迫使瑞典参加反英同盟未遂，对瑞典发动讨伐战争，瑞典再次战败，双方于 1809 年签订了《弗雷德里克斯姆条约》（Treaty of Fredrikshamn），芬兰残余部分悉数被俄国吞并，成为俄国的一个大公国，称为芬兰大公国（Grand Duchy of Finland），沙皇兼任芬兰大公，芬兰因此结束了长达约 6 个世纪的瑞典统治，开始被俄国统治，但拥有自治权利。在自治背景下，芬兰完善了自身的管理和制度，促进了芬兰文化的复兴，芬兰语的地位也得到了提高，推动了芬兰民族主义的发展。

1835 年，芬兰民族史诗《卡勒瓦拉》（Kalevala）出版，这是一部把芬兰民间广为流传的歌谣和神话故事汇集起来的民族史诗，记录了从远古时代开始到圣女玛丽亚生下卡累利阿王为止芬兰人世世代代的业绩。① 这部作品激发了使芬兰走向独立的民族情绪。

芬兰民族意识的觉醒，与使用瑞典语的芬兰上层阶级刻意发扬芬兰文化和语言有关，芬兰上层阶级以此为手段唤醒民族意识，使之成为国族建

---

① ［芬兰］阿·加伦-卡莱拉、斯力:《卡勒瓦拉》,《世界文学》1998 年第 2 期。

构的支柱，建立起芬兰政治精英和普通民众的集体认同。1863 年，芬兰语被允许在行政事务中使用。芬兰语于 1892 年获得了与瑞典语相等的官方语言地位。在此背景下，芬兰民族主义逐步高涨，直到最终摆脱俄国统治走向独立。

在俄国布尔什维克革命（十月革命）发生后不久，芬兰代表于 1917 年末前往彼得格勒接受苏联人民委员会承认芬兰共和国主权独立的决议书。① 同年 12 月 6 日，芬兰宣布独立，建立了共和制度，这一天成为芬兰的国庆日。列宁领导的苏维埃政权根据民族自决原则，承认芬兰为主权国家。

由于芬兰国内政治派别的分歧，导致芬兰于 1918 年 1—5 月陷入了一场内战。参战的一方是反社会主义的白军（White Army），另一方则是主要由工人运动的激进工人分子组成的红卫队（Red Guard）。白军得到了德国的支持，在内战中逐渐取得胜利。白军被迫同意接受德国黑森亲王腓特烈·卡尔（Frederick Karl）为芬兰国王，是为瓦伊诺一世（Väinö Ⅰ）。1918 年 11 月 11 日，德国投降，第一次世界大战结束，德国在芬兰的影响力也因此突然中止，腓特烈·卡尔于当年 12 月 14 日宣布放弃继承芬兰王位，芬兰重新成为一个共和国，卡罗·尤霍·斯塔尔伯格（Kaarlo Juho Ståhlberg）于 1919 年当选为共和国首任总理。

新共和国成立之初就面临着奥兰群岛分离问题，由于该群岛多数居民说瑞典语，且希望回归瑞典，但芬兰政府对这一要求予以拒绝，仅同意给予奥兰群岛自治地位。但是，奥兰群岛居民对此不满意。在国际联盟的参与下，最终奥兰群岛成为芬兰下辖的自治省，芬兰保障奥兰群岛居民使用瑞典语的权利，并保留他们的文化传统。

第二次世界大战爆发后，苏联于 1939 年发动了苏芬战争，芬兰被迫割地。此后，芬兰在 1941 年加入德国阵营，参加了对苏联的战争。二战结束后，芬兰成为战败国，主权和外交长期受制于苏联。

在此背景下，为了加强地区合作，芬兰则于 1955 年正式加入北欧理事会，并于 1961 年 3 月成为欧洲自由贸易联盟的联系国。1986 年，芬兰成为该组织的正式成员。由于欧洲经济共同体的成立削弱了欧洲自由贸易联盟的影响力，加之英国和丹麦于 1973 年加入欧洲经济共同体，并退出

---

① ［英］大卫·科尔比：《芬兰史》，纪胜利等译，商务印书馆 2013 年版，第 131 页。

了欧洲自由贸易联盟，其余成员国也分别于 1972—1973 年间与欧洲经济共同体签订协定，组成了欧洲自由贸易区。芬兰也于 1972 年与欧洲经济共同体签署协定，成为欧洲自由贸易区的一员。

苏联解体后，俄罗斯对芬兰的影响减弱。此时芬兰由于解除了对贸易的管制，国内出现了较严重的经济危机。为了推动经济发展，芬兰于 1992 年 3 月申请加入欧共体，正式谈判始于 1993 年 2 月。鉴于芬兰与俄罗斯的地缘政治关系，欧共体在谈判中给予了芬兰一些让步。1994 年，欧洲议会同意芬兰加入欧盟，芬兰随即就加入欧盟举行全民公投，赞成加入欧盟的比例达到了 56.9%。①

自 1995 年 1 月 1 日起，芬兰正式成为欧盟成员国，并于 1999 年 1 月 1 日起成为首批加入欧元区国家。共同的货币政策为芬兰带来了更加稳定的市场，推动了芬兰经济的发展。根据 2018 年的统计数据，芬兰出口总额的 59% 为欧盟内部贸易，进口总额的 70% 来自欧盟成员国。② 2001 年 3 月 25 日，芬兰正式成为申根国家。在第 9 届欧洲议会 705 个席位中，芬兰拥有 13 个席位。

芬兰总面积约 33.8 万平方公里，全国总人口约 554 万（截至 2021 年 11 月）③。芬兰主体民族为芬兰族，人口约占总人口的 93%。④ 芬兰的官方语言是芬兰语和瑞典语，居民主要信奉基督教路德宗。

三　丹麦

丹麦王国（The Kingdom of Denmark）简称丹麦，位于欧洲北部，拥有法罗群岛和格陵兰岛两个自治领地。丹麦本土由日德兰半岛

---

① "Counting of the ballot papers following the referendum on Finland's accession to the European Union"，https://www.cvce.eu/en/obj/counting_of_the_ballot_papers_following_the_referendum_on_finlands_accession_to_the_european_union-en-7ceb16b8-ebf2-4c5e-a95f-a97453c97db9.html.

② "Country - Profiles/Finland"，欧盟官方网站：https://european-union.europa.eu/principles-countries-history/country-profiles/finlanden.

③ "Latest publication: Preliminary population statistics 2021"，https://www.stat.fi/til/vamuu/index.html.

④ "Finland Demographics"，https://www.countryreports.org/country/Finland/population.htm.

（Jutland）和一个由 407 个岛屿组成的群岛组成。① 丹麦东隔波罗的海（Baltic Sea）与波兰、加里宁格勒（俄罗斯）、立陶宛、拉脱维亚相望；西隔北海与英国、冰岛相望；南部与德国接壤；北隔斯卡格拉克海峡（Skagerrak）、卡特加特海峡（Kattegat）和厄勒海峡（Øresund）与挪威、瑞典隔海相望。

丹麦女王玛格丽特一世（1375—1412 年在位）

考古研究发现，早在公元前 12000 年左右，今丹麦境内就有人类居住。公元前 4200 年至公元前 3400 年左右，定居在这一地区的人类进入新石器时代，他们开垦土地并耕耘农作物。在丹麦地区居住着日耳曼人的金布里、朱特、盎格鲁、撒克逊、格鲁尔等部落，这些部落中的一部分居民于公元 5—6 世纪向外迁移，另一部分居民与来自斯堪的纳维亚半岛南部的日耳曼人的丹人部落混合，从此国家按"丹人"（Dan）的族名命名为"丹麦"（意为丹人的土地）。② 之后，一部分居住在日德兰半岛西南的弗里斯兰人和丹麦南部群岛上的斯拉夫人混合一起，于公元 10—11 世纪形

---

① "Danmark I tal 2010"，http：//www. dst. dk/pukora/epub/upload/14847/dkital. pdf.

② "Identifying the Danish with the Tribe of Dan"，https：//hebrewnations. com/articles/tribes/dan/denmark. html.

丹麦首都哥本哈根市

哥本哈根市克里斯蒂安堡宫

成了统一的丹麦民族。①

　　公元8—11世纪，丹麦人进入维京时代，他们在西欧沿岸和不列颠群岛一带进行劫掠活动，并在一些地区定居殖民。公元793年，丹麦维京人袭击了英格兰的林第斯法恩岛（Lindisfarne）。② 此后，维京人对英格兰和西欧、南欧的侵扰规模越来越大。丹麦维京人最活跃的地方是不列颠岛、

---

　　① 杨淑君：《斯堪的纳维亚诸民族的形成和发展》，《外国问题研究》1990年第2期。

　　② "Facts and myths about Denmark's Vikings"，https：//www.visitdenmark.com/denmark/things-do/history-and-culture/vikings-facts-and-myths.

爱尔兰岛以及今法国、西班牙、葡萄牙、意大利等地区，他们在这些地方开展袭击、征服和定居。[①] 878 年，英格兰国王阿尔弗雷德大帝（Alfred the Great）和丹麦维京人媾和，丹麦维京人在英格兰东北部建立了定居点。[②] 此外，早期的定居点还包括法国西北部的诺曼底（Normandy）、爱尔兰等地。

961 年，丹麦国王哈拉尔德·布美塔特（Harald Blatand，958—986 年在位）趁挪威内乱，派兵入侵挪威，打败并杀死挪威国王哈康（Haakon），迫使挪威臣服，奠定了未来丹麦挪威两国近千年联合的基础。965 年，哈拉尔德·布美塔特统一了丹麦，石勒苏益格（Schleswig）和日德兰半岛周围诸岛均被纳入丹麦版图，统一的丹麦王国正式形成。在日德兰半岛中部的耶林市（Jelling）教堂门口，有一大一小两块石头。大石头上刻有头上环绕光环的基督像和古北欧文，这是哈拉尔德在他父母亲的坟墓上立的墓碑，以纪念他的父母，并以此庆祝他对丹麦和挪威的征服，以及纪念他将丹麦人转变为基督教徒。[③] 丹麦人称这两块石头为“耶林石”（Jelling Stones），并把石碑看成是丹麦王国诞生的标志。

1015 年，丹麦国王斯韦恩·福克比德（Sweyn Forkbeard）的儿子克努特（Canute）率领一支共约有 200 艘海盗船的船队征战英格兰，打败了英格兰人，但未能彻底令英格兰人屈服。克努特于 1016 年与英格兰人达成妥协，英格兰被一分为二，他与阿尔弗雷德的后代埃德蒙二世（Edmund Ⅱ）分治。同年 11 月，埃德蒙二世去世，克努特成为英格兰唯一的国王。1018 年，克努特的兄长丹麦国王哈拉尔德二世（Harald Ⅱ）突然去世，克努特回国继位，同时成了丹、英两国的国王。克努特于 1028 年利用挪威国王奥拉夫二世（Olaf Ⅱ）的统治危机，打败了奥拉夫二世，兼任挪威国王，开始统治挪威，建立了包括今丹麦、挪威、英格兰、苏格兰大部和瑞典南部的大帝国——北海帝国（North Sea Empire）。

---

① "The Viking Invasions of England", https：//englishhistory. net/vikings/the － viking － invasions-of-england/.

② "The Vikings and English Resistance", https：//www. britainfirst. org/thevikingsandenglishre-sistance.

③ "The Jelling Stones", https：//www. copenhagenet. dk/CPH － MAP/DK － Denmark － Jell-ing. asp.

1035 年，克努特去世，北海帝国很快就分崩离析，成为历史上的昙花一现。[①] 克努特的统治是北欧维京人最后的辉煌，自此之后，维京人再也没有取得过傲人的战绩。

12 世纪中期，丹麦内战频繁，国力逐渐走向衰弱。直到国王瓦尔德马一世（Valdemar Ⅰ，1157—1182 年在位）励精图治，重新统一了丹麦，并通过发动战争占领了爱沙尼亚、易北河以北地区和哥特兰岛（Gotland），开创了强盛的君主专制封建王朝。1397 年，丹麦女王玛格丽特一世（Margaret Ⅰ，1375—1412 年在位）主持召开了卡尔马会议，丹麦、瑞典和挪威组成联盟，丹麦处于统治地位。卡尔马联盟（Kalmar U-nion，1397—1523 年）共维持了 126 年，在此期间，为了打破汉萨同盟对波罗的海经济和贸易的控制，丹麦女王玛格丽特一世强迫汉萨同盟废除其在丹麦领土上实行的税收，她还支持维京海盗对汉萨商船发动袭击。1412 年，玛格丽特一世因感染黑死病（鼠疫）而去世。继任者埃里克七世（Erik Ⅶ，1412—1439 年在位）为了建立三国统一的专制君主政体，同时在军事上与德意志抗衡，连年征战给瑞典带来了沉重负担；同时，埃里克七世推行的专制政体使瑞典贵族利益受到侵犯，瑞典贵族开展了反抗斗争，埃里克七世于 1439 年被瑞典贵族废黜。

此后，丹麦与瑞典矛盾日趋尖锐，瑞典国内爆发了多次起义运动。1520 年，丹麦国王克里斯蒂安二世（Christian Ⅱ，1513—1523 年在位）派兵进入瑞典首都斯德哥尔摩平息了一场独立运动，杀死了瑞典贵族、教士、市民约 100 人，该事件成为瑞典独立运动的导火线。瑞典贵族古斯塔夫·瓦萨组织了反对联盟的独立运动，于 1523 年打败丹麦军队，瑞典获得独立，卡马尔同盟解散。第二年，丹麦和挪威合并为联合王国（1524—1814 年），丹麦占据主导地位。此后，丹麦为争夺波罗的海控制权以及夺取周边地区，同瑞典开展了多次较量，如发生于 1563—1570 年的北方七年战争（Northern Seven Years' War）、1611—1613 年的卡尔马战争（Kalmar War）等，但历次战争都以丹麦失败而告终，导致丹麦疆土日益缩减。

三十年战争时期，信奉新教的丹麦国王克里斯蒂安四世（Christian

---

① "Cnut the Great as King of England（1016 - 1035）"，https：//www.shorthistory.org/middle-ages/medieval-britain/cnut-the-great-as-king-of-england-1016-1035/.

Ⅳ，1588—1648 年在位）为了扩大丹麦在德意志地区的影响力，在英、法、荷三国的支持下，丹麦与新教联盟共同向神圣罗马皇帝发动进攻，结果被神圣罗马帝国军队击败，从而导致神圣罗马皇帝的势力伸延到波罗的海。这次战败进一步削弱了丹麦的国力，天主教联盟势力扩张到波罗的海，引起瑞典的不满，瑞典加入新教阵营参战，并派兵深入神圣罗马帝国腹地，曾一度征服了神圣罗马帝国一半的领土。

瑞典势力的扩张引起了丹麦国王克里斯蒂安四世的不安，他担心瑞典国力将因在战争中取胜而超过丹麦，从而使波罗的海的主要地区被瑞典控制。因此，他进行了一系列外交行动并与俄国结盟，企图拉拢俄国反对瑞典，并竭力干预结束三十年战争的相关谈判工作。克里斯蒂安四世的这一做法引起了瑞典的不满，瑞典于 1643 年对丹麦开战，由于三十年战争的成就使瑞典在德国获得了进攻丹麦的据点，同时联省共和国（荷兰）同意在海上以舰队支持瑞典，这些有利因素使瑞典军队顺利攻入丹麦，占领了日德兰半岛，丹麦处于崩溃的边缘。

在法国与荷兰的斡旋下，丹麦于 1645 年 8 月 13 日被迫与瑞典签订了《第二布鲁姆斯布罗条约》（Second Treaty of Brömsebro），该条约规定丹麦把哈兰地区（现位于瑞典的西南部沿海区域）割让给瑞典 30 年，同时把之前从瑞典夺取的哥特兰岛还与瑞典。此外还规定，凡是瑞典的船只经过厄勒海峡时，不用交海峡税。至此，丹麦完全丧失了在波罗的海地区的霸权。

1655 年，小北方战争（也称为第一次北方战争，Little Northern War，1655—1660 年）爆发。瑞典军队在此期间两次入侵丹麦，大败丹麦国王弗雷德里克三世（Frederik Ⅲ，1648—1670 年在位）。丹麦同瑞典于 1658 年签订了《罗斯基勒条约》（Treaty of Roskilde），割让了斯堪的纳维亚半岛南端的斯科讷省、布莱金厄省、哈兰省和巴哈斯省给瑞典。由于相关国家的矛盾并没有得到解决，大北方战争（也称为第二次北方战争，Great Northern War，1700—1721 年）于 1700 年爆发，丹麦国王腓特烈四世（Frederick Ⅳ，1699—1730 年在位）与俄国、波兰—立陶宛联邦结盟，企图夺回斯堪的纳维亚半岛的南部地区，但瑞典国王卡尔十二世（Karl Ⅻ）的军队击败了丹麦军队，丹麦被迫于 1700 年 8 月签署了《特兰文达尔和约》（Peace of Travendal）以退出战争，并承认荷尔斯泰因（Holstein）完全独立。1709 年，丹麦国王弗雷德里克四世得知瑞典在波尔塔瓦会战中失败，便和俄国、波兰—立陶宛联邦结盟，重新对瑞典开战，并于1720年取得胜利，但仍无法夺回斯堪的纳维亚半岛南部地区，只是获得了石勒苏益格公爵领地。

多次战争消耗了丹麦的国力，丹麦开始奉行中立政策，避免再次加入欧洲大国间的纷争。在七年战争（Seven Years' War，1756—1763）期间，丹麦保持中立。1767年，丹麦宣布同俄国、瑞典组成"武装中立同盟"，在美国独立战争期间独善其身。在法国大革命期间，丹麦再次选择中立，但英国不宣而战，于1801年发动了哥本哈根战役，丹麦战败，只能抛开中立条约，而奉行按英国条件制定的中立。① 1807年，英国炮轰哥本哈根，丹麦海军全部覆灭。丹麦转而支持拿破仑一世，于1807—1814年期间同法国结盟对抗英国。1813年，瑞典正式加入反法同盟进攻丹麦，迫使丹麦于1814年1月14日签订《基尔条约》，割让挪威给瑞典。此后，丹麦沦为日德兰半岛一隅的小国。

第一次世界大战期间，丹麦执行中立政策，后应德国的要求通过布雷封锁了厄勒和贝尔特海峡水域。德国投降后，丹麦要求在石勒苏益格举行公民投票解决归属问题。② 石勒苏益格于1920年举行全民公投，根据公投结果，石勒苏益格北部归还丹麦。

第二次世界大战爆发前，丹麦没有卷入欧洲大陆的纷争，并于1939年接受德国提出的互不侵犯条约。由于纳粹德国背信弃义，于1940年4月9日大举进攻丹麦，丹麦政府当天宣布投降。1941年，格陵兰、冰岛和法罗群岛由美军占领，与丹麦失去了联系。之后，冰岛于1944年独立，格陵兰、法罗群岛归还丹麦。

第二次世界大战结束后，为了加强地区合作，丹麦于1952年与瑞典、挪威、冰岛于哥本哈根签订协议，决定成立北欧理事会。1960年，丹麦与英国、挪威、葡萄牙、瑞士、瑞典、奥地利七国签订《建立欧洲自由贸易联盟公约》，组成欧洲自由贸易联盟。一年后，丹麦与英国、挪威、爱尔兰同时申请加入欧洲经济共同体。由于法国时任总统戴高乐忌惮英美之间的特殊关系拒绝了英国的申请，与英国关系紧密的丹麦便撤回了加入

---

① ［丹］克努特·J. V. 耶斯佩森：《丹麦史》，李明等译，商务印书馆2012年版，第21页。

② 普鲁士于1864年联合奥地利攻打丹麦，丹麦战败，普鲁士得到了石勒苏益格的控制权，奥地利得到了荷尔斯泰因的控制权。——作者注

欧洲经济共同体的申请。

1970年，丹麦再次提出申请加入欧共体，并于1973年正式加入。对于丹麦的决策者和大多数选民来说，加入欧共体能推动本国经济发展。在1992年举行的关于《马斯特里赫特条约》（即《欧洲联盟条约》）的公投中，由于担心该条约对国内福利体系造成负面影响，丹麦民众否决了《马斯特里赫特条约》。1992年12月，欧共体与丹麦以签署《爱丁堡协议》为解决方案，允许丹麦可以退出在共同的公民身份问题、共同货币、军事政策和司法互助四个领域内的合作。次年，丹麦再次进行公投，在本次全民公投中通过了《马斯特里赫特条约》。

出于自身国情的考虑，丹麦未加入欧元区，但这并不影响丹麦产品的欧盟市场。根据2018年的统计数据，丹麦出口总额的61%为欧盟内部贸易，进口总额的70%来自欧盟成员国。① 自2001年3月25日起，丹麦成为申根国家。在第9届欧洲议会705个席位中，丹麦拥有12个席位。

丹麦总面积约221万平方公里（包括格陵兰岛和法罗群岛），全国总人口约583.7万（截至2021年3月）②。丹麦主体民族为丹麦族，人口约占总人口的86.3%。③ 丹麦的官方语言是丹麦语，居民主要信奉基督教路德宗。

---

① "Country-Profiles/Denmark"，欧盟官方网站：https://european-union.europa.eu/principles-countries-history/country-profiles/denmarken.

② 《丹麦国家概况》，中华人民共和国外交部官方网站：https://www.fmprc.gov.cn/web/gjhdq_676201/gj_676203/oz_678770/1206_679062/1206x0_679064/，2021年7月。

③ "Explore All Countries-Denmark"，https://www.cia.gov/the-world-factbook/countries/denmark/.

第二章　西欧地区

西欧指欧洲西部濒临大西洋的地区和附近岛屿，一般认为，西欧的主权国家共有 7 个，分别是英国、法国、摩纳哥、比利时、爱尔兰、荷兰、卢森堡，其中法国、比利时、爱尔兰、荷兰、卢森堡为欧盟成员国。

一　法国

法兰西共和国（The French Republic）简称法国，是欧洲国土面积第三大国。法国国土大致呈六边形，三面临水，南临地中海，西濒大西洋，西北隔英吉利海峡与英国相望，东部与比利时、卢森堡、德国、瑞士、意大利相邻，南部与西班牙、安道尔、摩纳哥接壤。

巴黎公社革命运动

法国巴黎市埃菲尔铁塔

法国普罗旺斯的乡村

　　早在 180 万年前，法国所在的土地上就有原始人居住。① 距今约 10 万年前，穴居的尼安特人开始在法国出现，后来灭绝。在最后一个冰期结束时，欧洲气候变得温和。

　　公元前 1000 年左右，凯尔特人自中欧山区（今德国南部和奥地利）迁徙到法国境内，凯尔特人侵占了原住民的领土，一部分凯尔特人从内陆地区越过莱茵河进入法国东北部，在塞纳河以北、阿登山区以西和

---

① Jean Carpentier and François Lebrun, *Histoire de France*, Paris：Seuil, 1987, p. 17.

以南的地区定居，产生了拉特文化（La Tène Culture）。凯尔特人曾经一度广泛分布在欧洲大陆上，先后征服了今法国、西班牙、葡萄牙、意大利等地区。[①] 虽然凯尔特人占据着大片土地，但他们最终没能形成一个统一的国家。在这一时期，出现了高卢（Gaul）的概念，和现代法国的边界大致相同。高卢成为凯尔特人的定居点，其最南端的地区受到希腊和罗马文化及经济的影响。

公元前 125 年左右，高卢南部被罗马人征服，罗马人称其为诺斯特拉行省（Provincia Nostra）。公元前 59 年至公元前 49 年，朱利叶斯·凯撒（Julius Caesar）征服了高卢的其余部分，并镇压了高卢阿维尔尼（Arverni）部落首领维钦托利（Vercingetorix）在公元前 52 年发起的叛乱。[②] 高卢战争之后的数十年间，罗马人加速了对高卢人的同化，不愿被同化的高卢人迁徙至大不列颠岛，留下的高卢人逐渐变成了罗马子民，融入了罗马人之中。罗马皇帝克劳迪厄斯一世（Claudius Ⅰ，公元 41—54 年在位）统治时期，高卢地方贵族开始进入元老院，逐渐和罗马统治阶级合流，进一步促进了高卢人的同化。

公元 250—280 年，罗马统治下的高卢地区遭遇严重危机，其边境多次遭到日耳曼蛮族袭击。5 世纪初，高卢形势急剧恶化，东日耳曼部落的勃艮第人（Burgundians）侵入莱茵河西岸。公元 418 年，东日耳曼部落的西哥特人（Visigoths）以西罗马帝国同盟者身份占领了高卢西南部阿基坦（Aquitaine）。[③] 486 年，莱茵河下游日耳曼部落的法兰克人（Franks）在首任国王克洛维斯一世（Clovis Ⅰ，481—511 年在位）的带领下，在苏瓦松战役（Battle of Soissons）中战胜了罗马帝国在北部高卢的最后一任总督西格里乌斯（Syagrius），从而征服了高卢北部。这场胜利使法兰克人的势力扩张到了卢瓦尔河以北地区，以此建立了法兰克王国，并且以国王祖父的名字将王国命名为墨洛温王朝（Merovingian Dynasty，476—751）。

496 年，克洛维斯一世将罗马天主教定为国教，从而和罗马天主教建立了良好的关系。罗马天主教重视墨洛温王朝的一个重要原因是他们曾经

---

① 沈坚：《凯尔特人在西欧的播迁》，《史林》1999 年第 1 期。

② "Julius Caesar laying siege to Alesia"，https：//www.heritage-images.com/preview/2365125.

③ P. S. Barnwell，"Emperors，Jurists and Kings：Law and Custom in the Late Roman and Early Medieval West"，*Past & Present*，No. 168，2000，p. 8.

击败了西哥特人，西哥特人不仅洗劫过罗马，而且其信仰的阿里乌教派
（Arianism）被罗马天主教视为不可容忍的异端。墨洛温王朝的强大以及
信仰层面的一致，促使法兰克王国与罗马天主教会开始了长期的合作和相
互利用，这在一定程度上奠定了未来一段时期内欧洲的政治模式。

500 年初，克洛维斯一世对勃艮第王国（Kingdom of Burgundy）的第
戎（Dijon）发起了进攻。勃艮第人的强烈抵抗使克洛维斯一世改变了决
定，将注意力转向附近的西哥特王国图卢兹（Visigothic kingdom of
Toulouse）。① 克洛维斯一世于 507 年在武耶战役（Battle of Vouille）中战
胜了图卢兹西哥特人的军队，迫使图卢兹王国中心迁往西班牙，克洛维斯
一世趁机占领了今阿基坦的大部分地区，从而基本统一了今法国国土。

在法兰克人扩张过程中，出于战争的需要，克洛维斯一世不断扩充封
臣队伍，并将侵占的土地向封臣们进行封赐，以保障他们的生活和提供服
军役时的马匹及武器装备，在此基础上逐渐演化出采邑制（Feoff
System）。通过采邑制，西欧逐渐形成了一套封建等级制度——国王、公
爵、侯爵、伯爵、子爵、男爵、骑士，拥有采邑的封建主在自己的土地内
享有完全的行政、司法、军事和财政权，称为特恩权。采邑制使一些农民
沦为封建主的依附农民，促进了西欧封建土地制的发展和封建主阶级的
强大。②

511 年，克洛维斯一世去世，他的四个儿子瓜分了法兰克王国。通过
家族战争，克洛维斯一世的第四个儿子克洛塔尔一世（Chlothar Ⅰ）最终
于 558 年再度统一了法兰克王国。克洛塔尔一世于 561 年去世后，法兰克
王国再度由他的儿子们瓜分。虽然墨洛温王室的后代不时统一整个国家，
但受日耳曼人传统的影响，往往在国王去世后将国土分给他的儿子们，从
而使王国多次面临分裂。6 世纪中后期，法兰克王国境内逐渐分化出三个
既相对独立又同属墨洛温家族的小王国。③ 包括位于东北部的奥斯特拉西
亚王国（Kingdom of Austrasia）、西北部的纽斯特里亚王国（Kingdom of
Neustria）、东部的勃艮第王国（Kingdom of Burgundy）。在克洛塔尔二世

---

① "Clovis I"，http://simplyknowledge.com/popular/biography/clovis-i.

② 王亚平：《试析中世纪早期西欧采邑制形成的社会基础》，《经济社会史评论》2015 年第
1 期。

③ 陈文海、王文婧：《墨洛温王朝的"国土瓜分"问题——〈法兰克人史〉政治取向释
读》，《历史研究》2014 年第 4 期。

（Chlothar Ⅱ）于 614 年统一法兰克王国后，纽斯特里亚王国与勃艮第王国逐渐合并。①

在 7—8 世纪期间，墨洛温王权不断受到辅政大臣的侵蚀，国王的权力逐渐转移至宫相的手中。国王达格贝尔特一世（Dagobert Ⅰ）于 639 年去世后，国家的实权被宫相攫取，这段时期被称为"懒王时代"（639—751 年）。687 年，宫相丕平二世（Pippin Ⅱ）获得了泰尔特里战役（Battle of Tertry）的胜利，法兰克王国再次统一，丕平二世成为法兰克王国的实际统治者，国王提乌德里克三世（Theuderic Ⅲ）处于丕平二世的监控之下。②

751 年，宫相丕平三世（即矮子丕平，Pippin Ⅲ，751—768 年在位）在罗马教皇的支持下篡夺王位，废黜了墨洛温王朝的最后一任国王希尔德里克三世（Childeric Ⅲ），墨洛温王朝至此终结。丕平三世按《旧约》中的仪式涂油登基，在今法国北部的苏瓦松城称王，由丕平三世创建的加洛林王朝（Carolingian Dynasty，751—987 年）开始。丕平三世即位后，为了酬谢教会相助，曾在公元 754 年至 756 年出兵意大利，大败入侵意大利的伦巴底人（Lombards），逼其交出了以往侵占的土地。为了感谢教皇的支持，丕平三世将这些土地赠送给了教皇，这便是流传史册的"丕平献土"（Donation of Pippin）。教皇以此为基础，在意大利中部建立起政教合一的教皇国，教皇国便是今日梵蒂冈城国的前身。③

丕平三世于 768 年去世后，将国家分给两个儿子，大儿子查理曼（Charlemagne，768—814 年在位）成为纽斯特里亚（Neustria）的国王，小儿子卡洛曼（Carloman，768—771 年在位）成为奥斯特拉西亚（Austrasia）国王。卡洛曼死后，其领地和查理曼的领地合并，查理曼成为法兰克王国的唯一统治者。查理曼登基时，法兰克王国主要包括当今的法国、比利时和瑞士以及今日荷兰和德国的一些地区，查理曼在此基础上继续开展领土扩张。774 年，查理曼率军占领了伦巴底王国。785 年，萨克森公爵威德金特（Widukind）臣服于查理曼，但双方之间的战争一直持续到 804 年。

---

① 刘虹男：《墨洛温王朝中后期"王权虚无论"考议》，《华南师范大学学报》（社会科学版）2021 年第 3 期。

② 陈文海：《法兰克人史纪》，人民出版社 2018 年版，第 165 页。

③ 张尧娉：《一场政治交易的结果——教皇国的建立》，《世界文化》2010 年第 7 期。

此后，查理曼还出征了德国南部和法国西南部，以巩固他对这些地区的控制。为了确保法兰克王国东部边界地区的安全，查理曼同阿瓦尔人①展开了一系列的战争，最终彻底打败了阿瓦尔军队。通过一系列的战争，查理曼统一了西欧大部分地区，从 768 年登基为王到 800 年加冕称帝前，查理曼征服了阿基坦、巴伐利亚、萨克森、伦巴底等地，将其统治的疆土扩大了一倍多。② 在公元 800 年的圣诞节，教皇利奥三世（Leo Ⅲ）在罗马为查理曼加冕。自此，法兰克王国成为帝国，查理曼将帝国的都城定在亚琛（Aachen）。

尽管查理曼在 806 年就已规定在他去世后帝国将按日耳曼传统由他的儿子瓜分，但其子路易一世（虔诚者路易，Louis Ⅰ，814—840 年在位）欲保持帝国的统一。814 年，路易一世继承查理曼大帝的皇位后，立其长子洛泰尔（Lothaire）为巴伐利亚国王。路易一世于 817 年颁布了《帝国诏令》（Ordinatio imperii），其中规定：在他死后，为了求得帝国的统一，洛泰尔的两个弟弟丕平和路易（日耳曼人路易）在洛泰尔的宗主权之下拥有各自的王国——阿基坦和巴伐利亚。

823 年，路易一世的幼子秃头查理（查理二世，Charles Ⅱ）出生，路易一世想给秃头查理也分一块土地，但此举引发了内战，路易一世的三个儿子（洛泰尔、丕平和日耳曼人路易）联合起来反对他们的父亲。路易一世的这三个儿子于 833 年在教皇格列高利四世（Gregory Ⅳ，827—844 年在位）的支持下，囚禁了路易一世和秃头查理，路易一世直至 835 年才得以复位。

阿基坦国王丕平于 838 年去世后，路易一世两个年长的儿子同意秃头查理继承阿基坦王位，但阿基坦的贵族却选择了丕平的儿子丕平二世（Pippin Ⅱ of Aquitaine）继承王位。840 年，路易一世去世。一年后，路易一世的两个儿子日耳曼人路易和秃头查理结成联盟，反对洛泰尔并展开内战。842 年，洛泰尔战败求和，内战各方于 843 年签订了对于欧洲版图具有决定意义的《凡尔登条约》（Treaty of Verdun）。根据该条约，法兰克帝国一分为三，洛泰尔仍承袭帝号，并分得意大利中部和北部以及莱茵

---

① 阿瓦尔是一个与匈奴族有密切关系的亚洲民族，他们占有一片广阔的领土，位于中南欧地区。——作者注

② 李云飞：《钦差巡察与查理曼的帝国治理》，《中国社会科学》2017 年第 8 期。

河和阿尔卑斯山以西，埃斯科河、默兹河、索恩河和罗讷河以东地区[1]，称中法兰克王国（843—855 年）；日耳曼人路易分得莱茵河以东地区[2]，称东法兰克王国（843—911 年）；秃头查理分得帝国的西部[3]，称西法兰克王国（843—987 年）。

帝国在 855 年的《普吕姆条约》（Treaty of Prüm）[4]、870 年的《墨尔森条约》（Treaty of Mersen）[5] 和 880 年的《利贝蒙条约》（Treaty of Ribemont）[6] 中又多次被细分，此后法兰克帝国再没有统一过。

法兰克帝国的瓦解奠定了近代西欧诸国的基础，帝国的不同部分发展出不同的习俗、文化和语言，各自形成了独立的国家。一段时间后，只有西法兰克王国继续使用法兰克这个名字，而东法兰克王国演变为神圣罗马帝国，继续维持着罗马皇帝的传统。《墨尔森条约》给中法兰克王国留下的那一小部分，成为现代意大利的雏形。帝国瓜分后剩下的部分构成今瑞士、比利时、荷兰和卢森堡的领土。

秃头查理的后代路易五世（Louis Ⅴ，979—987 年在位）去世后，加洛林王朝的主支绝嗣。经过漫长的纷争，法兰西公爵兼巴黎伯爵雨果·卡佩（Hugues Capet）在 987 年建立了卡佩王朝（Capetian Dynasty，987—1328 年），王国的名字也被改为法兰西王国。卡佩王朝时期，法国发展出新的政治结构，君主承认拥有领土的贵族对其土地的行政管理权，以换取他们有限度的忠诚和军事支持。这一制度令卡佩王朝直接控制的疆土仅限于塞纳河中游及毗邻地区，包括巴黎和奥尔良在内的分散领地，各地诸侯势力逐渐扩张。

为了应付维京人对欧洲大陆的大肆劫掠，西法兰克国王查理三世（昏庸者查理，Charles Ⅲ）曾于 911 年与维京人首领罗伦（Rollo）签订了《圣-克莱尔-埃普特条约》（Treaty of Saint-Clair-sur-Epte），将今法

---

① 今比利时的部分地区和荷兰的大部分地区、法国东部和德国西部的一些地区、瑞士的大部分地区以及意大利的大部分地区。——作者注

② 今德国的大部分地区。——作者注

③ 今法国的大部分地区。——作者注

④ 855 年，洛泰尔在去世前通过该条约将中法兰克王国分给他的儿子们。——作者注

⑤ 为西法兰克王国国王秃头查理及东法兰克王国国王日耳曼人路易于公元 870 年签署的关于瓜分大部分中法兰克王国的条约。——作者注

⑥ 路易三世在该条约中获得了中法兰克王国的西部。——作者注

国诺曼底①半岛一带封给罗伦，维京人以此建立了诺曼底公国（Duchy of Normandy，911—1202 年），维京人的文化、语言和制度逐渐被法兰克人同化。② 1066 年，诺曼底公爵威廉（征服者威廉，William the Conqueror）在黑斯廷斯战役（Battle of Hastings）中击败英格兰国王哈罗德·葛温森（Harold Godwinson）的盎格鲁—撒克逊军队，此后在不列颠岛建立起诺曼王朝。威廉仍保留诺曼底公爵的称号和封地，并将其传给以后的历代英格兰国王，埋下了日后英法两国冲突的导火线。

　　1154 年，法国的安茹伯爵亨利继承了英格兰王位和诺曼底公爵爵位，成为英格兰国王亨利二世（Henry Ⅱ，1154—1189 年在位），亨利二世将自己在法国的领地（安茹及诺曼底）归并于英格兰王室，再加上他于 1152 年迎娶了法兰西国王路易七世（Louis Ⅶ）的前妻阿基坦的埃莉诺（Eleanor of Aquitaine）女公爵，从而使他的势力扩展到法国西南部。

　　12—13 世纪，法国国王逐渐夺回被英王占领的部分土地，但法国最大的弱点是军事组织薄弱，几乎还是封建时代那一套。③ 14 世纪初，英国仍占据法国南部阿基坦地区，这成为法国政治统一的最大障碍，法国人试图夺取英国人占领的法国西南部而统一法国，但英国人不仅不肯放弃这一地区，而且欲夺回祖先的土地，如诺曼底、曼恩、安茹等地。同时，英法两国因为贸易利益的关系，均对佛兰德地区（Flanders）进行争夺，导致两国之间的冲突进一步加深。佛兰德的毛纺业主要依赖英国的原料，英国从羊毛贸易中获取巨利。1328 年，法国国王菲利普六世（Philip Ⅵ）出兵支援亲法的佛兰德伯爵，镇压佛兰德的市民起义。由于英王爱德华三世（Edward Ⅲ）于 1336 年下令禁止羊毛出口，佛兰德因失去原料来源，转而支持英国。

　　英法百年战争（Hundred Years' War，1337—1453）的导火线主要是王位继承问题。法王查理四世（Charles Ⅳ）于 1328 年去世，导致法国卡佩王朝绝嗣，其支裔瓦卢瓦家族的菲利普六世（Philip Ⅵ）继位，法国进入瓦卢瓦王朝时期（Valois Dynasty，1328—1589）。英王爱德华三世以查

---

　　①　诺曼底这个名字来源于"北方人"（North Man），这是当时维京人的常用称呼。——作者注

　　②　"Duchy of Normandy"，https：//www. historyfiles. co. uk/KingListsEurope/FranceNormandy. htm.

　　③　[法] 皮埃尔·米盖尔：《法国史》，蔡鸿滨等译，商务印书馆 1985 年版，第 108 页。

理四世外甥的身份与菲利普六世争夺王位，从而触发战争。1337 年 11
月，英王爱德华三世率军进攻法国，战争由此开始。法军在 1337—1360
年间节节败退，濒临亡国，此时黑死病袭击法国，造成了成千上万人的死
亡，国王菲利普六世也未能幸免。① 1360 年，法国被迫签订屈辱的《布勒
丁尼和约》（Treaty of Brétigny），把加来及法国西南部大片领土割让给
英国。

在 1369—1396 年间，法国转入反攻。法国王子查理于 1364 年继位，
称查理五世（Charles Ⅴ，1364—1380 年在位），查理五世主要依靠小贵
族和市民作为同盟，强化税收制度，加强王权，并使用一部分雇佣军来代
替作战不力的军士。在充分加强了法兰西的国家机器之后，查理五世于
1369 年向英国连续发动攻势，几乎收复了全部失地。

1413 年，亨利五世（Henry Ⅴ，1413—1422 年在位）继承了英格兰
王位，他上台后不久后重新开启了百年战争。亨利五世于 1415 年取得了
阿金库尔战役（Battle of Agincourt）的胜利，令瓦卢瓦王室失去其他贵族
家族的支持，最终导致巴黎沦陷。1420 年 5 月 21 日，英、法在特鲁瓦签
订了《特鲁瓦条约》（Treaty of Troyes），该条约将法国交给了英格兰
人。② 该条约规定在法国国王查理六世（Charles Ⅵ，1380—1442 年在
位）去世后，英格兰国王亨利五世及其男性继承人享有继承法国王位的
权利；同时规定法国国土分为由英格兰国王、勃艮第公爵以及查理六世的
太子控制的三部分。英格兰国王统治着以巴黎为中心的法国北部，查理六
世的太子则控制着法国南方，导致了法国领土上出现了南北对峙的局面。

1422 年，英格兰国王亨利五世和法国国王查理六世同年去世，两国
新国王亨利六世（Henry Ⅵ）和查理七世（Charles Ⅶ）为争夺法国王位
再度交火。英军于 1428 年围攻通往法国南方的要塞奥尔良城，形势危急。
法国人民组成抗英游击队，由法国女民族英雄贞德率军击退了英军，解除
了奥尔良城之围，并取得了博让西战役（Battle of Beaugency，1429）的胜
利，从而扭转了法国在整个战争中的危难局面，使战争朝着有利于法国的
方向发展。③ 法国人民抗英运动继续高涨，英军节节败退。1453 年，驻波

① ［法］皮埃尔·米盖尔：《法国史》，蔡鸿滨等译，商务印书馆 1985 年版，第 114 页。

② ［法］乔治·杜比：《法国史》，吕一民等译，商务印书馆 2010 年版，第 519 页。

③ "Battle of Beaugency"，https：//www. jeanne - darc. info/location/battle - of - beaugency -
1429/.

尔多的英军投降，法国收复了除加来地区以外的全部领土，百年战争以法国的胜利而结束。百年战争刺激了两国的民族主义兴起，促进了英法两个民族的觉醒，通过战争确定了两国版图，统一了各自的国内市场，为两个民族国家的形成奠定了基础。

从 1494 年起，瓦卢瓦王朝同哈布斯堡王朝为争夺意大利而发生多次战争，史称"意大利战争"（Italian Wars，1494—1559）。法国国王查理八世（Charles Ⅲ）乘那不勒斯国王费迪南德一世（Ferdinand Ⅰ）去世之机，宣布继承其王位，于 1494 年率军入侵意大利，第二年便占领了那不勒斯，之后与西班牙展开多次争夺。西班牙于 1503 年击败法军，获得那不勒斯。在此期间，威尼斯趁法国入侵造成的混乱之际扩充势力，引起了各国的不满。1508 年，法国、西班牙、神圣罗马帝国及教皇国等建立了康布雷联盟（League of Cambrai）反对威尼斯，次年法国击败了威尼斯军队，取得重大胜利。

1519 年，统治着西班牙、尼德兰、南意大利的哈布斯堡王朝的西班牙国王卡洛斯一世（Carlos Ⅰ）当选为神圣罗马帝国的皇帝，称为查理五世（Charles Ⅴ，1519—1556 年在位）。哈布斯堡王朝实力空前强大，其领土从三面包围了法国，对法国构成了严重的威胁。查理五世力图将法军从意大利北部驱逐出去，从而实现南北领地的统一，战争于 1521 年爆发。

1529 年，法国国王弗朗索瓦一世（Francois Ⅰ，1515—1547 年在位）战败，被迫与神圣罗马帝国签订和约并放弃对意大利的争夺。然而，弗朗索瓦一世于 1536 年再度挑起战争，断断续续的战争一直延续到 1559 年，法、西两国于本年度签订了《卡托—康布雷西和约》（Peace of Cateau-Cambrésis），这一和约结束了法国对意大利的扩张，巩固了西班牙在米兰公国、那不勒斯王国、西西里岛和撒丁岛的统治地位，使意大利仍处于政治上分裂的局面。

弗朗索瓦一世被认为是法国第一位文艺复兴式的君主，在他的统治期间发动的意大利战争使意大利文艺复兴时期的新文化传入法国，法国文化事业取得了长足的进步。弗朗索瓦一世还于 1516 年和罗马教皇利奥十世签订了《波伦亚宗教协议》（Concordat of Bologna），使法国获得教会自主，弗朗索瓦一世得到了任命法国高级神职人员的权力，从而获得了前所未有的对教会的控制力。① 此外，弗朗索瓦一世还控制了地方行政、封建领主和等级代表机构，甚至巴黎高等法院，最终使国王的权威凌驾于一切之上，法国君主专制制度得到大大加强。

1589 年，法国国王亨利三世遇刺身亡，因其无子嗣，王位由来自纳瓦拉（Navarra）的亨利四世继承。至此，瓦卢瓦王朝结束，波旁王朝（Bourbon Dynasty，1589—1793，1814—1830）开始。亨利四世即位后，主动结束了困扰法国多年的宗教战争（也称为天主教与胡格诺派战争，Catholic-Huguenot Wars，1562—1598 年）②，令法国的经济得以复苏。亨利四世于 1598 年颁布了《南特敕令》（The Edict of Nantes），宣布天主教为国教，胡格诺教徒在法国全境有信仰新教的自由，在担任公职方面享有同天主教徒同等的权利，宗教战争自此结束。法国施行宗教宽容政策，促进了许多信奉基督新教的手工业者留在法国，推动了法国经济的繁荣。

在 1618—1648 年爆发的三十年战争中，法国在军事和外交上获得了一系列的成功，不仅打败了举世闻名的西班牙海军，还击溃了西班牙陆军，在军事上开始称霸欧洲大陆，同时将阿尔萨斯等地划入本国版图，扩大了势力范围。路易十四（Louis XIV，1643—1715 年在位）统治时期，他将大贵族集中在凡尔赛宫居住，使整个法国的官僚机构集中于他的周围，以此强化法王的军事、财政和机构的决策权，由此建立了一个君主专制的中央集权王国。路易十四执政期间，法国发动了四次重大的战争——遗产战争（War of Devolution，1667—1668）③、法荷战争（Franco-Dutch War，1672—1678）④、大同盟战争（也称为九年战争，Nine Years' War，1688—

---

① 江晟：《论弗朗索瓦一世时期的法国宗教政策》，《史学月刊》2017 年第 4 期。

② 法国新教（胡格诺派）与天主教封建主为争取政治权力和经济利益而引发的战争。——作者注

③ 因为遗产继承引起的法国与西班牙的战争。路易十四的王后是西班牙国王菲利普四世之长女，1665 年菲利普死后，路易以其王后之名义要求继承西属尼德兰的遗产，因此这场战争史称遗产战争。这场战争以法国的胜利而告终，战后签订的《亚琛和约》使法国得到了南尼德兰的一些地区。——作者注

④ 法国、英国、瑞典及德意志境内的明斯特主教区、科隆主教区与荷兰以及后来加入的奥地利、勃兰登堡、西班牙开展的战争，战争以 1678 年《奈梅亨条约》（Treaty of Nijmegen）的签订而结束，该条约确认了法国对弗朗什孔泰、佛兰德和埃诺地区部分城市的占领，战后各国开始承认路易十四"太阳王"的称号，法国取代荷兰成为欧洲最有权力的仲裁者。——作者注

1697 年)①、西班牙王位继承战争（War of the Spanish Succession，1701—1714)②，这些战争虽然巩固了法国在欧洲大陆的地位，但也严重消耗了法国的国力。

路易十五（Louis ⅩⅤ，1715—1774 年在位）统治时期，虽然法国经济有所发展，但专制王权日趋衰落。1743 年，法国参加了奥地利王位继承战（War of the Austrian Succession，1740—1748)，战争进一步消耗了法国国力。奥地利王位继承战结束之后不久，欧洲列强重新结盟，普鲁士与英国建立了同盟，同时互为传统对手的法国和奥地利缔结了同盟，陆续有德意志小邦以及葡萄牙加入英普同盟，瑞典、萨克森、西班牙、俄罗斯则加入了法奥同盟。两大同盟于 1756—1763 年在欧洲大陆展开了一场欧洲主要国家都相继卷入的大规模战争——七年战争（Seven Years' War）。这场战争以法国、西班牙与英国于 1763 年签订《巴黎和约》（Treaty of Paris）以及萨克森、奥地利与普鲁士于同年签订《胡贝尔图斯堡条约》（Treaty of Hubertusburg）共同标志着战争的结束。法国在《巴黎和约》中放弃了印度、加拿大、密西西比河东岸的殖民地，失去了开拓新大陆的机会。这次战争也使路易十五失去了人民的支持，为法国大革命的爆发埋下伏笔。

1774 年，路易十六（Louis ⅩⅥ，1774—1792 年在位）即位。由于长期的战争以及国内旱灾造成的农业歉收，法国面临财政危机，人民生活受到严重影响，对封建王权日益不满。资产阶级也对国内的关卡制度、行会条例和不公平的征税制度极为不满，他们反对贵族和教士的特权。这一时期，法国涌现出了伏尔泰、孟德斯鸠、卢梭、狄德罗等一大批思想开明的人物，天赋人权、君主立宪、三权分立、主权在民等思想应运而生。他们抨击天主教会和专制王权，宣扬民主、自由、平等、理性等思想，代表资产阶级利益的启蒙运动蓬勃发展起来，为推翻旧制度的法国大革命提供

① 路易十四欲在欧洲进行大规模扩张，因此遭到荷兰和神圣罗马帝国哈布斯堡王朝、瑞典等国家组成同盟联合对抗。光荣革命后入主英国的荷兰执政威廉三世成为英国国王后，也使英国加入了反法阵营。——作者注

② 西班牙哈布斯堡王朝绝嗣导致王位空缺，法国波旁王朝与奥地利哈布斯堡王朝为争夺西班牙王位而引发的一场欧洲大部分国家参与的大战。战争实质是为遏制法国吞并西班牙而再次独霸欧洲，因而引发多国组成联盟对抗法国。虽然法国赢得了战争的最后胜利，波旁王室入主西班牙，但付出了高昂的代价，其军事力量严重削弱，法国一度失去霸主地位。——作者注

了先进的革命思想。

1789 年，路易十六在凡尔赛宫召开三级会议，企图对第三等级增税，以解救财政危机。第三等级代表则要求制定宪法，限制王权，实行改革，于是路易十六关闭了由第三等级代表自发组织的国民议会。国民议会宣布改称制宪议会，要求制定宪法，限制王权。巴黎市民举行了声势浩大的示威游行支持制宪议会，攻克了象征专制统治的巴士底狱。1792 年 9 月 22 日，法兰西第一共和国成立，路易十六在次年被推上断头台。法国大革命引起了欧洲其他封建王朝的恐慌，神圣罗马皇帝弗朗兹二世（Franz Ⅱ）于 1793 年与普鲁士、萨丁、英国、荷兰和西班牙组成第一次反法同盟（First Coalition），这个联盟于 1797 年被拿破仑所率领的法国意大利方面军打败。法国大革命期间，法兰西民族的语言进一步统一，法兰西民族的共同心理素质进一步形成，特别是在抵御反法同盟的战斗中，极大地激发了法国民族主义，法兰西民族也最终得以形成。[1]

1799 年，拿破仑发动雾月政变，建立起临时执政府，接管了革命政府的一切事务，开始了为期 15 年的独裁统治。拿破仑于 1804 年称帝，改共和国为法兰西第一帝国，加强了中央集权并颁布了《民法典》，从法律上维护和巩固了资本主义所有制和资产阶级的社会经济秩序，推动了法国资本主义的发展。在拿破仑战争（Napoleonic Wars，1803—1815）中，法国国力迅速崛起，雄霸欧洲。

法国在 1812 年侵俄战争中惨败后，国力迅速下降，拿破仑建立的帝国最终被第六次反法同盟以及第七次反法同盟击败，波旁王朝于 1814 年和 1815 年两度复辟。路易十八复位后，他和他的弟弟查理十世一直致力维护保王党在国会的势力，加强专制统治，引起了法国人民的不满，最终导致 1830 年七月革命的爆发。革命胜利后，法国国会委任奥尔良公爵路易·菲利普（Louis Philip）为摄政官，建立了金融资产阶级统治的奥尔良王朝（也称"七月王朝"，1830—1848 年）。

七月革命胜利后，资本主义在法国的发展使广大工人、农民和小资产阶级更加贫困，社会危机加深，巴黎的群众于 1848 年发起了"二月革命"，推翻了七月王朝，建立了法兰西第二共和国，夏尔-路易-拿破仑·波拿巴（Charles-Louis-Napoléon Bonaparte）当选为共和国总统。波拿巴

---

① 田烨：《法国民族主义理念下的多元文化主义》，《世界民族》2014 年第 2 期。

于 1851 年发动政变，解散了议会，宣布成立帝国，波拿巴被封为皇帝，称拿破仑三世。法兰西第二帝国（1852—1870 年）在亚洲、非洲、地中海东岸地区以及大洋洲大肆拓殖，使法国成为仅次于英国的世界上第二大殖民帝国。

1853 年，法国参与了克里米亚战争（Crimean War，1853—1856 年），与奥斯曼帝国、英国、撒丁王国等国联合向俄罗斯宣战，战争一直持续到 1856 年才结束，以俄罗斯的失败而告终。法国以此打破了神圣同盟（Holy Alliance）对法国的束缚，终结了拿破仑战争后对法国的外交孤立，欧洲外交的中心又开始转到巴黎。①

由于第二帝国支持罗马教皇阻挠意大利统一，以及在普奥战争中支持奥地利等一系列事件中失策，使法国陷入困境。为了摆脱国内危机和重获欧洲大陆的优势，法国以西班牙王位继承问题为借口，于 1870 年对普鲁士宣战，导致普法战争（Franco-Prussian War，1870—1871）爆发。法国战败后，巴黎爆发了革命，法国大资产阶级建立了法兰西第三共和国（1870—1940 年），由资产阶级共和派和奥尔良派组建了新政府。

由于多年来不断加剧的贫富分化，再加上当前的食物短缺，以及普鲁士军队围困巴黎，大大激化了法国国内社会各界的不满情绪。1871 年 3 月 18 日，巴黎的工人举行武装起义，成立了人类历史上第一个无产阶级专政的政权——巴黎公社（Paris Commune）。尽管巴黎公社只存在了短暂的 72 天，但却是无产阶级建立政权的第一次伟大尝试，并为全世界无产阶级的革命事业提供了宝贵的经验教训。

受资本主义经济政治发展不平衡的影响，帝国主义国家围绕争夺世界霸权和殖民地展开了激烈的斗争，欧洲列强之间的矛盾纷繁复杂。19 世纪七八十年代，德国、奥匈帝国和意大利建立了针对俄国和法国的三国同盟。普法战争后，法国对外政策的主要目标是对德复仇，法国为了摆脱孤立地位，于 1892 年与俄国缔结军事同盟、1904 年与英国缔结协约，三国协约形成。同盟国在一战中战败，交战各方于 1919 年签订了《凡尔赛条约》（Treaty of Versailles），法国重新获得了普法战争中割让给德国的阿尔萨斯和洛林。之后，法国在二战中败退，于 1940 年签订了投降协定，法兰西第三共和国覆灭。二战结束后，法国于 1946 年通过了第四共和国宪

---

① 王新：《克里米亚战争史学研究中的几个问题》，《史学月刊》1985 年第 5 期。

法，宣告法兰西第四共和国成立（1946—1958 年）。1958 年春，法国陷入了一场由阿尔及利亚的前途问题而引发的严重政治危机，国民议会授权戴高乐组阁并制定新宪法。新宪法于当年 9 月 28 日通过，第四共和国被第五共和国取代。

1947 年 6 月，美国出台了"马歇尔计划"（Marshall Plan），该计划旨在让西欧国家联合起来，共同进行战后重建和恢复。在美国的要求下，以法、英为首的 16 个欧洲国家成立了欧洲经济合作委员会，负责分配和使用美国提供的援助。1950 年 5 月 9 日，时任法国外长罗伯特·舒曼提出了建立欧洲煤钢共同体的"舒曼计划"（Schuman Plan）。该计划主张"要使欧洲国家统一起来，必须结束长达百年之久的法德之间的冲突……把法德的全部煤钢生产置于一个其他欧洲国家都可以参加的高级联营机构的管辖之下……这样结合起来的联营生产意味着将来在法德之间发生战争是不可能的，而且在物质上也是不可能的。"①

学界普遍认为欧洲一体化正式开启于《巴黎条约》（Treaty of Paris）的签署。1951 年 4 月 18 日，法国、意大利、联邦德国、荷兰、比利时、卢森堡等六国在法国巴黎签订了为期 50 年的《建立欧洲煤钢共同体条约》（Treaty Establishing the European Coal and Steel Community），又称为《巴黎条约》，该条约于 1952 年 7 月 23 日开始生效。根据该条约，成员国无须缴纳关税而直接取得煤和钢的生产资料，这标志着欧洲煤钢共同体（European Coal and Steel Community，缩写为 ECSC）正式成立。

进入 20 世纪 50 年代以来，印度支那战争、苏伊士运河事件、阿尔及利亚战争等事件造成法国政局混乱。法国国民议会授权戴高乐组建政府，戴高乐当政后积极解决阿尔及利亚殖民地问题，同时任命蓬皮杜领导起草共和国宪法工作。1958 年，法国就新宪法举行公民投票，约有 78% 的选民投票赞成通过新宪法，从此开始了法兰西第五共和国，第五共和国逐步改变多党议会制，成为总统制共和国，大大扩大了总统的权力。戴高乐执政时期（1958—1969 年），追求法国作为一个独立的民族国家要在世界上发挥伟大的作用，强调法兰西民族和国家在世界上应有大国的地位。② 戴高乐主导法国撤出北约军事一体化组织，建立法国独立的核威慑力量，建

---

① "Schuman Plan"，http：//spartacus-educational.com/2WWschumanP.htm.

② 周荣耀：《戴高乐主义论》，《世界历史》2003 年第 6 期。

立一个摆脱美苏控制，以法国为中心的、法德联合为支柱的、由欧洲主权国家联合起来的"大欧洲联合"，这一系列执政措施被总结为戴高乐主义。正如相关专家所言，戴高乐主义是法国历史上的必然产物，法国是个有民族主义传统的国家，戴高乐把法国的民族主义表现在实际政策上。① 受戴高乐主义影响，当联邦德国、意大利等国于 1965 年提议把欧共体内部表决机制从"一致通过"改为"多数赞成"时，法国对此采取了消极抵制，从而产生了 1965 年"空椅子危机"（Empty Chair Crisis），这次危机经"卢森堡妥协"（Luxembourg Compromise）② 而解决。

自 1995 年 3 月 26 日起，法国成为首批申根国家，并于 1999 年 1 月 1 日起成为首批加入欧元区的国家。加入欧元区后，法国进出口贸易发展良好，根据 2020 年的统计数据，法国出口总额的 54% 为欧盟内部贸易，进口总额的 66% 来自欧盟成员国。③ 在第 9 届欧洲议会 705 个席位中，法国拥有 74 个席位。

法国总面积约为 55 万平方公里（不含海外领地），是欧盟面积最大的国家。法国总人口约 6524 万（截至 2021 年 7 月，不含海外领地）。④ 法国的官方语言为法语，西部布列塔尼地区的一些农村居民以布列塔尼语为口语，南部科西嘉岛也有一些居民使用科西嘉方言。法国居民主要信奉天主教。

二　比利时

比利时王国（The Kingdom of Belgium）简称比利时，位于西欧。比利时北部接壤荷兰，东部毗邻德国，东南部与卢森堡接壤，南部和西南部与

---

① 陈乐民：《戴高乐主义和民族主义》，《西欧研究》1990 年第 5 期。

② 1966 年 1 月，欧共体理事会与法国达成了妥协，决定在相应的领域里实行多数表决的原则继续有效，但在关系到重大国家利益时，成员国的意见不能简单地被多数票否决，应该继续进行协商，直至达成一致。——作者注

③ "Country‐Profiles/France"，欧盟官方网站：https://european‐union.europa.eu/principles‐countries‐history/country‐profiles/france_en.

④ 《法国国家概况》，中华人民共和国外交部：https://www.mfa.gov.cn/web/gjhdq_676201/gj_676203/oz_678770/1206_679134/1206x0_679136/，2021 年 7 月。

法国交界，西北部隔多佛尔海峡与英国相望。

1830 年比利时独立战争

奥地利女君主玛丽亚·特蕾西娅（1740—1780 年在位）

公元前 500 年左右，凯尔特部落开始在比利时境内定居。凯撒于公元前 57 年至公元前 51 年率兵征服了比利时地区，将其隶属于罗马的比利时高卢行省（Gallia Belgica），并将居住在这个区域的凯尔特人、日耳曼人称为贝尔吉人（Belgae）。在罗马帝国晚期，基督教被引入这一地区。随

比利时根特城堡

着罗马帝国的衰落，日耳曼人控制了这一地区。

从 5 世纪开始，今比利时北部的东佛兰德省和西佛兰德省、今法国的诺尔省以及今荷兰的泽兰省南部被统称为佛兰德（Flanders），成为日耳曼语区域；今比利时南部地区的居民继续被罗马化，成为拉丁语区域。

公元 863 年，秃头查理的女婿鲍德温（Baldwin I）被封为佛兰德伯爵（Count of Flanders），他成为第一位佛兰德伯爵。由于神圣罗马皇帝和法国国王在 11 世纪和 12 世纪失去了对其领土的有效控制，与今比利时大致对应的领土被分为几个相对独立的封建邦国，主要包括佛兰德伯国（County of Flanders）、那慕尔侯国（Marquisate of Namur）、布拉班特公国（Duchy of Brabant）、埃诺伯国（County of Hainaut）、林堡公国（Duchy of Limburg）、卢森堡公国（Duchy of Luxembourg）、列日王子主教区（Prince-Bishopric of Liège）等。

自 10 世纪起，在佛兰德和布拉班特地区出现了最早的城市，并在 11 世纪后期发展成为欧洲第一批城市公社。城市公社通过与东欧、南欧、拜占廷和东方开展贸易，获得了较大的发展。1214 年，法国国王菲利普二世在布汶战役（Battle of Bouvines）中击败了佛兰德伯爵，令其臣服于法国王室。之后，法国人进一步加强了对佛兰德的控制。1280 年，佛兰德的布鲁日、伊珀尔以及其他城市爆发了人民起义，城市贵族为了镇压起义同法国结盟。①

　　1302 年，法国尝试吞并佛兰德。由佛兰德手工业行会会员组成的佛
兰德步兵于 1302 年 7 月 11 日，在科特赖克（Courtrai）打败了法国骑兵，
史称"金马刺之战"（Battle of the Golden Spurs），这场战役的日期也被比
利时的佛兰德人定为官方纪念日。这次胜利使手工业行会在各城镇的政治
格局中取得了优势地位，同时也消除了被法国吞并的威胁，但未能根除法
国在佛兰德的影响。

　　在 1337 年开始的英法百年战争中，英国扩大了在佛兰德的影响，与
佛兰德沿海港口保持着密切的联系。佛兰德在这一时期面临着政治上屈服
于法国，经济上依赖于英国的局面。由于佛兰德纺织业发达，经济上高度
依赖于英国出口的羊毛，羊毛供应的中断将导致当地纺织工业发生骚乱。

　　1369 年，勃艮第公爵菲利普二世（Philip Ⅱ）与佛兰德女伯爵玛格
丽特三世（Margaret Ⅲ）结婚，佛兰德因此并入了勃艮第公国。菲利普二
世逝世后，他的儿子无畏者约翰（John the Fearless，1404—1419 年在
位）即位，企图使勃艮第变成一个完全独立的公国。他与奥尔良公爵路
易一世进行了残酷的夺权斗争，以争夺患精神病的法王查理六世的摄政
权。1407 年，无畏者约翰派人刺杀了路易一世。②

　　在无畏者约翰的儿子菲利普三世（Philip Ⅲ，也称为好人菲利普，
Philip the Good，1419—1467 年在位）主政勃艮第时期，他利用联姻、战
争等手段大大扩张了勃艮第公国的势力。从 1421 年到 1443 年，他相继吞
并了属于低地国家的那慕尔、埃诺、荷兰、布拉班特、林堡、卢森堡等小
国，低地国家成为勃艮第的经济支柱。

　　因勃艮第女公爵玛丽（Mary of Burgundy）于 1477 年嫁给后来的神圣罗
马皇帝马克西米利安一世（Maximilian Ⅰ），勃艮第又变成奥地利哈布斯堡王
朝的领土。③ 之后，又因为哈布斯堡王朝的联姻与分家，勃艮第被西班牙
哈布斯堡王朝统治。在西班牙统治期间，勃艮第的北部逐渐接受了新教，

---

　　① Agatha Anna Bardoel，"The Urban Uprising at Bruges，1280 - 1281"，*Revue belge de Philologie et d'Histoire*，Vol. 72，No. 4，1994.

　　② Richard Cavendish，"The Duke of Orleans is Ambushed"，*History Today*，Vol. 57，No. 11，2007.

　　③ "Marrying into Burgundy：Maximilian I and Mary of Burgundy"，https：//www. habsburg-er. net/en/chapter/marrying-burgundy-maximilian-i-and-mary-burgundy.

而南部地区坚持信仰天主教，宗教及文化的差别最终导致荷兰独立。

荷兰独立战争（Dutch War of Independence，1568—1648 年，也称为 80 年战争，Eighty Years' War）于 1568 年爆发。到 1573 年底，北方各省基本上都从西班牙占领下解放出来，北尼德兰已经在事实上成为一个独立的国家。1576 年，尼德兰南部的布鲁塞尔爆发起义，布鲁塞尔的起义者占领了总督府，西班牙在尼德兰的统治机关被推翻了，革命的中心转移到了南方。当年 10 月，全尼德兰的三级会议在根特城召开，并于 11 月 8 日签订了《根特协定》（Pacification of Ghent），宣布废除西班牙总督阿尔发颁布的迫害宗教异端及没收财产的一切决定，重申各城市原有的权利，主张南北尼德兰联合抗击西班牙。

为了控制局势，西班牙国王菲利普二世（Philip Ⅱ）派帕马公爵（Duke of Parma）亚历山大·法尔内塞（Alexander Farnese）担任尼德兰总督，法尔内塞开展了镇压尼德兰独立的战争（1578—1592 年），占领了尼德兰南部的主要城市。他利用讲荷兰语方言弗拉芒语的佛兰德人和讲法语的瓦隆人之间的矛盾，以此分化对方力量。

由于南尼德兰的封建贵族害怕日益高涨的革命影响他们的利益，他们于 1579 年组成了阿拉斯联盟（Union of Arras），承认西班牙国王菲利普二世为国君，企图联合西班牙军向北方开展进攻。阿拉斯联盟的行动破坏了《根特协定》，于是北方各省成立了乌特勒支同盟（Union of Utrecht），以对抗南方贵族。

1581 年 7 月 26 日，乌特勒支同盟的三级会议正式通过了《誓绝法案》（Act of Abjuration），宣告北尼德兰脱离西班牙而独立，组建了联省共和国。[1] 南尼德兰依旧属于西班牙，称为西属尼德兰（Spanish Nether-lands），包括今比利时、卢森堡以及法国北部的一部分。

17 世纪后期，随着西班牙权力的逐渐减弱，西属尼德兰的领土一再遭到法国的侵略，越来越多的领土在战争中被法国控制。根据 1659 年的《比利牛斯条约》（Treaty of the Pyrenees），法国吞并了阿图瓦（Artois）、鲁西永（Roussillon）等地。当西班牙王位继承战争于 1714 年结束后，奥地利哈布斯堡王朝把整个西属尼德兰、莱茵河地区部分领土和今意大利的大部分地区并入自己的领地。

---

[1] "Act of Abjuration"，https：//facultyfp. salisbury. edu/tfrobinson/act_of_abjuration. htm.

1789 年，法国大革命爆发，奥地利下辖的南尼德兰地区宣布独立，但旋即在该年又被奥地利人重新占有。1794—1795 年，南尼德兰遭到法兰西第一共和国入侵与占领，从而结束了哈布斯堡王朝的统治。联省共和国也于 1795 年被法国吞并，拿破仑在当地成立了附庸法国的巴达维亚共和国，后改为荷兰王国，拿破仑让他的弟弟路易·波拿巴出任荷兰王国国王。

拿破仑出于跟英国作战的需要，封锁了欧洲大陆和英国的贸易往来，结果损害了荷兰商人的利益，而路易·波拿巴由于支持荷兰人的自由贸易政策而被迫退位，荷兰王国直接被并入法国。在此背景下，分隔了 200 多年的尼德兰地区又合并在了一起。

拿破仑帝国覆灭后，反法同盟于 1815 年在维也纳会议中决定将拿破仑扩张得来的领土全部收回，有主权的一律独立，因此北尼德兰（荷兰）重新获得独立，南尼德兰原本是奥地利王国的领地，但反法同盟出于遏制法国的目的，将南尼德兰划给了北尼德兰，于 1815 年合并成立了尼德兰联合王国（United Kingdom of the Netherlands）。

由于南北尼德兰已经分隔了 200 多年，宗教、文化传统、经济模式等方面已经大为不同。北尼德兰人多信仰新教，而南尼德兰人多信仰天主教；北尼德兰人使用荷兰语，南尼德兰人使用弗拉芒语和法语；北尼德兰推崇重商主义，主张通过零关税节约贸易成本，提高利润，而南尼德兰以工业为主，需要适当利用关税保护本土的民族工业。此外，新成立的尼德兰联合王国以北尼德兰为主体，北尼德兰人在新政府中享有更大的权力，联合王国的官方语言是荷兰语，南尼德兰人常用的法语和弗拉芒语则不在其列，诸多不平等的待遇激起了南尼德兰人的反抗。到 19 世纪 20 年代中期，南尼德兰地区形成了一个反对派联盟，将自由派和天主教保守派联合起来反对北尼德兰人的统治。

受法国七月革命的鼓舞，南尼德兰人于 1830 年在布鲁塞尔爆发了比利时独立战争（Belgian Revolution），革命军与政府军在布鲁塞尔街头进行巷战，大批群众也纷纷参与独立运动。奥地利、俄罗斯及普鲁士政府希望制止比利时独立，以维持 1815 年维也纳会议所制订的欧洲格局。但由于奥地利和普鲁士在当时受德意志革命运动所困，而俄罗斯忙于平定波兰革命，均无力插手干预比利时的独立战争。

英国和法国则支持比利时独立，因为统一的尼德兰工商业发展迅速，对英国的商贸构成威胁，比利时的独立有助于削弱尼德兰整体实力。对法国而言，一方面比利时人（南尼德兰人）在文化、宗教等方面与法国人有相近之处，另一方面当时北尼德兰合并南尼德兰是出于反法的目的，因此法国也希望比利时独立。比利时在取得英法的默许后，成立了临时政府，并拒绝和荷兰采取任何形式的共治，于 1830 年 10 月 4 日宣布比利时完全脱离荷兰而独立。[①]

1831 年，来自萨克森－科堡－哥达王室（House of Saxe－Coburg and Gotha）的王子利奥波德（Leopold）接受了比利时王位，成为首任国王利奥波德一世（Leopold Ⅰ，1831—1865 年在位）。此时，荷兰军队入侵比利时，以求重建联合王国，并在十日之内打败了比利时的军队。法国立即派军支援，迫使荷兰撤军。1831 年 11 月，欧洲列强在伦敦会议签署条约，奥地利、俄罗斯、法国、英国及普鲁士等国在条约中承认了比利时的独立，并确保其永久中立国的地位。

由于荷兰的阻挠，直到 1839 年 4 月 19 日，才由包括荷兰在内的欧洲列强正式签署了《伦敦条约》（Treaty of London），承认比利时是一个独立和中立的国家，领土包括西佛兰德（Flanders－Occidentale）、东佛兰德（Flanders－Orientale）、南布拉班特（South Brabant）、安特卫普（Antwerp）、埃诺（Hainaut）、那慕尔（Namur）和列日（Liége），以及卢森堡（Luxembourg）和林堡（Limburg）的一部分，荷兰得到了林堡的另一半。[②] 荷兰正式承认比利时为独立国家。卢森堡的西半部法语区被划归给比利时，东半部成为以荷兰国王为大公的拥有独立地位的卢森堡大公国。[③]

比利时在独立之后，大力发展本国的工业，从英国引进了大量的资本与技术设备，成为仅次于英国的第二个开展工业革命的国家。[④] 便利的地

---

① "Belgium: How protests and rebellion created a nation in 1830", https://www.brussel-stimes.com/news/magazine/47850/belgium-how-protests-and-rebellion-created-a-nation-in-1830.

② "Treaties and Documents Relative to the Neutrality of the Netherlands and Belgium", https://wwi.lib.byu.edu/index.php/Treaties_and_Documents_Relative_to_the_Neutrality_of_the_Netherlands_and_Belgium.

③ Guy Thewes, *Les gouvernements du Grand－Duché de Luxembourg depuis* 1848, Luxembourg: Service information et presse, 2006, p. 208.

④ Joerg Baten, *A History of the Global Economy: From* 1500 *to the Present*, New York: Cambridge University Press, 2016, p. 20.

理环境也有利于比利时工业的发展，比利时与盛产煤铁资源的鲁尔、阿尔萨斯和洛林等地相邻，而且位于欧洲最繁荣的莱茵河流域，这些优势推动了比利时工业的崛起。比利时工业化主要发生在瓦隆地区，这里有丰富的煤炭资源，煤炭被出售给当地的工厂以及法国和普鲁士。

比利时北部佛兰德地区①的大多数居民使用荷兰语，而南部瓦隆地区②的大多数居民使用法语。在比利时独立后，法语成为比利时政府的官方语言。③ 法语的地位随着瓦隆地区工业的迅速发展而得到进一步强化，而荷兰语被贬低为二等语言。④ 弗拉芒人⑤对此不满，他们倡导荷兰语与法语平等，并为之进行多次斗争，最终比利时于 20 世纪二三十年代出台了一系列法律，荷兰语成为东佛兰德省、西佛兰德省、安特卫普、林堡省、布拉班特省等佛兰德大区的官方语言，法语仍然是瓦隆的官方语言，布鲁塞尔成为双语地区。

第一次世界大战中，宣布中立的比利时仍然被德国占领，德军由此进攻法国。第二次世界大战中，德军再次入侵比利时，由此进攻法国。第二次世界大战结束后，比利时开始与周边国家联合。由于比利时与荷兰、卢森堡的文化传统背景相似，发展水平相当、产业结构趋同，且均在两次世界大战中遭受重创，低地三国意识到未来依靠联合才能发展。⑥ 1944 年 9 月，比利时、荷兰、卢森堡在关税上达成共识，同意建立关税同盟。自 1948 年 1 月 1 日起，比利时、荷兰、卢森堡三国关税同盟正式生效。

比利时与荷兰、卢森堡的联合促进了彼此间的经济联系，三国经济得到了快速恢复和发展，这种合作机制在欧洲一体化进程中得到了借鉴和应用。1950 年，时任法国外长罗伯特·舒曼提出了著名的"舒曼计划"，比利时作为欧洲联邦主义的支持者，积极支持此计划。对于比利时而言，低

---

① 包括东佛兰德省（East Flanders）、西佛兰德省（West Flanders）、弗拉芒布拉班特（Flemish Brabant）、林堡省（Limburg）、安特卫普省（Antwerp）。——作者注

② 包括列日省（Liège）、埃诺省（Hainaut）、那慕尔省（Namur）、布拉班特-瓦隆省（Brabant-Wallone）、卢森堡省（Luxembourg）。——作者注

③ Rondo E. Cameron, *France and the Economic Development of Europe*, 1800–1914, London：Psychology Press, 2000, p.343.

④ Bernard A. Cook, *Belgium：A history*, New York：Peter Lang, 2004, p.81.

⑤ 佛兰德地区使用荷兰语的居民。——作者注

⑥ Paul-Henri Spaak, *The Continuing Battle：Memoirs of A European* 1936–1966, London：Weidenfeld, 1971, p.77.

地三国均为小国，市场较为狭小，建立更大的共同市场符合比利时经济利益。在煤钢共同体谈判协商过程中，比利时、荷兰、卢森堡均担心本国利益会被大国所操控，要求在共同体内设立代表各国政府的机构，部长理事会成为协调各国政府行动的机构。

1951 年，比利时与法国、联邦德国、荷兰、卢森堡、意大利在巴黎签署了《巴黎条约》，欧洲煤钢共同体正式成立。欧洲煤钢共同体作为局部一体化的尝试，使欧洲历史上第一次出现了民族国家通过把部分权力委托给某一超国家机构来开展国家间合作的范例，其经验为之后的欧洲经济共同体和欧洲原子能共同体的建立铺平了道路。自 1958 年 1 月 1 日起，比利时作为创始国成为欧洲经济共同体的成员国。

由于缺乏国家认同，比利时国内两大民族（弗拉芒人和瓦隆人）之间冲突不断。从 20 世纪 70 年代初期开始，比利时开始意识到单一制的国体已经无法有效解决现实问题，各大政党开始了漫长的联邦制改革。① 1994 年，比利时进行了修宪，将比利时社会基于语言分界线的分割状态从宪法的层面上固定下来。除了国家被分为几大语言区外，议员也被按照语言团体分开。

自 1995 年 3 月 26 日起，比利时成为首批申根国家，并于 1999 年 1 月 1 日起成为首批加入欧元区的国家。加入欧元区后，比利时进出口贸易发展良好，根据 2020 年的统计数据，比利时出口总额的 65% 为欧盟内部贸易，进口总额的 62% 来自欧盟成员国。② 在第 9 届欧洲议会 705 个席位中，比利时拥有 21 个席位。

比利时国土面积约 3 万平方公里，总人口约 1152 万（截至 2021 年 1 月）③，其中 57% 的人口住在北部讲荷兰语的弗拉芒地区，31% 的人口住在南部讲法语的瓦隆地区，10% 的人口住在使用荷法两种语言的布鲁塞尔地

---

① 张千帆：《从权利保障视角看族群自治与国家统一（上）》，《国家检察官学院学报》2009 年第 5 期。

② "Country - Profiles/Belgium"，欧盟官方网站：https：//european - union. europa. eu/principles-countries-history/country-profiles/belgium_en.

③ "Structure of the Population"，比利时统计局官网：https：//statbel. fgov. be/en/themes/population/structure-population.

区。① 比利时的官方语言为荷兰语、法语和德语，居民主要信奉天主教。

三　爱尔兰

爱尔兰共和国（The Republic of Ireland）简称爱尔兰，位于欧洲西部的爱尔兰岛中南部。爱尔兰西临大西洋，东靠爱尔兰海，与英国隔海相望。

爱尔兰布拉尼城堡

爱尔兰最早的居民为来自比利牛斯半岛的伊比利亚人（Iberians），大约于公元前 7900 年左右抵达爱尔兰岛，主要从事狩猎和采集业。② 从公元前 6 世纪开始，欧洲大陆凯尔特部落的盖尔人（Gaels）移居至爱尔兰岛。③ 盖尔人和土著居民相互融合，逐渐形成统一的语言，成为现代爱尔兰人的祖先。在罗马帝国统治不列颠岛时期，当地人受到的影响较小。

5—6 世纪，爱尔兰岛居民逐渐接受并开始信仰天主教。从 8 世纪起，爱尔兰及其邻近岛屿经常受到来自挪威的维京海盗的侵扰。在这一时期，

① "Structure of the Population"，比利时统计局官网：https：//statbel.fgov.be/en/themes/population/structure-population.

② "The Mesolithic and Mesolithic-Neolithic transition in Ireland"，https：//lithicsireland.ie/mlitt_mesolithic_west_ireland_chap_3.html.

③ David Ross, *Ireland History of a Nation*, New Lanark：Geddes & Grosset，2002.

爱尔兰复活节起义（1916 年）

爱尔兰首都都柏林市

爱尔兰岛上的居民在社会、文化和语言方面逐渐开始同质化，统一使用爱尔兰盖尔语（Irish Gaelic）。

12 世纪，来自法国的诺曼底人征服英格兰后，于 1169 年侵入爱尔兰。英格兰国王亨利二世（Henry Ⅱ，1154—1189 年在位）于 1171 年率领一支强大的舰队登上爱尔兰，成为第一个登上爱尔兰的英格兰君主。亨利二世立他的儿子约翰为爱尔兰领主（Lord of Ireland，1177—1216 年在位），并将爱尔兰的土地分给盎格鲁-诺曼底的伯爵们。约翰成为英格兰国王（1199—1216 年在位）后，爱尔兰王国正式并入英格兰王权之下。

自英格兰逐步确立了对爱尔兰的统治后，后来的殖民者大多与爱尔兰人通婚，逐渐爱尔兰化。受早期英格兰的议会制度的影响，爱尔兰于 1297 年成立了议会。

从 14 世纪起，英格兰禁止殖民者与爱尔兰土著居民通婚，并制定了防止爱尔兰化的种种规定。1366 年，英格兰人通过了《基尔肯尼法案》（Statutes of Kilkenny），该法案的主要目的是限制爱尔兰人使用本民族语言以及改变爱尔兰人的风俗习惯，企图同化爱尔兰人。面对英格兰人的压迫，爱尔兰人多次举行起义，但都被镇压。

在都铎王朝时期（Tudor Period，1485—1603），英格兰加强了对爱尔兰的控制，力图在爱尔兰建立法律和政治秩序。1541 年，英格兰国王亨利八世（Henry Ⅷ，1509—1547 年在位）被爱尔兰议会宣布为爱尔兰国王，改变了英格兰国王使用了近 4 个世纪的爱尔兰领主头衔。[①] 爱尔兰正式成为一个王国（Kingdom），与英格兰的关系定位为共主邦联。

16 世纪上半叶，英格兰发起了以新教取代天主教的宗教改革运动。英格兰国王亨利八世于 1529 年召开改革议会，开始进行宗教改革。英格兰议会于 1571 年通过了《三十九条信纲》（Thirty-Nine Articles），以此作为国教教义，英格兰宗教改革最终完成。英格兰人逐渐成为新教徒，而绝大多数爱尔兰人仍然是天主教徒。为了加强对爱尔兰的控制，从 16 世纪中期开始，英格兰开始向爱尔兰大规模殖民，引起了爱尔兰人的反抗，爆发了多次起义。其中最为著名的是 1595 年由休·奥内尔（Hugh O'Neill）组织的起义，直到 1603 年才被英军平息。

自 1609 年开始，英格兰国王詹姆斯一世（James Ⅰ，1603—1625 年在位）重点对阿尔斯特地区（Ulster）进行殖民，使这个地区成为英格兰人在爱尔兰的桥头堡。殖民带来了这一地区新教徒人数的增长，产生了新教徒与爱尔兰传统天主教徒之间的矛盾，成为后期爱尔兰独立过程中一个难以解决的重要问题。

面对英格兰人的扩张，在爱尔兰贵族罗里·奥穆尔（Rory O'Moore）、费利姆·奥尼尔（Phelim O'Neill）等人的领导下，爱尔兰天主教徒于 1641 年发起了针对英国新教徒的反抗运动。次年 5 月，起义者在基尔肯尼（Kilkenny）建立领导机构"爱尔兰天主教联盟"（Irish Catholic Con-

---

① Thomas Holand, "Richard Ⅱ's King of Ireland?", *Medieval History*, Vol. 11, No. 1, 2003.

federation），以此管理爱尔兰。① 英国内战结束后，克伦威尔于 1649 年率英军镇压了这次起义，并于 1652 年占领了爱尔兰全境。同年 8 月，英国议会通过了《爱尔兰处理法》（Act for the Settlement of Ireland），根据在爱尔兰起义和随后的战争中的参与程度，将爱尔兰民众进行分类处理。②

18 世纪，爱尔兰的经济得到了较大的发展，一些农牧产品如亚麻、羊毛、牛肉、猪肉等成为重要的出口商品。北美地区的迅速发展也吸引了爱尔兰人的注意，持续的爱尔兰移民潮也始于 18 世纪，大量的爱尔兰人前往新大陆。受美国独立战争和法国大革命的影响，一些爱尔兰民族主义精英于 1791 年在贝尔法斯特成立了联合爱尔兰人协会（Society of United Irishmen）。这个组织最初旨在反对新教集团对爱尔兰议会的控制，建立所有宗教教派平等参与的政治制度。随着 1793 年英法战争的爆发，英国政府害怕爱尔兰的一些激进社团与法国激进分子建立联系，因此取缔了联合爱尔兰人协会，该组织被迫转入地下。

1798 年，联合爱尔兰人协会在爱尔兰举行了一场起义，其目标是要成立一个独立的爱尔兰共和国，让所有宗教派别享受平等地位。这场起义被镇压后，英国当局认为解决爱尔兰问题的最好办法是进行合并，废除爱尔兰议会。虽然爱尔兰议会进行了强烈的抵制，但英国政府最终于 1800 年通过了《联合法案》（Act of Union），该法案于 1801 年 1 月 1 日生效。爱尔兰正式与英国合并成为单一的王国，称为大不列颠及爱尔兰联合王国。

19 世纪，爱尔兰和英国的差距越来越大，英国在向工业化和城市化发展的同时，爱尔兰还是一个传统的农业社会。1845—1849 年，爱尔兰爆发了大饥荒，这场饥荒促进了爱尔兰人的民族认同。正如相关学者所言：在爱尔兰人看来，这种经历对于民众的民族意识的影响，甚至可以不亚于纳粹德国的"最后解决"对犹太人民族意识的影响。③ 大饥荒带来的饥饿和疾病造成了 100 多万人的死亡，并且导致大量的移民离开爱尔兰。在 1845 年后的 10 年内，移民总人数达到了 150 万。④

---

① "Historic Kilkenny", https：//www. historickilkenny. com/the-capital-of-ireland.

② "August 1652: An Act for the Setling of Ireland", https：//www. british-history. ac. uk/no-series/acts-ordinances-interregnum/pp598-603.

③ ［英］罗伯特·基：《爱尔兰史》，潘兴明译，东方出版中心 2010 年版，第 82 页。

④ Alvin Jackson, *Ireland* 1798 - 1998: *War*, *peace and beyond*, West Sussex: Willey - Blackwell, 2010, p. 68.

　　大饥荒对爱尔兰社会各方面造成了巨大影响，刺激了爱尔兰的民族主义思想。19 世纪 40 年代出现了爱尔兰民族主义激进派 "青年爱尔兰"（Young Ireland），他们以民族独立为纲领，促进了民族主义思想的理论化。在 1848 年欧洲革命的影响下，该组织的激进派领导于 1848 年 7 月发动了起义，但起义遭到当地警察的暴力镇压而失败。

　　19 世纪五六十年代，爱尔兰人民争取民族独立、争取自治权利和收回土地的斗争连绵不断。1858 年，流亡在美国的爱尔兰民族主义者在詹姆斯·斯蒂芬斯（James Stephens）领导下，成立了秘密的革命组织——爱尔兰革命同志会（Irish Republican Brotherhood），又称芬尼亚组织。[1] 之后，在爱尔兰本土也成立了芬尼亚组织。

　　1865 年，芬尼亚组织准备在爱尔兰发动武装起义，但因计划泄露而遭到破坏。1866 年和 1870 年，在美国的芬尼亚组织成员曾两度攻入加拿大，试图从北美方面打击英国的统治，但均以失败告终。1867 年，芬尼亚组织又在爱尔兰本土的一些城市发动起义，由于该组织始终采取密谋暴动的方式，未能组织起广大群众参加起义，因而这些起义都先后被英国殖民者镇压下去。

　　第一次世界大战爆发后不久，爱尔兰革命同志会决定在战争结束前采取行动。1916 年复活节后的星期一（4 月 24 日），复活节起义（Easter Rising）爆发，约有 1000 名爱尔兰人夺取了都柏林的多个地区并声明成立爱尔兰共和国。英国向都柏林派出了军队，迅速镇压了起义。该事件被视为爱尔兰独立道路上的关键转折点，受起义的影响，爱尔兰民族主义选民从议会党转向支持以新芬党为代表的武力共和派。

　　主张民族独立的新芬党（Sinn Féin）[2] 成立于 1905 年，在 1918 年的大选中，新芬党赢得了英国下议院中 105 个爱尔兰席位中的 73 个。新芬党决定不在威斯敏斯特参加议会，而是在爱尔兰建立一个独立的议会。新芬党议员于 1919 年 1 月 21 日在都柏林举行会议，宣布成立爱尔兰共和国。当天，两名爱尔兰皇家警察在蒂珀雷里郡（County Tipperary）被杀害，这被认为是爱尔兰独立战争（Irish War of Independence，1919—1921 年）的开始。[3]

---

① ［英］罗伯特·基：《爱尔兰史》，潘兴明译，东方出版中心 2010 年版，第 123 页。

② 为爱尔兰盖尔语，意为 "我们自己"。——作者注

③ "Irish War of Independence"，https：//www. nam. ac. uk/explore/irish-war-independence.

　　爱尔兰共和军（Irish Republican Army，简称为 IRA）[①] 针对天主教爱尔兰人组成的警察部队——爱尔兰皇家警察部队开展袭击，英国对此也开展了强硬的武装行动。随着爱尔兰局势的恶化，英国被迫在爱尔兰问题上做出让步，于 1921 年 12 月与爱尔兰签订了《英爱条约》（Anglo-Irish Treaty），赋予爱尔兰同其他英属自治领同样的自主权，允许爱尔兰南部 26 郡成立爱尔兰自由邦（Irish Free State），但要求新教势力居多的爱尔兰北部 6 郡留在英国。

　　根据《英爱条约》，南爱尔兰将实行自治，但要求爱尔兰的高级官员宣誓忠于英国王权，还要在爱尔兰设一个英国总督。这个条约在爱尔兰内部引起了政治分裂，形成了支持该条约的爱尔兰民族主义者和反对该条约的爱尔兰共和党人的对立。对于为爱尔兰完全独立而战斗的共和党人来说，他们既不接受留在英联邦内，也不接受北爱尔兰的分离。

　　1922 年 6 月 28 日，由支持该条约的政治力量建立的爱尔兰临时政府军队和反对该条约的爱尔兰共和军在都柏林交火，爱尔兰内战（Irish Civil War，1922—1923 年）爆发，战争断断续续进行了八个多月才结束。1922 年 9 月 9 日，爱尔兰新议会召开，议会选举了爱尔兰总统并制定出宪法，宪法规定爱尔兰为英王领导下的大英帝国成员，享有自治权。本年度出台的《爱尔兰自由邦宪法》（Constitution of the Irish Free State）规定，爱尔兰为君主立宪制，爱尔兰国王由英国国王兼任，同时设立总督职位，议会实行两院制，成立行政委员会（内阁），设立行政委员会主席职务。[②] 1922 年 12 月 6 日，《爱尔兰自由邦宪法》获得通过，爱尔兰自由邦宣告成立。

　　爱尔兰于 1937 年通过了新宪法，宣布成立共和国并独立，但仍留在英联邦内。1948 年，南爱尔兰 26 郡成立了爱尔兰共和国，彻底脱离了英联邦。英国国会于 1949 年通过了《爱尔兰法令》（Ireland Act），宣布南爱尔兰主权不再属于英国，南爱尔兰完全独立，但北爱尔兰仍留在英联邦内，除非得到北爱尔兰的同意，任何情况都不能终止北爱尔兰作为联合王

---

　　①　爱尔兰共和军成立于 1919 年，是爱尔兰新芬党的军事机构。——作者注

　　②　"Constitution of the Irish Free State（Saorstát Eireann）Act，1922"，https：//www. irishstatutebook. ie/eli/1922/act/1/enacted/en/print.

国的一部分。①

　　二战结束后，西欧六国于 1950 年成立了欧洲煤钢共同体，此时爱尔兰认为国内经济可以自给自足，不需要加入这一组织。1957 年，随着欧洲经济共同体和欧洲原子能共同体的成立，西欧经济一体化愈加深入，其前景越来越好。此时爱尔兰国内失业率逐渐上升，经济发展滞后。1959年，爱尔兰转变了态度，意识到参与欧洲一体化才能复苏本国经济，加入欧洲经济共同体开始成为爱尔兰一项重要的外交政策。鉴于与英国的历史及现实渊源，爱尔兰于 1961 年 6 月在发布的相关白皮书中表示，如果英国申请加入欧洲经济共同体，爱尔兰也将申请加入。

　　1961 年，爱尔兰第一次申请加入欧洲经济共同体，由于英国的申请被拒绝，爱尔兰的申请也被拒绝。爱尔兰共和党领导杰克·林奇（Jack Lynch）于 1966 年担任爱尔兰总理后，积极促进爱尔兰经济从贸易保护向自由贸易、从自给自足向国际市场进行转变。当时的爱尔兰是一个相对贫穷的农业国，加入欧共体可以让爱尔兰的农产品拥有更加广泛的国际市场，并直接受惠于欧共体的共同农业政策。1967 年，随着英国加入欧共体的申请重新启动，爱尔兰也随之第二次申请加入欧共体。经过 3 轮历时12 年旷日持久的谈判，爱尔兰最终于 1973 年 1 月 1 日加入了欧共体。欧共体不仅为爱尔兰的农产品提供出口补贴，并且购买和储存过剩的农产品，这对于当时的农业国爱尔兰来说帮助巨大。②

　　自 1999 年 1 月 1 日起，爱尔兰成为首批加入欧元区的国家。爱尔兰与英国关系密切，在英国拒绝加入申根区的情况下，爱尔兰也未加入申根区。对于欧共体及欧盟开展的各种政策整合活动，爱尔兰喜忧参半。一方面爱尔兰可以从整合活动中得到实惠，发展本国经济；另一方面爱尔兰又担心整合活动影响国家主权和民族独立，丧失民族特性。例如，爱尔兰是欧盟成员国中唯一一个对《里斯本条约》举行全民公投的国家，由于爱尔兰选民担心该条约会损害爱尔兰利益并改变现行法律，侵犯国家主权，在 2008 年 6 月举行的全民公投中，爱尔兰选民以 53.4% 的反对票否决了《里斯本条约》，使欧洲一体化进程受阻。为换取爱尔兰选民的支持，

---

　　①　"Ireland Act 1949", https://www.legislation.gov.uk/ukpga/Geo6/12-13-14/41/introduction/enacted.

　　②　William Crotty and David E. Schmitt, *Ireland on the World Stage*, New Jersey: Pearson Education Inc, 2001, p. 51.

2008 年 12 月召开的欧盟首脑会议决定对爱尔兰做出一系列让步。在各方的共同努力下，爱尔兰于 2009 年 10 月 2 日再次举行全民公投。在这一次公投中，爱尔兰选民最终以 67.1% 的支持票通过了《里斯本条约》。根据 2020 年的统计数据，爱尔兰出口总额的 41% 为欧盟内部贸易，进口总额的 38% 来自欧盟成员国。① 在第 9 届欧洲议会 705 个席位中，爱尔兰拥有 11 个席位。

爱尔兰共和国总面积约 7.028 万平方公里，全国总人口约 501 万（截至 2021 年 4 月）。② 爱尔兰共和国的主体民族为爱尔兰族，人口约占总人口的 87.1%。③ 爱尔兰的官方语言为爱尔兰盖尔语和英语，居民主要信奉天主教。

四　荷兰

荷兰王国（The Kingdom of the Netherlands）简称荷兰或尼德兰，位于欧洲西北部。荷兰东邻德国，南接比利时，西、北濒北海。

考古研究发现，在冰河时代结束后，尼德兰地区④进入旧石器时代，原始居民以狩猎和采集业为生。公元前 5000 年左右，当地出现了农业，农耕文化开始发展起来。进入铁器时代后，当地人口开始增长。公元前 850 年至公元前 760 年，由于斯堪的纳维亚半岛的气候恶化，一些居住于斯堪的纳维亚南部地区和荷尔斯泰因、汉堡等地的日耳曼部落开始迁徙到尼德兰。公元前 250 年左右，尼德兰出现了一些具有相对固定的文化和语言的群体，这部分居民主要分布于荷兰北部，后来逐渐发展成为早期的弗里斯兰人（Frisians）和早期的撒克逊人（Saxons）。⑤ 在此期间，凯尔特

---

① "Country - Profiles/Ireland"，欧盟官方网站：https://european - union. europa. eu/principles-countries-history/country-profiles/ireland_en.

② "Population and Migration Estimates, April 2021"，爱尔兰中央统计局官网：https://www. cso. ie/en/releasesandpublications/ep/p-pme/populationandmigrationestimatesapril2021/.

③ "Population and Migration Estimates, April 2021"，爱尔兰中央统计局官网：https://www. cso. ie/en/releasesandpublications/ep/p-pme/populationandmigrationestimatesapril2021/.

④ 指低地国家地区，包括荷兰、比利时、卢森堡等地。——作者注

⑤ Jan W de Vries, Peter Burger and Roland Willemyns, *Het verhaal van een taal：negen eeuwen Nederlands*, Amsterdam：Prometheus, 2003, pp. 1221-1227.

17 世纪的英荷战争

尼德兰联合王国第一位国王威廉一世（1815—1840 年在位）

文化进入尼德兰的南部地区，与当地文化发生交流。

　　在高卢战争中，比利时以南的地区和莱茵河西部流域被罗马军队征服。在古罗马时代，莱茵河南岸先是属于比利时高卢行省（Gallia Belgica），后来划归到日耳曼行省。这里的南部地区居住着高卢人，北部

破坏圣像运动中被破坏的圣像（1566 年）

地区居住着日耳曼部落，其中的法兰克人从这里迁移到高卢，并在公元 5 世纪中后期建立起了强大的墨洛温王朝，后来发展为法兰克帝国。

公元 69 年，今荷兰境内日耳曼部落中的巴达维亚人（Batavians）爆发了反对罗马人统治的起义。起义的领导者是盖厄斯·朱利叶斯·奇维里斯（Gaius Julius Civilis），一些罗马人的据点在暴乱中遭到袭击和烧毁，本次起义以罗马军团的镇压而结束。后来巴达维亚部落与其他部落融合，成为法兰克人的一部分。17—18 世纪，荷兰知识分子曾对巴达维亚人的起义给予了高度评价，认为这一历史事件激发了荷兰民族主义，以此反抗当时西班牙的暴政，从而构成了荷兰人的民族认同。1795 年建立的荷兰共和国也被称为巴达维亚共和国（Batavian Republic），如同用"高卢"形容法国人，"条顿人"形容德国人，"巴达维亚"一词有时也用来形容荷兰人。[①]

随着气候的改善，大规模的东方日耳曼部落迁徙到今荷兰北部，这一时期被称为"迁移期"（Migration Period）。迁徙者大部分是撒克逊人，还

① Marnix Beyen，"A Tribal Trinity：The Rise and Fall of the Franks，the Frisians and the Saxons in the Historical Consciousness of the Netherlands since 1850"，*European History Quarterly*，Vol. 30，No. 4，2000，pp. 493−532.

有盎格鲁人（Angles）和朱特人（Jutes）。① 这些移民中一部分继续前行，渡海到达英格兰，留在尼德兰北部的居民最终形成了弗里斯兰人，成为现代弗里斯兰人的祖先。②

早期的弗里斯兰人和盎格鲁—撒克逊人的语言非常相似，老弗里斯兰语是与古英语最密切相关的语言之一，现代的弗里斯兰语最接近英语。在6世纪末，尼德兰北部的弗里斯兰人向西扩展到北海沿岸，到了7世纪，弗里斯兰人向南扩展到了杜里斯特（Dorestad）。在此期间，尼德兰北部的大部分地区被称为弗里斯兰（Friesland）③。在7世纪至8世纪前期，弗里斯兰人和法兰克人之间频繁发生战争。734年，法兰克人在伯尔南之战（Battle of the Boarn）中取得胜利，弗里斯兰最终被法兰克人征服，他们将这些土地并入法兰克帝国。随着法兰克帝国于843年一分为三，大部分的弗里斯兰归属于洛泰尔统治下的中法兰克王国。在9—10世纪，维京人对弗里斯兰进行了袭击，持续了约一个多世纪，虽然维京人在弗里斯兰设立了据点，但他们未在此地大规模定居。

10—11世纪，德意志王国逐渐占领了尼德兰地区。由于德意志王国之后的神圣罗马帝国无法维持政治上的统一，尼德兰处于封建割据状态，主要由荷兰伯爵（Count of Holland）、盖尔公爵（Duke of Gelre）、布拉班特公爵（Duke of Brabant）和乌得勒支主教（Bishop of Utrecht）控制，北部的弗里斯兰和格罗宁根（Groningen）则保持着独立状态，由一些较低等级的贵族控制，这些封建邦国长期处于持续不断的战争状态。在此过程中，弗里斯兰人、巴达维亚人、法兰克人、撒克逊人、凯尔特人等部落相互融合，最终为荷兰民族的形成奠定了基础。

1433年，荷兰伯国（County of Holland）的最后一个女伯爵杰奎琳（Jacqueline）将爵位和领地转给了其表兄勃艮第公爵菲利普三世（Philip Ⅲ，也称为好人菲利普，Philip the Good，1419—1467年在位）。勃艮第公爵通过联姻、购买和战争等方式，最终控制了低地国家——主要包括当今

① Matthew A. McIntosh, "The Migration Period in Ancient Europe, 300 – 568 CE", https://brewminate. com/the-migration-period-in-ancient-europe-300-568-ce/.

② Jos Bazelmans, "The early-medieval use of ethnic names from classical antiquity: The case of the Frisians", in Ton Derks and Nico Roymans, *Ethnic Constructs in Antiquity: The Role of Power and Tradition*, Amsterdam: Amsterdam University Press, 2009, pp. 321-337.

③ 也称为弗里西亚（Frisia）。——作者注

荷兰、比利时和卢森堡。在勃艮第时期，荷兰的贸易发展迅速，为保护贸易利益，荷兰舰队多次击败汉萨联盟的舰队。1467 年，菲利普三世去世，其子查理一世（Charles Ⅰ，也称为大胆者查理，Charles the Bold，1467—1477 年在位）继承了勃艮第公爵爵位。1477 年，查理一世意外战死，勃艮第公爵爵位被其女玛丽（Mary of Burgundy）继承。勃艮第女公爵玛丽通过与神圣罗马皇帝马克西米利安一世（Maximilian Ⅰ）的联姻，作为勃艮第组成部分的尼德兰也被划入哈布斯堡王室之下。① 因此，尼德兰变成神圣罗马帝国的领土。

1556 年，神圣罗马皇帝查理五世（Charles Ⅴ，1519—1556 年在位）退位，将西班牙和低地国家分给他的儿子菲利普二世（Philip Ⅱ，1556—1598 年在位），将奥地利等其他地区以及哈布斯堡王朝正统留给他的弟弟费迪南德一世（Ferdinand Ⅰ，1558—1564 年为神圣罗马皇帝）。因此，尼德兰被西班牙哈布斯堡王朝统治。

16 世纪，宗教改革运动在北欧迅速发展。到 16 世纪中期，新教运动在荷兰境内产生了广泛的影响，新教集团成为荷兰的一支重要力量。② 在西班牙统治期间，勃艮第的北部逐渐接受了新教，而南部地区坚持信仰天主教，宗教及文化的差别最终导致荷兰走向独立。由于罗马天主教的传统权威受到威胁，荷兰的天主教统治者对荷兰境内新教的传播感到非常不安，西班牙国王菲利普二世对新教徒开展了残酷的镇压，荷兰人民对此极为不满。同时，由于西班牙的封建专制统治，阻碍了荷兰资本主义的发展，荷兰资产阶级要求推翻专制统治，建立独立国家，发展资本主义。

1566 年 8 月，传教士塞巴斯蒂安·马特（Sebastian Matte）带领人员破坏了佛兰德的修道院教堂。③ 此事件发生之后不久，佛兰德其他地方也发生了类似的骚乱，这是一场加尔文教派发起的运动，他们破坏教堂和其他宗教建筑，史称"破坏圣像运动"（Iconoclastic Controversy），尼德兰革命由此拉开了序幕。西班牙国王菲利普二世派兵镇压，企图以血腥手段扼杀这场革命。荷兰北方的渔民、水手和码头工人组建了游击队以对抗西班牙军队，他们在荷兰本土建立了据点，抗击西班牙军队。1572 年，尼德

---

① ［美］马克·T. 胡克：《荷兰史》，黄毅翔译，东方出版中心 2009 年版，第 80 页。

② Jonathan Israel, *The Dutch Republic: Its Rise, Greatness, and Fall*, 1477–1806, Oxford: Clarendon Press, 1995, p. 104.

③ Geoffrey Parker, *The Dutch Revolt*, London: Penguin, 1985, pp. 74–75.

兰北方各省普遍发动起义，最终将西班牙军队驱逐出境。

1576 年，尼德兰南部的布鲁塞尔爆发起义，尼德兰革命从北方蔓延到南方。布鲁塞尔的起义者占领了总督府，西班牙在尼德兰的统治机关被推翻。从此，革命的中心转移到了南方。这一年的 11 月，全尼德兰的三级会议在根特召开，签订了《根特和平协定》（Pacification of Ghent），宣布废除西班牙总督阿尔发颁布的迫害宗教异端及没收财产的一切决定，重申各城市原有的权利，主张南北尼德兰联合抗击西班牙。①

由于南尼德兰的封建贵族害怕日益高涨的革命影响他们的利益，他们于 1579 年组成了阿拉斯联盟（Union of Arras），承认西班牙国王菲利普二世为国君，企图联合西班牙军队向北方开展进攻。阿拉斯联盟的行动破坏了《根特和平协定》，于是北方各省于 1579 年成立了乌特勒支同盟（Union of Utrecht），以对抗南方贵族。

1581 年 7 月 26 日，乌特勒支同盟的三级会议正式通过了《誓绝法案》（Act of Abjuration），宣告北尼德兰脱离西班牙而独立，组建了联省共和国。② 尼德兰因此分裂为两部分，北部建立了独立的国家——联省共和国（荷兰），南部仍然处在西班牙统治之下，称为西属尼德兰（Spanish Netherlands），包括今比利时、卢森堡以及法国北部的一部分。

1588 年，西班牙无敌舰队在英吉利海峡被英国海军击溃，从此失去海上优势。在此背景下，西班牙国王菲利普三世（Philip Ⅲ，1598—1621 年在位）于 1609 年和联省共和国签订《十二年休战协定》（Twelve Years' Truce），事实上承认了联省共和国的独立，尼德兰革命在北方获得了完全的胜利。1648 年，荷兰为欧洲各国正式承认。尼德兰独立战争经常被称为八十年战争（Eighty Years' War，1568—1648 年）。前五十年（1568—1618 年）是西班牙和尼德兰之间的战争，在后三十年（1618—1648 年）中，西班牙与尼德兰之间的冲突淹没在称之为三十年战争的欧洲大陆战争中。③

尼德兰独立战争激发了荷兰人的民族意识，促进了荷兰民族的形成。在八十年战争期间，荷兰取代佛兰德成为北欧最重要的贸易中心，荷兰的贸易、工业、艺术和科学发展迅速。在 17 世纪、18 世纪，荷兰成为欧洲

---

① ［美］马克·T. 胡克：《荷兰史》，黄毅翔译，东方出版中心 2009 年版，第 88 页。

② "Act of Abjuration"，https：//facultyfp. salisbury. edu/tfrobinson/act_of_abjuration. htm.

③ Geoffrey Parker，*The Thirty Years' War*，New York：Routledge Press，1987，p. 2.

最富裕的国家，也是科学水平最先进的国家，成为这一时期的海上殖民强国，也是继西班牙之后世界上最大的殖民国家。

荷兰取得独立后，经济发展迅速。荷兰利用西班牙的衰落和英国忙于内战之机垄断了世界贸易，从而引起英国人的不满。1651 年，英国护国公克伦威尔颁布了针对荷兰的《航海法案》（Navigation Acts），打击荷兰在国际贸易中的中介作用，危及荷兰的海上利益，导致第一次英荷战争（First Anglo-Dutch War，1652—1654）于 1652 年爆发。荷兰战败后，被迫承认这一法案。

由于英国订立了更严苛的航海法，并占领了荷兰位于北美的殖民地新阿姆斯特丹（今纽约），第二次英荷战争（Second Anglo-Dutch War，1665—1667）于 1665 年爆发，英国战败后，被迫修改了航海法，让出部分商贸利益给荷兰。在法荷战争（Franco-Dutch War，1672—1678）期间，英国在没有宣战的情况下突然袭击了一支荷兰的商船队，从而引发了第三次英荷战争（Third Anglo-Dutch War，1672—1674），英国再次战败。1780 年，英国以荷兰支援美国独立战争为理由，发动了第四次英荷战争（Fourth Anglo-Dutch War，1780—1784），荷兰被彻底打垮，丧失了欧洲强国地位。

1672 年被荷兰人称为"灾难年"（荷兰语：Rampjaar），本年度不仅爆发了第三次英荷战争，而且法荷战争也在这一年发生，最后演变为一场欧洲战争，战争双方为荷兰以及后来加入的奥地利、勃兰登堡、西班牙、丹麦等国与法国、瑞典、德意志境内的明斯特主教区、科隆主教区、英国等国。法荷战争于 1678 年结束，各方签订了《奈梅亨条约》（Treaty of Nijmegen）。战争导致荷兰受限于英、法包夹的地缘政治格局，海上霸权最终转移至英国。

荷兰和英国、法国进行了长期的战争，严重消耗了国力。虽然荷兰通过航运和金融获取了巨额的利润，但由于荷兰人把资金都投入到了海外，国内的生活和生产成本迅速攀升，工业生产日益凋零，直接导致了荷兰经济开始衰退，逐渐被英法德奥等国家超越。18 世纪后，荷兰殖民体系逐渐瓦解。

1795 年，法国军队入侵荷兰，建立了法兰西第一共和国的傀儡政府巴达维亚共和国（Batavian Republic，1795—1806），在拿破仑主导的法国政权控制下，巴达维亚共和国逐渐沦为法国的附属国。1806 年，巴达维亚共和国改为荷兰王国（Kingdom of Holland，1806—1810），拿破仑的弟弟路易·波拿巴任国王。四年之后，荷兰王国被并入法兰西帝国。

1814 年，法国皇帝拿破仑在被第六次反法同盟击败后，俄罗斯和普鲁士军队攻陷巴黎，迫使拿破仑退位。法国与第六次反法联盟签订了《巴黎和约》，被迫承认荷兰、德意志各邦国、意大利各邦国及瑞士独立。反法同盟出于遏制法国的目的，将南尼德兰地区划给了北尼德兰（荷兰），于 1815 年合并成立了尼德兰联合王国（United Kingdom of the Netherlands，1815—1839），领土范围包括今荷兰、比利时和卢森堡。尼德兰联合王国的第一位国王为威廉一世（William Ⅰ，1815—1840 年在位），他是荷兰最后一任世袭执政总督威廉五世的儿子。由于南北尼德兰地区在宗教、文化等方面的差异，南尼德兰人于 1830 年在布鲁塞尔发起了比利时独立战争（Belgian Revolution），最终从联合王国中独立出去。在 1839 年欧洲列强签署的《伦敦条约》中，卢森堡地区的西半部法语区划归给比利时，东半部成为以荷兰国王为大公的具有独立地位的国家（卢森堡大公国）。[1]

1848 年，欧洲爆发了几乎席卷整个欧洲的革命运动，虽然荷兰未发生大规模革命，但在外界的影响下，荷兰国王威廉二世（William Ⅱ，1840—1849 年在位）同意进行民主改革。1848 年颁布的新宪法将荷兰改为君主立宪制，严格限制国王的权力，保护公民自由。1890 年，荷兰国王威廉三世（William Ⅲ，1849—1890 年在位）去世，王位由他的女儿威廉明娜女王（Wilhelmina，1890—1948 年在位）接替，由于卢森堡采用萨利克继承法，不支持女性后裔的继承权，从而终结了荷兰和卢森堡大公国之间联盟。

自 18 世纪后半期以来，荷兰不与任何国家结盟，极力避开欧洲战争。[2] 在两次世界大战中，荷兰均宣布中立。1940 年，荷兰被德国军队侵占，王室和政府迁至英国，成立了流亡政府。二战结束后荷兰恢复独立，放弃了中立政策，加入了北约。

第二次世界大战后，荷兰与比利时、卢森堡走向联合，于 1944 年 9

---

① J. C. H. Blom and E. Lamberts, *History of the Low Countries*, New York: Berghahn Books, 1999, pp. 297-312.

② Maartje M. Abbenhuis, *The Art of Staying Neutral the Netherlands in the First World War*, 1914-1918, Amsterdam: Amsterdam University Press, 2006, p. 11.

月在关税上达成共识并同意建立关税同盟。自 1948 年 1 月 1 日起，荷兰、比利时、卢森堡三国关税同盟正式生效。与此同时，荷兰接受了美国"马歇尔计划"的援助，与一些国家一道成立了欧洲经济合作委员会。在"舒曼计划"提出后，荷兰积极响应。1951 年，荷兰与法国、联邦德国、比利时、卢森堡、意大利在巴黎签署了《巴黎条约》，欧洲煤钢共同体正式成立。自 1958 年 1 月 1 日起，荷兰作为创始国成为欧洲经济共同体的成员国。自 1995 年 3 月 26 日起，荷兰成为首批申根国家，并于 1999 年 1 月 1 日起成为首批加入欧元区的国家。加入欧元区后，荷兰进出口贸易发展良好，根据 2018 年的统计数据，荷兰出口总额的 74% 为欧盟内部贸易，进口总额的 46% 来自欧盟成员国。[1] 在第 9 届欧洲议会 705 个席位中，荷兰拥有 26 个席位。

荷兰王国总面积约 4.15 万平方公里，总人口约 1760 万（截至 2022 年 2 月）。[2] 荷兰王国的主体民族为荷兰族，人口约占总人口的 76.8%。[3] 荷兰的官方语言为荷兰语，下辖的弗里斯兰省讲西弗里斯语。荷兰本土居民中信奉天主教约占 20.1%，信奉新教约占 14.8%，信奉佛教、伊斯兰教等其他宗教约占 10.9%，无宗教信仰约占 54.1%。[4] 荷兰海外领地居民多数人信奉天主教。

五　卢森堡

卢森堡大公国（The Grand Duchy of Luxembourg）简称卢森堡，位于欧洲西北部。卢森堡东邻德国，南毗法国，西部和北部与比利时接壤。

公元前 600 年左右，今卢森堡地区居住属于高卢部落的特瑞维雷人

---

① "Country-Profiles/Netherlands"，欧盟官方网站：https://european-union.europa.eu/principles-countries-history/country-profiles/netherlands_en.

② "Population counter"，荷兰统计局官网：https://www.cbs.nl/en-gb/visualisations/dashboard-population/population-counter.

③ 《荷兰国家概况》，中华人民共和国外交部官方网站：https://www.fmprc.gov.cn/web/gjhdq_676201/gj_676203/oz_678770/1206_679234/1206x0_679236/，2021 年 7 月。

④ "Explore All Countries-Netherlands"，https://www.cia.gov/the-world-factbook/countries/netherlands/.

卢森堡布尔沙伊德城堡

卢森堡大公爵宫

（Treveri），他们在今卢森堡南部、德国西部和法国东部的摩泽尔（Mosel）河谷附近建造了定居点。公元前53年，罗马凯撒军团征服占领了这一地区，特瑞维雷人开始接受罗马文明。大约从公元4世纪起，日耳曼部落的法兰克人开始向这一地区渗透，并最终将其发展为加洛林帝国核心领土的一部分。

卢森堡大公威廉四世（1905—1912 年在位）

随着《凡尔登条约》的签订，这一地区被划分到中法兰克王国。公元 963 年，阿登伯爵西格弗里德（Sigefroid）得到了这一领地。在接下来的几年里，西格弗里德在此地的阿尔泽特河畔建造了一座新城堡。该城堡附近有个罗马帝国时期修建的守护台，法兰克人称之为卢西林堡胡克（Luccelemburc），意为小要塞城堡，西格弗里德也给新城堡取了这个名字，这便是卢森堡名称的由来。

1059 年，西格弗里德的后裔康拉德一世（Conrad Ⅰ）成为神圣罗马帝国的卢森堡伯爵（Count of Luxembourg），卢森堡领地基本形成。在这一时期，卢森堡附近形成了一个小镇并逐渐发展起来，成为沟通法国、德国和荷兰的中心。

1308 年，卢森堡伯爵亨利四世被选为神圣罗马皇帝，称为亨利七世（Henry Ⅶ，1308—1313 年在位），开创了神圣罗马帝国的卢森堡王朝（1308—1437 年）。在此期间，卢森堡一直是神圣罗马帝国的中心。1437年，卢森堡王朝绝嗣，女继承者伊丽莎白嫁入哈布斯堡家族，神圣罗马帝国进入哈布斯堡王朝时期。

15 世纪上半叶，卢森堡为勃艮第公爵菲利普三世（Philip Ⅲ，也称为好人菲利普，Philip the Good，1419—1467 年在位）控制。1477 年，因勃艮第女公爵玛丽与神圣罗马皇帝马克西米利安一世结婚，卢森堡又变成奥地利哈布斯堡王朝的领土。之后，因为哈布斯堡王朝的联姻与分家，卢森堡又被西班牙哈布斯堡王朝统治。

1556 年，神圣罗马皇帝查理五世（Charles Ⅴ，1519—1556 年在位）退位，将西班牙和低地国家（包括卢森堡）分给他的儿子菲利普二世（Philip Ⅱ，1556—1598 年在位）。在荷兰独立革命期间，尼德兰的北部省份于 1581 年脱离西班牙建立了联省共和国，而南部省份（包括卢森堡）在 1714 年之前仍然被西班牙统治。在此期间，尼德兰的南部省份被称为西属尼德兰（南尼德兰）。

17 世纪，由于宗教改革运动导致天主教和新教的尖锐对立，神圣罗马帝国因宗教矛盾爆发内战，欧洲主要国家纷纷卷入，史称"三十年战争"（1618—1648 年）。欧洲形成了两大对立集团，一方是由奥地利、西班牙、德意志天主教联盟组成的哈布斯堡集团，得到了罗马教皇和波兰的支持；另一方是由法国、丹麦、瑞典、荷兰、德意志新教联盟组成的反哈布斯堡联盟，得到了英国和俄国支持。两大集团以 1618 年捷克反对哈布斯堡王朝的起义为导火索，相关各国卷入了全面战争。

三十年战争结束后，神圣罗马帝国和参战各方签订了《威斯特伐利亚和约》（Peace of Westphalia）①，和约重申了 1555 年的《奥格斯堡和约》（Peace of Augsburg）中"教随国定"（Whose Realm, His Religion）②的原则，各邦有权决定其宗教信仰，承认德意志境内新教旧教地位平等。卢森堡卷入战争，并于 1659 年被法国人割占了南部，但法国人并不满足于此，他们于 1684 年武装占领了卢森堡全境。这一行动引起了法国周边国家如奥地利、西班牙、瑞典、巴伐利亚等国的警觉，并于 1686 年形成了奥格斯堡联盟（League of Augsburg），对法国展开作战，史称大同盟战争（也叫九年战争，Nine Years' War，1688—1697 年）。法国国王路易十四和同盟各国通过谈判结束战争，于 1697 年签订《里斯威克

---

① 《威斯特伐利亚和约》由《奥斯纳布吕克条约》与《明斯特条约》构成。——作者注

② "The Peace of Augsburg"，http：//www.holyromanempireassociation.com/peace-of-augsburg.html.

条约》（Treaty of Ryswick），将卢森堡归还给哈布斯堡王朝。[1]

1700年，西班牙国王卡洛斯二世去世，西班牙王室绝嗣，同宗的奥地利王室与当时的西欧霸主法国为了能够争夺西班牙的控制权，双方展开了一系列的战争，史称"西班牙王位继承战"（1701—1714年）。奥地利在此期间成功游说到英国、荷兰的支持，致使战争前期法国被孤立。战争进行到后期时，反法同盟的主力英国鉴于俄国于大北方战争中大败瑞典，为防止俄国称霸北欧后对英国造成威胁，英国单独与法国进行和谈，停止了对法国的战事。

战争结束后，相关参战国于1713年签订了《乌德勒支和约》（Peace of Utrecht）。根据该条约，神圣罗马皇帝查理六世（Charles Ⅵ）获得了西属尼德兰（包括卢森堡），以及那不勒斯王国、撒丁尼亚和部分米兰公国的土地。此后，卢森堡一直处于神圣罗马帝国的统治之下，直到在第一次反法同盟战争（1792—1797年）期间，卢森堡于1795年被法国再次占领。由于拿破仑试图称霸欧洲的计划失败，法国沦为战败国。战后召开的维也纳会议宣布卢森堡为大公国（The Grand Duchy），由荷兰国王威廉一世兼任大公，同时又为德意志联邦（German Confederation）[2] 成员，卢森堡由普鲁士军队驻防。[3] 同时，卢森堡东部一些地区被划归普鲁士。[4] 反法同盟出于遏制法国的目的，将南尼德兰划给了北尼德兰（荷兰），于1815年合并成立了尼德兰联合王国（United Kingdom of the Netherlands，1815—1839年），领土范围包括今荷兰、比利时和卢森堡。

由于南、北尼德兰在宗教、文化等方面的差异，南尼德兰人于1830年在布鲁塞尔发起了比利时独立战争（Belgian Revolution），大多数卢森堡人也加入了反对荷兰统治的比利时革命，最终使比利时从联合王国中独立出去。在1839年欧洲列强签署的《伦敦条约》中，荷兰承认比利时是

---

① "Treaty of Ryswick", https：//www.oxfordreference.com/view/10.1093/oi/authority.2011 0803100435143.

② 德意志联邦成立于1815年，由包括普鲁士、奥地利在内的39个拥有主权的德意志邦国和城市组成，其作为1806年被取消的"神圣罗马帝国"的继承组织，目的是为了弱化德意志民族统一运动，使2个德意志大邦国普鲁士与奥地利互相牵制，从而保持欧洲势力均衡。德意志联邦因1866年普奥战争中奥地利战败而解散。——作者注

③ Gilbert Trausch, *Blick in die Geschichte*, Stuttgart：Seewald-Verlag, 1983, p.51.

④ Johan Christiaan Boogman, *Nederland en de Duitse Bond* 1815-1851, Groningen-Djakarta：J.B.Wolters, 1955, pp.5-8.

一个独立和中立的国家，卢森堡的西半部法语区被划归给比利时，东半部成为以荷兰国王为大公的拥有独立地位的卢森堡大公国。[1] 1842 年，卢森堡加入了德意志关税同盟（Zollverein），这为卢森堡提供了广阔的市场，从而推动了卢森堡钢铁工业的发展。[2]

1867 年，法国皇帝拿破仑三世试图从荷兰国王威廉三世手中购买卢森堡，遭到卢森堡和普鲁士民众的强烈抗议，史称"卢森堡危机"（Luxembourg Crisis）。此次危机由 1867 年签署的《伦敦条约》和平解决，该条约确定卢森堡永久中立，并将卢森堡的防御工事进行拆毁，自 1815 年以来一直在卢森堡驻军的普鲁士军队也因此而撤出。

荷兰国王威廉三世于 1890 年去世后，他的女儿威廉明娜接任了荷兰国王，但由于卢森堡采用萨利克继承法，只认可男性继承人，导致了荷兰和卢森堡之间联盟的终结。奥林奇·纳索家族的另一分支威廉三世的远房堂弟前纳索公爵阿道夫（Adolf of Nassau-Weilburg）成为卢森堡大公，开启了卢森堡纳索——魏尔堡王朝（Nassau-Weilburg Dynasty），卢森堡彻底独立。

由于卢森堡大公威廉四世（William Ⅳ）没有男性继承人，他在 1907 年制定了一项允许女性继承王位的法律，威廉四世的大女儿玛丽·阿德莱德（Marie Adelaide）、二女儿夏洛特（Charlotte）先后成为女大公。[3]

进入 20 世纪后，卢森堡在两次世界大战中均被德军入侵。1940 年，纳粹德国占领了卢森堡，并将卢森堡并入德国科布伦茨—特里尔大区（Gau Koblenz-Trier）。[4] 纳粹德国继而宣布卢森堡人为德国公民，并对卢森堡人开展同化，一方面把德意志人迁居到卢森堡，另一方面禁止当地人使用法语，法语被排除出社会领域，不仅学校不能教授法语，而且禁止发行法语报刊。德国人的同化政策激发了卢森堡人的民族意识，许多卢森堡

---

[1] Guy Thewes, *Les gouvernements du Grand-Duché de Luxembourg depuis* 1848, Luxembourg: Service Information et Presse, 2006, p. 208.

[2] Kreins Jean-Marie, *Histoire du Luxembourg*, Paris: Presses Universitaires de France, 2003, p. 76.

[3] "The Grand-Ducal Family", https://pekin.mae.lu/en/The-Grand-Duchy-of-Luxembourg/The-Grand-Ducal-Family.

[4] "The Toughest Ordeal for the People", https://luxembourg.public.lu/en/society-and-culture/history/second-world-war.html.

人采取复苏旧卢森堡语的方式进行抵抗，促进了卢森堡语的复兴。

第二次世界大战结束后，卢森堡与荷兰、比利时走向联合，于 1944 年 9 月在关税上达成共识并同意建立关税同盟。自 1948 年 1 月 1 日起，卢森堡、荷兰、比利时三国关税同盟正式生效。与此同时，卢森堡接受了美国"马歇尔计划"的援助，与一些国家一道成立了欧洲经济合作委员会。

在"舒曼计划"提出后，卢森堡积极响应。1951 年，卢森堡与法国、联邦德国、荷兰、比利时、意大利在巴黎签署了《巴黎条约》，欧洲煤钢共同体正式成立。自 1958 年 1 月 1 日起，卢森堡作为创始国成为欧洲经济共同体的成员国。自 1995 年 3 月 26 日起，卢森堡成为首批申根国家，并于 1999 年 1 月 1 日起成为首批加入欧元区的国家。加入欧元区后，卢森堡进出口贸易发展良好，根据 2018 年的统计数据，卢森堡出口总额的 84% 为欧盟内部贸易，进口总额的 88% 来自欧盟成员国。[①] 在第 9 届欧洲议会 705 个席位中，卢森堡拥有 6 个席位。

卢森堡大公国总面积约 2586.3 平方公里，总人口约 63 万（截至 2021 年）。[②] 卢森堡的主体民族为卢森堡族，人口约占总人口的 51.1%。[③] 卢森堡的官方语言为法语、德语和卢森堡语。法语多用于行政、司法和外交；德语多用于报刊新闻；卢森堡语为民间口语，亦用于地方行政和司法。绝大多数卢森堡居民信奉天主教。

---

① "Country-Profiles/Luxembourg"，欧盟官方网站：https：//european-union. europa. eu/principles-countries-history/country-profiles/luxembourg_en.

② "Population Structure"，卢森堡大公国统计门户官网：https：//en. populationdata. net/countries/luxembourg/.

③ "Luxembourg Ethnic groups"，https：//www. indexmundi. com/luxembourg/ethnic_groups. html.

第三章　中欧地区

中欧位于欧洲中部，一般认为，中欧的主权国家共有 8 个，分别是德国、波兰、捷克、斯洛伐克、匈牙利、奥地利、列支敦士登和瑞士，其中德国、奥地利、捷克、斯洛伐克、波兰、匈牙利为欧盟成员国。

一　德国

德意志联邦共和国（The Federal Republic of Germany）简称德国，位于欧洲中部。德国东部与捷克和波兰接壤，南邻瑞士和奥地利，西部与荷兰、比利时、卢森堡和法国接壤，北邻丹麦。

德国班贝格古城

德国亚琛市

普奥战争（1866年）

　　考古研究发现，距今约60万年前，今德国境内曾有古人类在此生活。考古学家曾于1856年在德国的尼安德（Neander）山谷发现了古人类化石，被命名为尼安德特人（Neanderthal）。有学者认为，3万多年前，随着冰川蔓延过整个欧洲大陆，尼安德特人便灭绝了。[1]

　　[1]　Bertila Galván, Cristo M. Hernández, Carolina Mallol, Norbert Mercier, Ainara Sistiaga and Vicente Soler, "New evidence of early Neanderthal disappearance in the Iberian Peninsula", *Journal of Human Evolution*, Vol. 75, 2014, p. 16.

公元前 1000 年左右，由于北欧地区气候变冷，原先居住于斯堪的纳维亚半岛南部及周边地区的日耳曼部落居民开始向南迁移，他们分布于莱茵河沿岸，南至阿尔卑斯山以北，东到外克塞河（Weichsel）的地区。

公元 1 世纪，为了扩大罗马帝国的疆域，罗马军团在今德国多瑙河上游以及莱茵河以东地区与日耳曼部落展开了长期战斗，罗马军团征服了一些日耳曼部落。公元 9 年，日耳曼部落在条顿堡森林战役（Battle of the Teutoburg Forest）中战胜了入侵的罗马军团。在这次战役中，日耳曼部落伏击并消灭了 3 个罗马军团，阻止了罗马帝国侵入莱茵河以东的地区。日耳曼部落沿着莱茵河和多瑙河的罗马边境定居，占据了今德国的大部分地区。在罗马皇帝奥古斯都（Augustus）统治期间，今德国的巴登—符腾堡州（Baden—Württemberg）、巴伐利亚州（Bavaria）南部、黑森州（Hessen）南部、萨尔州（Saarland）和莱茵兰地区（Rhineland）被罗马军队占领，归属于罗马帝国下辖的雷蒂安行省（Raetia）、上日耳曼尼亚行省（Germania Superior）和下日耳曼尼亚行省（Germania Inferior）。[①]

公元 3 世纪左右，一些西日耳曼部落开始形成，主要包括阿勒曼尼（Alamanni）、法兰克（Frank）、巴伐利亚（Bavarii）、卡蒂（Chatti）、撒克逊（Saxon）、弗里斯（Frisii）、斯卡姆布里（Sicambri）、图林根（Thuringii）等部落。公元 4—6 世纪，大量的日耳曼人、斯拉夫人、匈人等向罗马帝国境内迁移，最终引起了西罗马帝国的灭亡。这一时期日耳曼人在法国、意大利、非洲北部、西班牙和不列颠建立了一些王国，如汪达尔王国、勃艮第王国、伦巴底王国等。

486 年，法兰克国王克洛维斯一世率军大败罗马军队于苏瓦松，占领了高卢的大部分地区，建立了墨洛温王朝，此后不断向外扩张。到公元 9 世纪，在查理曼大帝的统治下，法兰克王国几乎扩张到了今法国和德国的绝大部分地区，称为法兰克帝国。匆匆建立起来的法兰克帝国还没有形成统一的民族和国家意识，就因查理曼大帝的去世而走向分裂。

843 年，法兰克帝国的疆域按照《凡尔登条约》分成三部分，位于莱茵河东岸的东法兰克王国成为德国的雏形。当时的东法兰克人使用的是一种被称作"德意志"（Deutsche）的语言，因此，这一地区也被称为德意

---

① Alan K. Bowman, Edward Champlin and Andrew Lintott, *The Cambridge Ancient History Volume 10: The Augustan Empire*, 43 *BC*—*AD* 69, New York: Cambridge University Press, 1996, pp. 527 - 528.

志。在德意志地区生活着巴伐利亚人、士瓦本人、图林根人、阿勒曼尼人、法兰克人、撒克逊人、弗里斯兰人[①]等。

870年，西法兰克王国国王秃头查理及东法兰克王国国王日耳曼人路易签署了关于瓜分大部分中法兰克王国的《墨尔森条约》，东法兰克王国的领土得以向西扩张，并逐步确立了德国领土的雏形。911年，年仅18岁的东法兰克王国国王孩童路易（Louis the Child，900—911年在位）去世，由于没有后嗣，孩童路易的死亡代表着加洛林王朝东系的消亡。

东法兰克王国四大公国（法兰克尼亚、萨克森、巴伐利亚、士瓦本）以及美因茨大主教选举法兰克尼亚公爵康拉德一世（Konrad Ⅰ，911—918年在位）为东法兰克国王，这一时期德意志民族逐渐从法兰克民族之中脱离出来，东法兰克王国逐渐向德意志王国过渡。康拉德去世后，王位落入萨克森公爵（Duke of Saxony）捕鸟者亨利（也称为亨利一世，Henry Ⅰ，919—936年在位）手中，萨克森王朝（Saxon Dynasty，919—1024年）由此建立。[②] 虽然中世纪的德国未曾统一，国内四分五裂且地方独立的趋势明显，但国王作为德意志地区最高封君这一西欧封建君主制原则得到承认，一些国王也积极强化王权，作为原则上称述德意志整体的德意志王国一直延续下来。[③]

亨利一世通过扶植教会势力，依靠骑士、家臣同大封建主作斗争，同时通过抗击马扎尔人入侵以及向易北河以东斯拉夫地区进行扩张，使他的王权在全国范围内得到了承认。亨利一世去世后，其子奥托一世（OttoⅠ，936—973年在位）于936年被德意志贵族和大主教们选为德意志国王。奥托一世依靠教会和中小封建主，打击部落公爵势力，进一步加强中央权力。951年，奥托一世应教皇约翰十二世（John Ⅻ，955—964年在位）的要求入侵意大利，平息当地叛乱，征服了意大利北部的伦巴底地区，协助教皇慑服了当地贵族的抵制与反抗。

962年，奥托一世在罗马由教皇约翰十二世加冕称帝，成为罗马教皇的监护人和罗马天主教世界的最高统治者，德意志王国逐渐演变为神圣罗

---

① 弗里斯人的后裔。——作者注

② Jana K. Schulman, *The Rise of the Medieval World*, 500 – 1300: *A Biographical Dictionary*, Westport: Greenwood Press Group, 2002, pp. 325–327.

③ 侯树栋：《德意志封建王权的历史道路》，《河南大学学报》（社会科学版）2002年第3期。

马帝国。① 奥托一世于 963 年废黜教皇约翰十二世，立利奥八世（Leo Ⅷ，963—965 年在位）为教皇，从而开创了由皇帝决定教皇人选的先例，也拉开了欧洲历史上皇帝与教皇长期斗争的序幕。在此后的一段时期，皇权胜过了教权。

这一时期的法兰西王国已经形成了稳定的行政管理体系，开始向统一的民族国家迈进，但由于德意志皇帝的权力过于分散，帝国内部不同的公爵家族彼此争斗，他们反对强有力的王权，统一的民族国家迟迟没有出现。这一现象一方面与日耳曼人的传统有关，德意志境内的日耳曼人长期未形成嫡长子继承制，他们奉行诸子分治的传统，导致权力过于分散；另一方面，"君权神授"的传统使罗马教廷操控着德意志的权力之争，皇权与教廷的斗争分散了时间和精力，影响了德意志内部的整合和集权，进而影响了德意志民族国家的建立。

自亨利一世率领军队向易北河以东的斯拉夫人地区进攻并占领了要塞勃兰登堡起，德意志人掀起了向易北河以东扩张的潮流，持续了数个世纪。到奥托一世在位期间，这场东扩运动（Ostsiedlung）更加声势浩大。德意志在易北河和奥德河之间的广阔地区建立起边区，由格罗藩侯统治。在格罗去世后，这些边区开始分化，形成了以勃兰登堡为中心的北部边区、卢萨蒂亚边区、迈森边区等几个部分。东南部建立了隶属于巴伐利亚公国的东部边区，后来形成奥地利。

亨利二世（Henry Ⅱ，1002—1024 年在位）在位期间，为了对抗贵族势力，他加强了效忠于他的主教区的权力，从此教会神权开始壮大，最终发展成为皇权的最大威胁。10 世纪末至 11 世纪，天主教会内部发起了一次重大的改革运动，史称"克吕尼改革"（Cluniac Reforms），改革得到罗马教廷的积极支持，教皇格列高利七世（Gregory Ⅶ，1073—1085 年在位）亲自指导运动。该运动加强了教会尤其是教皇的势力，从而引起神圣罗马帝国和教皇的冲突，主要表现为主教叙任权之争。

1159 年，萨克森公爵狮子亨利（Henry the Lion，1142—1180 年在位）从石勒苏益格—荷尔施泰因公爵手中夺占吕贝克市（Lubeck），从而

---

① 1157 年，这一帝国得到了"神圣帝国"的称号。1254 年，帝国开始使用"神圣罗马帝国"这一名称。1512 年的科隆帝国会议后使用"德意志民族的神圣罗马帝国"这一名称，此后作为官方名称沿用直至 1806 年，也简称为德国或德意志。——作者注

打通了前往波罗的海的通道。下德意志地区的商人以此为基地，将商业活动扩展至整个波罗的海地区，其他地区的德意志商人集团也开始趋向于联合，最终形成了联系紧密的汉萨同盟（Hanseatic League），以减少彼此间的竞争。汉萨同盟垄断了东欧、北欧同西欧的中介贸易。

到 14 世纪中后期，汉萨同盟已经扩展至波罗的海、北海等地，加盟城市最多时达到了 160 多个。15 世纪中叶以后，随着中央集权的民族国家的建立，商业管理权力逐渐收归至民族国家，加之新航路的开辟，导致商业中心开始转移，汉萨同盟渐失优势。汉萨同盟于 1669 年在吕贝克举行了最后一次会议，宣告汉萨同盟走向解体。① 汉萨同盟虽然对推动德意志北部地区经济发展产生了积极的影响，但对整个德国的经济统一却无甚益处，有时甚至产生了破坏作用，经济上的分散性严重妨碍了中世纪德国政治统一的步伐。②

13 世纪后期到 15 世纪末是德意志王权进一步衰弱的时期。1356 年，神圣罗马皇帝查理四世（Charles Ⅳ, 1346—1378 年在位）颁布了《黄金诏书》（Golden Bull），规定神圣罗马帝国的皇帝在当时权势最大的 7 个选帝侯（Elector）③ 中选举产生，即在选举新一任皇帝时，7 位选帝侯齐聚一堂进行选举。④《黄金诏书》的实施，摆脱了教皇对皇帝选举的影响，从一定程度上解决了教皇干涉德意志政治的局面。

15 世纪后，随着中央集权式的君主专制国家在西欧陆续建立，神圣罗马帝国由于王权的衰弱，丧失了维护帝国公共权力的合法力量。从 1438 年开始，控制了帝国东南部大部分地区的哈布斯堡王朝一直把持着神圣罗马帝国皇位（1742—1745 年除外），直至 1806 年帝国覆亡。这种情况导致神圣罗马帝国内部矛盾增加，阻止帝国以法国或英国的模式发展为民族国家。在马克西米利安一世（Maximilian Ⅰ, 1493—1519 年在

---

① "A Medieval European Union: Why the Hanseatic League Still Matters", https://www. historyextra. com/period/medieval/a-medieval-european-union-why-the-hanseatic-league-still-matters/.

② 金志霖：《试论汉萨同盟的历史影响和衰亡原因》，《华东师范大学学报》（哲学社会科学版）2001 年第 5 期。

③ 圣职选帝侯包括美因茨大主教、科隆大主教、特里尔大主教，世俗选帝侯包括波希米亚国王、莱茵普法尔茨伯爵、萨克森—维滕贝格公爵和勃兰登堡藩侯。——作者注

④ ［德］史蒂文·奥茨门特：《德国史》，常县宾等译，中国大百科全书出版社 2009 年版，第 95 页。

位）统治期间，他试图改革帝国制度，建立了帝国最高法院，征收了帝国税，并增加了帝国议会的权力，通过强化皇帝的权威来构建帝国的公共权力。然而，这些改革因帝国的不统一而受挫。

在这一时期，宗教改革运动的爆发对神圣罗马帝国的政治改革产生了重要的影响。马丁·路德（Martin Luther）于 1517 年发起了宗教改革运动，旨在排除教皇对德国事务的干涉。宗教改革通过建立不受罗马教会控制的德意志民族教会，以此加强神圣罗马帝国的皇权，推动帝国的统一。然而，宗教改革却造成了帝国社会的分裂，神圣罗马帝国被分裂成了新教和天主教两大集团。1519 年，哈布斯堡家族的西班牙国王卡洛斯一世（Carlos Ⅰ，1516—1556 年在位）被推举为神圣罗马皇帝，称查理五世（Charles Ⅴ，1519—1556 年在位），查理五世是宗教改革运动的激烈反对者。查理五世以皇帝身份于 1521 年传唤马丁·路德参加沃尔姆斯宗教会议（Diet of Worms），他在这次会议上宣布马丁·路德及其追随者为帝国的敌人。虽然查理五世在《帕邵条约》（Treaty of Passau）中正式承认了新教，但根据此条约，皈依新教的天主教高级教士将丧失作为天主教会继任者的权利。[①]

在宗教改革运动的影响下，德国爆发了农民起义（German Peasants' War，1524—1525）。农民、商人、工匠以及新教牧师等联合起来，共同反对执政的封建领主，希望改变现行的政治制度。虽然本次起义席卷了大部分讲德语的地区，但最终被封建领主压制。此时，新教进一步在德国传播。到 16 世纪中叶，新教徒几乎遍及德国的中部和东北部地区，天主教徒主要集中于德国西部和南部地区。查理五世试图利用打击新教以消除诸侯分裂势力，从而在德国加强中央集权，但利益受到威胁的德国新教和天主教诸侯联合反对查理五世，甚至与法国结成同盟，共同对抗查理五世，最终查理五世放弃了加强中央集权的计划。

1608 年，德国新教联盟（Protestant Union）成立，其成员包括普法尔茨、安哈尔特、符腾堡等新教各邦。一年后，德国天主教联盟（Catholic League）成立，其成员包括巴伐利亚、奥格斯堡、康斯坦茨等天主教各邦。随后，新教联盟与天主教联盟之间的斗争超出德国的范围，逐渐向周

---

① ［德］史蒂文·奥茨门特：《德国史》，常县宾等译，中国大百科全书出版社 2009 年版，第 96 页。

边地区扩散。新教联盟得到丹麦、瑞典等新教国家以及法国的支持。丹麦、瑞典支持新教联盟的原因是担心天主教势力深入新教控制的德意志北部，同时也害怕出现一个强大的中央集权的德国向北欧扩张。法国虽为天主教国家，也害怕出现一个强大统一的德国，因而也支持新教联盟。天主教联盟得到了神圣罗马皇帝、教皇和西班牙的支持，最终两大宗教联盟之间的斗争演变为欧洲两大国际集团之间的战争——三十年战争（Thirty Years' War，1618—1648）。

新教阵营取得了三十年战争的胜利，哈布斯堡家族被迫求和，交战双方于 1648 年签订《威斯特伐利亚和约》，法国、瑞典从中获得了巨大利益。早先从奥地利独立出来的瑞士共和国和从西班牙独立出来的荷兰，通过条约获得了法律承认，葡萄牙也获得独立。① 此外，和约还规定神圣罗马帝国皇位不得世袭，帝国的重要事务由诸侯参加的帝国议会决定；帝国的诸侯完全独立，享有内政、外交上的完全主权，随着各邦权利的增加，德意志皇权进一步削弱，300 多个德意志邦成为事实上的主权国家。

宗教问题之所以在 16 世纪以后成为德国的政治问题，一方面的原因是德国的教会普遍由神圣罗马帝国控制，其本身没有能力革除教会弊端；另一方面的原因是德意志王权脱离于德意志民族的整合，产生了德意志王权与民族统一之间的矛盾。② 当以马丁·路德为首的教会改革者们得到德意志世俗邦君主及其臣民支持的时候，却遭到皇帝和教皇的联手镇压。③

从 1640 年开始，共主邦联的勃兰登堡—普鲁士（Brandenburg - Prussia）开始在大选侯腓特烈·威廉（Frederick William，1640—1688 年在位）的统治下崛起。腓特烈·威廉在邦国内确立了对等级会议的绝对优势，改革了内阁，建立了早期的官僚机构。腓特烈·威廉去世后，其子腓特烈·威廉·冯·霍亨索伦继承了勃兰登堡选帝侯兼普鲁士公爵之位。

1701 年，神圣罗马皇帝利奥波德一世（Leopold Ⅰ，1658—1705 年在位）在西班牙王位继承战争中陷入孤立的境地，腓特烈与皇帝结盟并派出援军。作为回报，皇帝在一份秘密协约中答应授予其普鲁士国王的称

---

① 闫瑜：《三十年战争和〈威斯特发里亚和约〉》，《德国研究》2003 年第 3 期。
② 刘新利：《德国的宗教改革与国家统一》，《经济社会史评论》2017 年第 3 期。
③ 刘新利：《德意志历史上的民族与宗教》，商务印书馆 2009 年版，第 312—322 页。

号。之后，腓特烈在哥尼斯堡加冕为王，称腓特烈一世（Frederick Ⅰ，1701—1713 年在位）。在腓特烈一世的后代腓特烈·威廉一世（Frederick William Ⅰ，1713—1740 年在位）、腓特烈二世（Frederick Ⅱ，1740—1786 年在位）、腓特烈·威廉二世（Frederick William Ⅱ，1786—1797 年在位）的励精图治下，普鲁士王国逐渐向民族国家发展。

神圣罗马皇帝查理六世于 1740 年去世后，根据他于 1713 年颁布的《国事诏书》（Pragmatic Sanction），其长女玛丽亚·特蕾西娅（Maria Theresia，1740—1780 年在位）有权继承奥地利大公国所属之各个领地。普鲁士、法国、西班牙、巴伐利亚、萨克森、皮埃蒙特、撒丁、那不勒斯等国拒绝承认玛丽亚·特蕾西娅的继承权，而奥地利、英国、俄罗斯、波希米亚、匈牙利、荷兰、西里西亚等国则支持玛丽亚·特蕾西娅，由此爆发了长达 8 年之久的奥地利王位继承战争（1740—1748 年）。

腓特烈二世在战争中将普鲁士王国变为一个军事国家，在腓特烈二世去世时，普鲁士已经成为欧洲强国之一。腓特烈二世的侄子腓特烈·威廉二世继承王位后，先后购买了安斯巴赫侯国和拜罗伊特侯国，并对波兰—立陶宛联邦进行了第二次和第三次瓜分，获得了大量的土地。

在 18 世纪前期，启蒙运动从英、法向德国扩散。针对德国分裂落后的状况，德国启蒙运动将启蒙运动的理性思考与民族情感融合起来，形成了启蒙思想与德意志民族意识的共生。[1] 受德国启蒙运动影响而产生的德意志文化民族主义促进了德意志民族的统一，普鲁士王国在德意志各邦国中率先支持德国启蒙思想家提出的政治改革，巴伐利亚、萨克森、汉诺威和普法尔茨这些较小的邦国也纷纷响应，德国启蒙运动推动了德意志的政治和行政改革，为现代国家的建立奠定了基础。[2]

法国大革命爆发后，拿破仑建立了法兰西帝国。神圣罗马皇帝弗朗兹二世（Franz Ⅱ，1792—1806 年在位）也于 1804 年将他统治下的奥地利大公国、波希米亚王国、匈牙利王国以及位于意大利和波兰等处的领土合并为奥地利帝国（Austrian Empire，1804—1918），自称为奥地利皇帝弗朗兹一世。弗朗兹二世害怕法国的扩张威胁到神圣罗马帝国，于是联合英

---

[1]　邢来顺：《启蒙运动与德国的文化民族主义》，《浙江学刊》2007 年第 3 期。

[2]　Charles W. Ingrao, "A Pre-Revolutionary Sonderweg", *German History*, Vol. 20, No. 3, 2002, pp. 279–286.

国、俄国、瑞典和那不勒斯，于 1805 年组成了第三次反法同盟。法国战胜了第三次反法同盟，与弗朗兹二世签订了《普雷斯堡和约》（Peace of Pressburg）。和约签订后，拿破仑决定成立以自己为护国公的莱茵邦联（Confederation of the Rhine，1806—1813），以整固在德意志地区的盟友。1806 年，在拿破仑的威逼利诱下，16 个神圣罗马帝国的成员邦签订了《莱茵邦联条约》（德语：Rheinbundakte），宣布脱离神圣罗马帝国加入莱茵邦联。为了吸引更多国家加入邦联，拿破仑对弗朗兹二世发出最后通牒，要求他解散神圣罗马帝国，并且放弃神圣罗马皇帝和罗马人民的国王称号。1806 年 8 月 6 日，弗朗兹二世放弃神圣罗马帝号，仅保留奥地利帝号，神圣罗马帝国正式灭亡。

　　1813 年，拿破仑入侵俄国失败之后，莱茵邦联瓦解。一些德意志邦国于 1815 年在维也纳召开会议，建立了德意志邦联（德语：Deutscher Bund，1815—1866 年），包括 35 个邦国和 4 个自由市，目的是团结神圣罗马帝国被废除后余下的德意志邦国。德意志邦联是一个松散的组织，以奥地利皇帝为主席，各邦保持完全的主权。

　　1847 年底，由于受到农业歉收和经济危机的影响，一些德意志邦国内部掀起了罢工浪潮和饥民暴动，巴登、黑森、符腾堡、巴伐利亚等地首先爆发革命。普鲁士国王腓特烈·威廉四世（Frederick William Ⅳ，1840—1861 年在位）被迫同意召开议会并制定宪法。1848 年 5 月，各地代表在法兰克福召开了全德国国民议会，即法兰克福议会（Frankfurt Parliament）。议会于 1849 年 3 月通过了资产阶级自由主义性质的宪法，但遭到腓特烈·威廉四世、奥地利皇帝和其他邦国君主的反对。之后，法兰克福国民议会瓦解，德国 1848 年革命结束。革命失败后，封建专制复辟，德意志基本上分为奥地利南方政权和普鲁士北方政权。

　　1862 年，普鲁士国王威廉一世（William Ⅰ，1861—1888 年在位）任用俾斯麦为普鲁士首相，他以统一为名限制自由，调和君权与资产阶级之间的矛盾，同时利用普鲁士的经济优势，于 1864 年联合奥地利攻打丹麦，丹麦战败，普鲁士得到了石勒苏益格的控制权，奥地利得到了荷尔斯泰因的控制权。为了争夺德意志的统治权，普鲁士于 1866 年出兵荷尔斯泰因，挑起了普奥战争（Austro-Prussian War，又名七星期战争或德意志战争）。俾斯麦与意大利联盟，战胜了奥地利，与奥地利在布拉格签订停战和约，奥地利退出德意志邦联，普鲁士不仅吞并了石勒苏益格和荷尔斯泰因，而且还占领了其他一些土地。① 1866 年，德意志邦联解散。在普鲁士的领导下，北德意志邦联（德语：Norddeutscher Bund，1867—1871 年）成立，奥地利被排除在外。北德意志邦联是个过渡组织，在 1871 年德意志帝国成立后解散。②

1871 年，普鲁士在普法战争中击败法国，统一了除奥地利外德意志全境。普鲁士国王威廉一世在法国的凡尔赛宫加冕为德意志帝国（German Empire，1871—1918）皇帝，普鲁士通过王朝战争最终实现了德意志的统一。德意志帝国制宪会议于 1871 年 4 月通过了帝国宪法，宣告德意志帝国是君主立宪制的联邦国家，史称"德意志第二帝国"。帝国颁布了一系列有利于资本主义经济发展的法案，扫除了资本主义经济发展的主要障碍，使帝国的经济得到了迅速发展。

威廉二世（William Ⅱ，1888—1918 年在位）即位后，与俾斯麦发生对立，俾斯麦被解除首相职务。威廉二世亲政后实行帝国主义政策，开始与英国、俄国、日本、美国等产生冲突，欧洲开始形成两大阵营对峙的局势，最终导致第一次世界大战爆发。1918 年，德意志帝国境内许多城市发生起义，在各方压力之下，威廉二世被迫退位并流亡海外，德意志帝制走向终结。1918 年 11 月 9 日，德国社会民主党党魁菲利普·沙伊德曼（Philipp Scheidemann）宣布成立共和国，由社会民主党领导的新政府于 11 月 11 日接受停战协议。

参战各方于 1919 年签订的《凡尔赛条约》对德国实行了极为严苛的经济与军事制裁，造成德国货币疯狂贬值。德国国民对该条约有强烈的抵触和反感情绪，从而引发了德国民众不断高涨的民族复仇主义情绪。

德国国民议会于 1919 年在魏玛（Weimar）制定了第一部共和宪法，人们把这部宪法称为魏玛宪法，依宪成立的共和国称为魏玛共和国（Weimar Republic）。由于第一次世界大战的巨额赔款使魏玛共和国无力负担，加之此后遭遇的经济大萧条带来的失业问题，许多德国民众转向支持极右翼的纳粹党（Nazi Party）。1933 年，魏玛共和国第二任总统保罗·冯·兴登堡（Paul von Hindenburg）任命纳粹党首领阿道夫·希特勒

① Edgar Feuchtwanger, *Bismarck*：*A Political History*, New York：Routledge Press, 2014, pp. 83-98.

② Gordon A. Craig, *Germany*, 1866 - 1945, New York：Oxford University Press , 1978, pp. 11-22.

为德国总理。希特勒执政后，通过操纵国会纵火案并栽赃给德国共产党，约 4000 名德国共产党员遭到了逮捕。[①] 通过一系列的措施，希特勒加强了法西斯独裁统治，最终导致第二次世界大战爆发。

德国于 1945 年战败后宣布无条件投降，美、苏、英、法四国分区占领了德国，美、英、法三国占领区于 1948 年与苏联占领区分别发行货币，导致东西德分离，分别建立了德意志民主共和国（东德）和德意志联邦共和国（西德）。

西德建立后，经济复兴成为其主要的任务。西德首任总理阿登纳多次呼吁法德和解，并建议与法国建立联盟。1950 年，时任法国外长罗伯特·舒曼表示，在德国无条件投降 5 年后，法国愿意就欧洲建设方面与德国建立伙伴关系，"舒曼计划"应运而生。阿登纳对"舒曼计划"做出了积极回应。1951 年 4 月 18 日，法国、联邦德国、荷兰、卢森堡和意大利 6 国代表在法国巴黎签订了《巴黎条约》，欧洲煤钢共同体正式建立。

煤钢共同体内钢铁产量逐步提升，贸易也持续增长，作为欧洲联合的第一步取得了实质性的成果，极大鼓舞了西欧联合主义者。由于单纯的煤钢联合已经难以满足欧洲一体化的现实需要，成员国开始考虑把共同市场拓展到其他部门。1957 年 3 月，煤钢共同体 6 国签订了《罗马条约》，并于年底获得各成员国批准，欧洲原子能共同体和欧洲经济共同体得以成立。

1990 年，东德领土正式并入西德，德国实现统一。德国统一后，继续推动欧洲一体化发展。1995 年 3 月 26 日，德国成为首批申根国家，并于 1999 年 1 月 1 日起成为首批加入欧元区的国家。欧洲一体化为德国提供了广阔的市场，根据 2018 年的统计数据，德国出口总额的 59% 为欧盟内部贸易，进口总额的 66% 来自欧盟成员国。[②] 在第 9 届欧洲议会 705 个席位中，德国拥有 96 个席位。

[①]　Richard J. Evans, *The Coming of the Third Reich*, New York：Penguin Books, 2004, pp. 329-334.

[②]　"Country-Profiles/Germany"，欧盟官方网站：https：//european-union. europa. eu/principles-countries-history/country-profiles/germany_en.

德国总面积约 35.74 万平方公里，总人口约 8320 万（截至 2021 年底）[①]，是欧盟人口最多的国家。德国的主体民族为德意志族，人口约占总人口的 86.3%。[②] 德国的官方语言是德语，居民主要信奉基督教新教和天主教。

二 奥地利

奥地利共和国（The Republic of Austria）简称奥地利，位于欧洲中部。奥地利东邻匈牙利和斯洛伐克，南接斯洛文尼亚和意大利，西连瑞士和列支敦士登，北与德国和捷克接壤。

奥地利阿尔陶塞湖

在旧石器时代，今奥地利境内已有人类居住，出现了早期的农业。在铁器时代晚期，奥地利境内出现了哈尔施塔特文化（Hallstatt Culture），这是先于法国拉特文化（La Tène Culture）的首批凯尔特文化。公元前 2 世纪，凯尔特人在奥地利境内建立了一个名为诺里库姆（Noricum）的凯

---

① "Current population"，德国联邦统计局官方网站：https://www.destatis.de/EN/Themes/Society-Environment/Population/Current-Population/_node.html.

② "Explore All Countries-Germany"，https://www.cia.gov/the-world-factbook/countries/germany/.

奥地利巴德伊舍小镇

奥地利哈尔施塔特小镇

尔特王国。公元前 1 世纪末，罗马帝国向多瑙河地区扩张，兼并了多瑙河以南的土地，使诺里库姆王国成为罗马帝国的一部分，并将其改设为诺里库姆行省。在罗马的统治下，当地的经济、文化得到迅速发展，形成了维也纳、林茨、萨尔茨堡等城市。3 世纪后，基督教开始在当地传播。

由于奥地利地处欧洲中心，成为交通要地，曾多次遭受外族入侵。西哥特人曾于 376 年入侵此地，之后又被匈人（Huns）、阿瓦尔人（Avars）侵入。8 世纪末，法兰克王国的查理曼大帝击败了当地的阿瓦尔人，建立起边疆伯爵领地，使之成为加洛林王朝的东部边区。881 年，马扎尔人（Magyars）侵入该地。德意志国王奥托一世于 955 年在莱希费尔德之战（Battle of Lechfeld）中击败马扎尔人，收复了该边区。

976 年，巴本堡家族（House of Babenberg）的利奥波德一世（Leopold Ⅰ）被奥托一世封为奥地利藩侯（Margrave of Austria，976—994 年在位），他将领土扩大到了多瑙河两岸。利奥波德一世成为奥地利历史上第一个有确切历史记录的统治者。利奥波德三世（Leopold Ⅲ，1095—1136 年在位）统治期间，巴本堡王朝达到第一次鼎盛时期，奥地利习惯法第一次见诸文字，奥地利的国家观念逐步形成。

在奥地利藩侯亨利二世（Henry Ⅱ，1141—1156 年在位）统治时期，神圣罗马皇帝腓特烈一世（Frederick Ⅰ，1155—1190 年在位）于 1156 年将奥地利从巴伐利亚公国中分离出来，将奥地利提升为公国（Duchy）。藩侯亨利二世因此成为奥地利公国的大公（Duke of Austria，1156—1177 年在位），定都维也纳，此后维也纳一直是该国的首都。[①]

巴本堡王朝的腓特烈二世（Frederick Ⅱ，1230—1246 年在位）去世后，由于没有男性继承人，奥地利的统治权随着腓特烈二世的侄女格特鲁德（Gertrude）联姻传到巴登藩侯（Margrave of Baden）赫尔曼六世（Hermann Ⅵ）手中。但是，该家族未能在奥地利站稳脚跟，不久便被驱逐。

1251 年，波希米亚国王瓦茨拉夫一世（Wenceslaus Ⅰ）的儿子普热米斯尔·奥托卡二世（Přemysl Otakar Ⅱ，1253—1278 年在位）征服了奥地利，并迎娶了巴本堡家族的另一位女性继承人玛格丽特（Margaret），从而得到了奥地利大公之位。奥托卡二世大力开展建设，打压国内反叛力量，将奥地利建设成为神圣罗马帝国境内实力强大的王国。

奥托卡二世的统治受到了来自哈布斯堡家族的德意志国王鲁道夫一世（Rudolf Ⅰ，1273—1291 年在位）的威胁，鲁道夫一世于 1278 年向吞并了奥地利的波希米亚国王奥托卡二世宣战，并在马希费尔德战役（Battle on the Marchfeld）中打败了奥托卡二世，将奥地利公国作为哈布斯堡家族的世袭领地，马希费尔德战役使哈布斯堡家族成为奥地利的统治者。[②] 之

---

① "The Babenbergs", https：//www. austria. info/en/service-and-facts/about-austria/history.

② ［美］史蒂芬·贝莱尔：《奥地利史》，黄艳红译，中国大百科全书出版社 2009 年版，第 17 页。

后，奥地利被哈布斯堡家族统治了 6 个多世纪，直到 1918 年才结束。1283 年制定的《莱茵费尔登条约》(Treaty of Rheinfelden) 确立了哈布斯堡王朝的继承顺序，建立长子继承权，从而避免了奥地利公国的分裂。

13 世纪末至 14 世纪中叶，哈布斯堡家族通过联姻、战争等手段扩大领土，吞并了克恩顿公国 (Duchy of Carinthia) 和蒂罗尔伯国 (County of Tyrol) 等地。奥地利公国的疆域扩展到西部的福拉尔贝格 (Vorarlberg) 和南部的里雅斯特 (Trieste)①。从 1438 年起（除 1742—1745 年外）至 1806 年，奥地利哈布斯堡统治者始终保持着德意志国王和神圣罗马皇帝称号。

1422 年，奥地利大公阿尔伯特五世 (Albert V) 迎娶神圣罗马皇帝兼匈牙利及波希米亚国王西格斯蒙德 (Sigismund) 的女儿伊丽莎白 (Elisabeth) 为妻。西格斯蒙德去世后，其女婿阿尔伯特五世于 1438 年当选为罗马人民的国王（德意志国王），称为阿尔伯特二世 (Albert Ⅱ)。从此开始，直到 1806 年，神圣罗马帝国的最高统治权至少在名义上一直掌握在哈布斯堡家族手中，只有皇帝查理七世 (Charles Ⅶ，1742—1745 年在位) 例外。

此后，哈布斯堡家族继续通过联姻扩大领地。1477 年，神圣罗马皇帝兼奥地利大公腓特烈三世 (Frederick Ⅲ，1452—1493 年在位) 的长子马克西米利安 (Maximilian) 同勃艮第大公大胆者查理 (Charles the Bold) 的独女玛丽 (Mary of Burgundy) 结婚，马克西米利安因此获得尼德兰和法国东部边境一带的勃艮第领地。马克西米利安于 1486 年继承父位，成为德意志国王马克西米利安一世 (Maximilian Ⅰ)。神圣罗马皇帝腓特烈三世去世后，教皇朱利叶斯二世 (Julius Ⅱ) 于 1508 年授予马克西米利安一世神圣罗马皇帝称号，此后德意志国王当选后即成为神圣罗马皇帝，无须去罗马接受教皇加冕。

马克西米利安一世的孙子查理五世 (Charles Ⅴ，1519—1556 年在位) 在位期间，为了扩大帝国的统治范围，先后和法国、奥斯曼帝国爆发战争，最终都大获全胜，其领土扩张达到顶点。他的势力还随着海外殖民扩张到北非的突尼斯乃至亚洲的菲律宾，其统治下的帝国被称为"日不落帝国"。查理五世被认为造就了哈布斯堡王朝的辉煌，他的宰相墨丘

---

① 今分属意大利、斯洛文尼亚和克罗地亚三个国家。——作者注

里奥·加蒂纳拉（Mercurino di Gattinara）评价他"走上了普遍君主制的道路……将所有基督教世界统一在一个权杖下"①。

在查理五世统治期间，宗教改革运动发展迅猛。查理五世试图利用打击新教以消除诸侯分裂势力，在德国加强中央集权，但利益受到威胁的德国新教和天主教诸侯联合反对查理五世，甚至与法国结成同盟，共同对抗查理五世。1555年，查理五世为尽快结束这一混乱局面，被迫与诸侯们签订了《奥格斯堡和约》（Peace of Augsburg）中"教随国定"（Whose Realm, His Religion）②的原则，规定各邦有权决定其宗教信仰，承认德意志境内新教和天主教地位平等。之后，查理五世开始脱离政治生活。他将国土分由弟弟费迪南德与儿子菲利普继承，把西班牙和低地国家传给了儿子菲利普二世（Philip Ⅱ，1556—1598年为西班牙国王），把神圣罗马帝国传给了弟弟费迪南德一世（Ferdinand Ⅰ，1558—1564年为神圣罗马皇帝）。从此，哈布斯堡家族分为奥地利—德意志和西班牙—尼德兰两支。

16—18世纪，奥地利和奥斯曼帝国（Ottoman Empire，1299—1923）为争夺东南欧和中欧的霸权进行了旷日持久的战争。奥斯曼土耳其人原是一支游牧突厥部落，突厥部落酋长的儿子奥斯曼（Osman）于1299年袭封后，宣布成立独立的突厥公国。14世纪，奥斯曼帝国乘拜占廷帝国内讧，开始插足欧洲事务。到14世纪末，巴尔干半岛的绝大部分土地都处于奥斯曼帝国的统治之下。1453年，君士坦丁堡被奥斯曼帝国占领，奥斯曼帝国迁都君士坦丁堡，更名为伊斯坦布尔。奥斯曼土耳其占领君士坦丁堡和东部地中海后，直接威胁到巴尔干邻近的波兰、捷克、匈牙利、奥地利等国。

三十年战争（1618—1648年）结束后，哈布斯堡家族统治下的神圣罗马帝国进一步分裂成由若干独立国家组成的松散联盟。17—18世纪初，哈布斯堡家族不断对外扩张疆土，与奥斯曼帝国因争夺匈牙利多次爆发战争。1699年，利奥波德一世（Leopold Ⅰ，1658—1705年在位）的温和政策为他赢得了特兰西瓦尼亚和匈牙利的控制权，哈布斯堡不可争辩的统治

---

① Jean Berenger, *A History of the Habsburg Empire* 1273–1700, New York: Longman, 1994, pp. 144–145.

② "The Peace of Augsburg", http://www.holyromanempireassociation.com/peace-of-augsburg.html.

权扩展到一个辽阔的帝国。[①]

进入 18 世纪后，奥地利哈布斯堡家族在西班牙王位继承战争（1701—1714 年）结束后获得了大片土地，包括今意大利的大部分领土（撒丁王国、米兰公国的部分地区、那不勒斯王国等）和整个西属尼德兰（包括今比利时大部分地区）以及莱茵河地区部分土地，实力大为增加。[②] 不论是在帝国内部还是欧洲舞台上，奥地利大公的威望都大为增长。奥地利大公查理三世（Archduke Charles Ⅲ of Austria）作为神圣罗马皇帝查理六世（Charles Ⅵ，1711—1740 年在位），对神圣罗马帝国境内的诸侯控制力有所增强。同时，查理六世统治的不属于神圣罗马帝国的波希米亚王国和匈牙利王国的独立势头也大为减轻，波希米亚的捷克人、匈牙利的马扎尔人和奥地利的德意志人以及其他民族在查理六世的统治下对奥地利的认同增强。

为保证哈布斯堡领土完整和女嗣的王位及领地的继承权，神圣罗马皇帝查理六世于 1713 年颁布了《国事诏书》（Pragmatic Sanction）。查理六世于 1740 年逝世后，其长女玛丽亚·特蕾西娅（Maria Theresia，1740—1780 年在位）根据此诏书承袭父位。普鲁士、法国、西班牙等拒绝承认玛丽亚·特蕾西娅的继承权，而奥地利、英国、俄罗斯等则支持玛丽亚·特蕾西娅，由此爆发了长达 8 年之久的奥地利王位继承战（1740—1748 年），奥地利在战争中取得了防御性的胜利，但失去了西里西亚等地。奥地利王位继承战争以 1748 年交战双方签订《艾克斯拉佩勒条约》（Treaty of Aix-la-Chapelle）而宣告结束。该条约承认了哈布斯堡的继承人玛丽亚对奥地利的主权；确认了汉诺威家族对英国和汉诺威的继承权；承认了普鲁士对西里西亚的征服。尽管《艾克斯拉佩勒条约》试图在欧洲建立新的均势和平衡，但它无法解决这一尖锐问题。奥地利统治者对把经济最发达的省份割让给普鲁士心有不甘，从而把收复西里西亚看成是国家强大的象征。[③]

互为传统对手的法兰西和奥地利缔结了同盟关系，普鲁士与英国建立

---

① ［美］史蒂芬·贝莱尔：《奥地利史》，黄艳红译，中国大百科全书出版社 2009 年版，第 66 页。

② Robert A. Kann, *A History of the Habsburg Empire*，1526-1918，Oakland：University of California Press，1980，p. 89.

③ 张附孙：《七年战争和"交外革命"》，《云南教育学院学报》1993 年第 4 期。

了联盟，之后葡萄牙、汉诺威加入了英普同盟，瑞典、萨克森、西班牙加入了法奥同盟。1756 年，普鲁士国王腓特烈二世（Frederick Ⅱ，后世尊称其为腓特烈大帝，Frederick the Great，1740—1786 年在位）率军侵入萨克森，随即普奥战争爆发，七年战争（Seven Years' War，1756—1763）由此开始，欧洲大部分国家都被卷入。奥地利在七年战争中被普鲁士击败，于 1763 年与萨克森、普鲁士签订了结束七年战争的《胡贝尔图斯堡条约》（Treaty of Hubertusburg），条约确认了普鲁士对西里西亚和格拉茨伯爵领地的占有。之后，奥地利和普鲁士又发生了巴伐利亚王位继承战争（War of the Bavarian Succession，1778—1779），奥地利在战后仅占领了巴伐利亚的因河地区（Innviertel）。

为巩固哈布斯堡家族的统治，玛丽亚·特蕾西娅及其子约瑟夫二世（Joseph Ⅱ）锐意改革，主要包括在加利西亚（今波兰的东南部）、布科维纳（今乌克兰和罗马尼亚两国边境）、匈牙利和西本比尔根（特兰西瓦尼亚）建立德意志移民区，优先录用德意志人为文武官员，促进这些地区的开发；推行保护关税政策，推动工商业发展，增加财政收入；颁布关于宗教宽容的政策，废除世袭领地内的农民人身依附关系等一系列措施。这些改革措施使奥地利的经济、文化取得巨大进步，从而奠定了奥地利大公国发展为现代国家的基础。

法国大革命爆发后，奥地利三次参加反法联军，均遭失败。第三次反法同盟结束后，神圣罗马帝国在奥斯特里兹战役（Battle of Austerlitz）中惨败，首都维也纳被法军多次攻陷，法奥双方于 1805 年签订了《普雷斯堡和约》（Peace of Pressburg），奥地利被迫割让土地给法国。

1804 年，法国第一执政拿破仑称帝，末代神圣罗马皇帝弗朗兹二世（Franz Ⅱ，1792—1806 年在位）将他统治下的奥地利大公国、波希米亚王国、匈牙利王国以及位于意大利和波兰等处的领土合并为奥地利帝国（Austrian Empire，1804—1918），他自称为奥地利皇帝弗朗兹一世，以此回应拿破仑，并借机整合哈布斯堡王朝的领地。1806 年，弗朗兹二世放弃了神圣罗马帝号，仅保留奥地利帝号，神圣罗马帝国正式灭亡。为了团结神圣罗马帝国被废除后余下的德意志邦国，德意志相关邦国于 1815 年在维也纳建立了德意志邦联，以奥地利帝国为主席。

1848 年，维也纳爆发武装起义，梅特涅体制被推翻，奥地利产生了第一部宪法，革命促进了奥地利资本主义工商业的发展。19 世纪中叶，奥地利的啤酒酿造业、制糖业、造纸业以及建筑业得到了兴旺发达，化学工业、机器制造业和采矿业也取得了显著成绩。①

　　为了争夺德意志领导权，新崛起的普鲁士王国和奥地利帝国于1866年开展了普奥战争（Austro-Prussian War，又名七星期战争或德意志战争），奥地利与巴伐利亚、汉诺威、萨克森等一些德意志邦国合作，以捍卫德意志邦联的名义与普鲁士开展战斗，奥地利战败，被迫退出并解散了德意志邦联，失去对原德意志邦联内成员国家的影响力。意大利在这场战争中同普鲁士结盟，收复了被奥地利占领的威尼斯。奥地利的战败导致国内矛盾激化，匈牙利对奥地利的统治非常不满。

　　匈牙利自1699年摆脱奥斯曼帝国控制后，一直接受哈布斯堡王朝的统治，为防止匈牙利独立，奥地利皇帝弗朗兹·约瑟夫一世（Franz Joseph I，1848—1916年在位）与匈牙利统治集团于1867年签订了《奥地利—匈牙利折衷方案》（Austro-Hungarian Compromise），以此建立了一个由奥地利和匈牙利分享帝国政权的体制，匈牙利获得高度的自治权，但奥地利君主仍然兼任匈牙利国王，所谓的"协商帝国"或"双元帝国"由此而来。奥匈帝国（Austria-Hungary，1867—1918年）是该帝国的简称，其全称为"帝国议会所代表的王国和领地以及匈牙利圣·斯蒂芬的王冠之地"，版图包括奥地利、匈牙利、波希米亚、摩拉维亚、加利西亚、特兰西瓦尼亚、克罗地亚—斯洛文尼亚等地。② 在奥匈帝国存在的51年间，其经济发展较快，技术的改进促进了当地的工业化和城市化，资本主义生产方式传播到整个帝国。

　　奥匈帝国时期虽然经济、文化得到发展，但民族矛盾日益激化。根据1910年帝国人口统计，奥匈帝国总人口达到5100万，在欧洲排名居俄国和德国之后。帝国的民族构成是：德意志人占24%，匈牙利人占20%，捷克人占12.5%，波兰人占10%，乌克兰人占8%，罗马尼亚人占6.4%，斯洛伐克人占3.9%，克罗地亚人占3.8%，塞尔维亚人占3.8%，斯洛文尼亚人占2.6%。③ 由于奥匈帝国没有一个在人数上明显处于支配地位的主体民族，在政治结构上却是德意志和匈牙利两个强势民族统治众多弱势

---

　　① 薛晓建：《1848年奥地利革命中的大学生军团》，《中国青年政治学院学报》1992年第6期。

　　② 王三义：《改制后的短暂辉煌：以奥匈帝国史为例》，《社会科学论坛》2017年第10期。

　　③ 转引自高晓川《奥匈帝国的民族与民族关系治理》，《世界民族》2014年第4期。

民族，导致民族矛盾日益尖锐，帝国境内的斯拉夫人强烈要求政治和民族平等。在奥匈帝国于 1908 年宣布合并波黑时，引起了塞尔维亚王国的强烈反对，奥塞矛盾尖锐化。1914 年，奥匈帝国皇储弗朗兹·费迪南德（Franz Ferdinand）大公在萨拉热窝遇刺，导致第一次世界大战爆发。

第一次世界大战末期，奥匈帝国境内的少数民族纷纷宣布独立，帝国的主体奥地利与匈牙利也解除了共主联邦关系，奥匈帝国分裂为奥地利、匈牙利等多个国家。1918 年 11 月 3 日，奥匈帝国与协约国达成停火协议，战争的结束带来了奥匈帝国的终止。奥地利废除君主制度，建立了共和国，奥地利哈布斯堡王朝至此终结。

第二次世界大战爆发后，奥地利于 1938 年被纳粹德国吞并。纳粹德国于 1945 年战败后，奥地利被英、苏、美、法分区占领，直到 1955 年英、苏、美、法签订了《重建独立和民主的奥地利的国家条约》（State Treaty for the Re-establishment of an Independent and Democratic Austria），奥地利的领土与主权才得以恢复，奥地利最终获得独立。独立后的奥地利于 1955 年 10 月 26 日颁布了《中立宣言》（Declaration of Neutrality），承诺永久中立，不加入北约或华约。

1960 年，为了与欧洲经济共同体抗衡，奥地利、挪威、丹麦、瑞士、英国、葡萄牙、瑞典等 7 国建立了欧洲自由贸易联盟。在英国和丹麦退盟之后，奥地利开始重新思考与欧洲经济共同体的关系。1972 年 7 月，欧共体与奥地利、瑞典、瑞士、葡萄牙、冰岛、列支敦士登、芬兰等国签署协定，建立了欧洲自由贸易区。奥地利加入欧洲自由贸易区，被视为靠近欧共体的关键步骤，从而与欧共体加强了联系。

20 世纪 80 年代末和 90 年代初期发生的东欧剧变和苏联解体，给国际形势带来了新的变化。面对新的国际形势，奥地利国内政党对加入欧共体的态度开始转变，纷纷支持加入欧共体，他们希望通过寻求欧共体的支持来应对复杂的国际局势。奥地利的两大主要政党（人民党和社会民主党）在有关加入欧共体的议题上达成了共识，一致支持加入欧共体，从而为奥地利顺利加入欧共体创造了有利条件。

造成奥地利加入欧盟的最大障碍是奥地利的永久中立地位，永久性中立国家不仅要遵守《中立国和人民在陆战中的权利和义务公约》（Convention Respecting the Rights and Duties of Neutral Powers and Persons in Case of War on Land）和《关于中立国在海战中的权利和义务公约》

（Convention Concerning the Rights and Duties of Neutral Powers in Naval War）等公约中规定的义务，而且在和平时期也要承担相应义务。为了规避法律障碍，奥地利设计了一个妥协方案，即在坚持中立的核心内容——不参加军事联盟、不接受外国驻军和外国军事基地的前提下加入欧共体。1994 年 6 月 12 日，奥地利根据宪法就加入欧盟事项举行全民公投，有高达 82.4% 的公民参加投票，其中 66.6% 的公民赞成加入欧盟，只有 33.4% 的公民反对，经过议会批准程序，奥地利于 1995 年 1 月 1 日加入欧盟。① 加入欧盟后，奥地利成为具有欧洲特性的军事组织西欧联盟的观察员，并同北约签署了和平伙伴关系计划。②

自 1995 年加入欧盟以来，奥地利经济发展成效显著，外国直接投资大幅增加，进出口贸易显著攀升，通货膨胀和财政赤字下降，与欧盟其他成员国相比，奥地利失业率水平最低。奥地利加入欧盟以来，1995—2005 年期间出口额每年平均递增 10%，外国直接投资每年约 40 亿欧元，2003 年则超过 60 亿欧元的规模。③ 从现实层面来看，加入欧盟的确推动了奥地利经济的发展。

1995 年 1 月 1 日，奥地利正式成为欧盟的成员国。1997 年 12 月 1 日，奥地利成为申根国家，并于 1999 年 1 月 1 日起成为首批加入欧元区的国家。加入欧盟后，奥地利进出口贸易发展良好，根据 2018 年的统计数据，奥地利出口总额的 71% 为欧盟内部贸易，进口总额的 78% 来自欧盟成员国。④ 在第 9 届欧洲议会 705 个席位中，奥地利拥有 19 个席位。

奥地利总面积约 8.39 万平方公里，总人口约 891 万（截至 2021 年）。⑤ 奥地利的主体民族为奥地利人，人口约占总人口的 80.8%。⑥ 奥地

---

① Michael Gehler and Wolfram Kaiser, "A Study in Ambivalence: Austria and European Integration 1945-95", *Contemporary European History*, Vol. 6, No. 1, 1997, p. 97.

② 王海霞：《奥地利的永久中立政策及当前面临的挑战》，《国际观察》1998 年第 4 期。

③ 庞立寅：《奥地利加入欧盟 10 年经济成果显著》，商务部网站：http://kw.mofcom.gov.cn/aarticle/jmxw/200412/20041200318098.html，2004 年 12 月 11 日。

④ "Country - Profiles/Austria"，欧盟官方网站：https://european-union.europa.eu/principles-countries-history/country-profiles/austria_en.

⑤ 《奥地利国家概况》，中华人民共和国外交部官网：https://www.fmprc.gov.cn/web/gjhdq_676201/gj_676203/oz_678770/1206_678868/1206x0_678870/，2021 年 7 月。

⑥ "Explore All Countries - Austria"，https://www.cia.gov/the-world-factbook/countries/austria/.

利的官方语言为德语，居民主要信奉天主教。

三　捷克

捷克共和国（The Czech Republic）简称捷克，地处欧洲中部。捷克东靠斯洛伐克，南邻奥地利，西接德国，北毗波兰。

波希米亚国王奥托卡二世（1253—1278 年在位）

早在旧石器时代就曾有人类生活在今捷克境内，考古发现其境内原始人遗址可追溯到距今 25000—27000 年。[1] 之后，凯尔特部落的波伊人（Boii）进入捷克，成为当地的土著居民。[2] 公元前后，日耳曼部落的马科曼尼人（Marcomanni）取代了波伊人，成为这一地区的主人。公元 5—6

---

[1] Jana Velemínská, Bruzek Jaroslav, Petr Veleminsky, Lucie Bigoni, Alena Sefcakova and Stanislav Katina, "Variability of the Upper Palaeolithic skulls from Předmostí near Přerov (Czech Republic)：Craniometric comparison with recent human standards", *Homo：internationale Zeitschrift fur die vergleichende Forschung am Menschen*, Vol. 59, No. 1, 2008, p. 2.

[2] ［美］威廉·M. 马奥尼：《捷克和斯洛伐克史》，陈静译，东方出版中心 2013 年版，第18 页。

第二次掷出窗外事件（1618 年）

捷克克鲁姆洛夫小镇

世纪，第一批斯拉夫人——捷克部落和摩拉维亚人开始从东欧平原西迁至这一地区。公元 7 世纪，捷克南部的阿瓦尔人（Avars）不断侵犯今捷克的斯拉夫人，斯拉夫部落对阿瓦尔人的压迫进行反抗。623 年，法兰克商人萨摩（Samo）与随行人员一同来到这一地区，并与斯拉夫人一起击败了阿瓦尔人，斯拉夫人推选萨摩作为他们的统治者，斯拉夫部落联盟形成的萨摩公国成为历史上第一个斯拉夫王国。①

　　833 年，今捷克、斯洛伐克、波兰西南部、德国东部以及奥地利东北

　　① Bettina Marquis, Charlotte Bretscher-Gisiger and Thomas Meier, *Lexikon des Mittelalters*, Stuttgart：Verlag J. B. Metzier, 1999, pp. 1342-1343.

部等地区建立了最早的封建国家——大摩拉维亚帝国（Great Moravian Empire，833—907），把捷克族、斯洛伐克族和其他斯拉夫族在政治上联合在一起。随着马扎尔人（Magyars）在 10 世纪左右的入侵，大摩拉维亚帝国逐渐走向解体。在此过程中，普热米斯尔家族（House of Přemysl）建立了以布拉格为中心的捷克公国，为统一的捷克民族的形成奠定了基础。

1002 年，捷克公国公爵弗拉迪沃基（Vladivoj）被德意志国王亨利二世（Henry Ⅱ）授予波希米亚①公爵称号，从而使捷克公国成为了神圣罗马帝国的一部分——波希米亚公国（Duchy of Bohemia，1002—1212）。波兰人曾于 1003 年入侵波希米亚和摩拉维亚，在德意志国王亨利二世的帮助下，波兰人被驱逐出波希米亚，普热米斯尔家族的亚罗米尔公爵（Duke of Jaromír）成为波希米亚的统治者。

1029 年，波希米亚公爵布热季斯拉夫一世（Bretislaus Ⅰ）从波兰人手中重新夺回了摩拉维亚，之后摩拉维亚通常由波希米亚公爵的次子统治。② 布热季斯拉夫一世约于 1031 年入侵匈牙利，以防止马扎尔人的扩张，又于 1035 年出兵帮助神圣罗马帝国对抗卢萨蒂亚人。1039 年，波希米亚入侵波兰，攻占了波兹南（Poznań）和格涅兹诺（Gniezno），之后还征服了包括布雷斯劳（Breslau）在内的西里西亚（Silesia）部分地区。1040 年，布热季斯拉夫一世击败了德意志国王亨利三世（Henry Ⅲ）对波希米亚的入侵，但是第二年，亨利三世领兵在布拉格围困了布热季斯拉夫一世，强迫他放弃除摩拉维亚以外的其他地区。

布热季斯拉夫一世的儿子弗拉迪斯拉夫二世（Vratislaus Ⅱ，1061—1092 年在位）在位期间，支持德意志国王兼神圣罗马皇帝亨利四世（Henry Ⅳ）反对教皇，并帮助其平定了萨克森诸侯叛乱。1086 年，亨利四世授予弗拉迪斯拉夫二世以波希米亚国王称号（非世袭）。

12 世纪末，霍亨斯陶芬王朝的德意志国王亨利六世（Henry Ⅵ，1169—1197 年在位）去世，德意志诸公国决定选择一位成年国王，出现腓特烈一世的幼子斯瓦比亚的菲利普（Philip of Swabia）和狮子亨利的儿子不伦瑞克的奥托（Otto of Brunswick）两位人选竞争王位的局面。波希

---

① 是拉丁语、日耳曼语对捷克的称呼，覆盖包括首都布拉格在内的捷克中西部大片土地，与东部的摩拉维亚地区共同构成今天的捷克版图。——作者注

② "Bohemian Kingdom"，http：//countrystudies. us/czech-republic/6. htm.

米亚公爵奥托卡尔一世（Ottokar Ⅰ）决定支持菲利普，因此，他于 1198
年获得了菲利普的支持，通过皇家加冕获得了世袭的国王称号，并于
1212 年得到了神圣罗马皇帝腓特烈二世（Frederick Ⅱ）的正式确认，波
希米亚公国也被提升为王国地位。从 13 世纪开始，德国移民迁居至波希
米亚周边，逐渐在波希米亚内部形成了德国社区。

13 世纪上半叶，蒙古人开始入侵欧洲。1241 年，波希米亚名将雅罗
斯拉夫·思泰伦贝尔在奥洛穆茨之战中通过奇袭，杀死了蒙古西征的北路
军统帅拜答尔（Baidar），使得波希米亚免受蒙古军的入侵。[1] 1252 年，
普热米斯尔·奥托卡二世（Přemysl Otakar Ⅱ，1253—1278 年在位）迎娶
了奥地利巴本堡家族的另一位女性继承人玛格丽特（Margaret），从而得
到了奥地利大公之位。通过一系列的征战和联姻，波希米亚国王奥托卡二
世开创了普热米斯尔王朝最强大的时代，波希米亚成为中欧最强盛的国家
之一，同时也是神圣罗马帝国实力强大的诸侯。

之后，奥托卡二世参加了神圣罗马帝国皇位的竞争。1278 年，奥托
卡二世与皇位竞争对手——来自哈布斯堡家族的德意志国王鲁道夫一世
（Rudolf Ⅰ，1273—1291 年在位）在马希费尔德（Marchfeld）进行决战，
奥托卡二世在战斗中阵亡，他的领地除波希米亚本土外几乎全部落入哈布
斯堡家族手中。

1300 年，奥托卡二世的儿子波希米亚国王瓦茨拉夫二世（Wenceslaus
Ⅱ，1278—1305 年在位）大举入侵波兰，攻占了波兰的大片领土，并自
行加冕为波兰国王（1300—1305 年在位）。出于对自身利益的保护，西里
西亚地区的大小贵族们纷纷宣布承认瓦茨拉夫二世的王位。瓦茨拉夫二世
又于 1301 年为他的儿子波希米亚王子瓦茨拉夫（匈牙利王国阿尔帕德王
朝末代国王安德烈三世的女婿，后来的瓦茨拉夫三世）取得了匈牙利王
位，从而建立起一个从多瑙河延伸到波罗的海的庞大国家。

1306 年，普热米斯尔王朝的最后一位波希米亚国王瓦茨拉夫三世
（Wenceslaus Ⅲ，1305—1306 年在位）被谋杀，因无男嗣，普热米斯
尔王朝结束。经过一系列的王朝战争后，卢森堡家族（House of Lux-
embourg）获得了波希米亚王位。

---

[1]　René Grousset, *The Empire of the Steppes*, New Brunswick：Rutgers University Press, 1970,
p. 266.

14 世纪中期，波希米亚迎来了卢森堡家族查理四世（Charles Ⅳ，1346—1378 年在位）的统治，他于 1355 年成为神圣罗马皇帝。在查理四世统治时期，波希米亚成为神圣罗马帝国的核心，波希米亚的利益在帝国的各项政策中被予以保证。1348 年，查理四世在布拉格设立了查理大学，促进了捷克民族文化的发展。① 到 15 世纪初，波希米亚的经济、政治、文化都呈现出一片繁荣的景象，成了中世纪欧洲经济最发达的地区之一。

15 世纪，波希米亚在扬·胡斯（Jan Hus）等人的发起下开展宗教改革运动，波希米亚居民逐渐皈依胡斯教派。胡斯在 1415 年被斥为异端并在康斯坦茨被火刑处死，他的殉道激起当地民众极大的愤慨。1419 年，原本以胡斯信徒为主的布拉格市议会被以天主教徒为主的新市议会取代，部分激进的胡斯信徒在神父扬·柴利夫斯基（Jan Želivský）的率领下走上街头举行示威游行，在此过程中发生了第一次掷出窗外事件（First Defenestration of Prague）②，由此引发了捷克人民反对封建压迫、民族压迫和宗教压迫的胡斯战争（Hussite Wars，1419—1434）。虽然胡斯战争以失败而告终，但对促进捷克民族语言与文化的发展具有重要的意义。③

基于联姻关系，奥地利哈布斯堡家族从 1526 年开始入主波希米亚王国将近四百年，由于哈布斯堡家族信仰天主教，哈布斯堡家族在波希米亚的王位继承权备受挑战。1555 年，神圣罗马皇帝查理五世（Charles Ⅴ，1519—1556 年在位）签署了《奥格斯堡和约》（Peace of Augsburg），授予波希米亚人宗教自由，宽容的宗教政策令哈布斯堡君主一直被选为波希米亚国王。

1617 年，狂热的天主教徒费迪南德二世（Ferdinand Ⅱ）被选为波希米亚国王后，他不再对新教采取容忍政策。费迪南德二世对波希米亚的新教徒进行了大规模的迫害，他禁止新教徒开展宗教活动，命人拆毁了新教徒的教堂。1618 年 5 月 23 日，波希米亚首都布拉格的新教徒发动起义，他们冲进王宫，将神圣罗马皇帝的两名大臣及一名书记官从窗口投入壕沟——第二次掷出窗外事件（Second Defenestration of Prague）。新教徒于

---

①　[美] 威廉·M. 马奥尼：《捷克和斯洛伐克史》，陈静译，东方出版中心 2013 年版，第 54 页。

②　有人从市政厅的窗口向游行的胡斯信徒丢掷石块，胡斯信徒们冲进市政厅，将市长及市议员共 7 人从市政厅的窗户扔到楼下。——作者注

③　周尊南：《浅谈胡斯战争》，《郑州大学学报》（社会科学版）1980 年第 3 期。

1619 年成立了临时政府，宣布波希米亚独立。

费迪南德二世派出军队平定这场起义，波希米亚起义军在白山战役（Battle of White Mountain）中遭受失败，起义的领导人于 1621 年被处决，奥地利哈布斯堡王朝重新统治了波希米亚，波希米亚的新教徒不得不皈依天主教或离开这个国家。这场起义引发了三十年战争（1618—1648 年），此后波希米亚继续被哈布斯堡王朝统治。从 1620 年到 18 世纪末，这段时间通常被称为捷克的"黑暗时代"（Dark Age），由于驱逐新教徒以及战争、疾病和饥荒等原因，捷克人口减少了三分之一。[①]

1806 年，神圣罗马帝国的终结导致波希米亚王国的政治地位下降，波希米亚失去了神圣罗马帝国选帝侯地位以及在帝国议会中的政治代表权。[②] 随后，波希米亚成为奥地利帝国的一部分，后来又成为奥匈帝国的一部分。在 18—19 世纪，捷克民族复兴运动（Czech National Revival）开始兴起，其目的是恢复捷克语言、文化和民族认同。为了在奥地利帝国内争取自由主义改革和波希米亚的自治，布拉格革命于 1848 年爆发，从而掀起了捷克民族为争取独立、反对哈布斯堡王朝专制统治的斗争，这场革命最终被奥地利镇压。

1866 年，奥地利与普鲁士爆发了普奥战争（Austro-Prussian War，又名七星期战争或德意志战争），奥地利被普鲁士击败，导致国内矛盾激化。奥地利皇帝弗兰兹·约瑟夫向匈牙利统治集团妥协，组成了一个由奥地利和匈牙利分享帝国政权的体制，波希米亚被囊括其中。第一次世界大战后期，奥匈帝国解体，捷克与斯洛伐克联合，于 1918 年 10 月 28 日成立了捷克斯洛伐克共和国。

在第二次世界大战全面爆发之前，英国和法国为了将法西斯祸水东引，于 1938 年在慕尼黑会议上牺牲捷克斯洛伐克的利益，同纳粹德国和意大利签订了《慕尼黑协定》（Munich Agreement），将捷克斯洛伐克的苏台德地区和与奥地利接壤的南部地区割让给纳粹德国。次年 3 月，纳粹德国出兵占领捷克斯洛伐克全部领土，在捷克成立了波希米亚和摩拉维亚保护国（The Protectorate of Bohemia and Moravia），在斯洛伐克成立了受纳粹

---

① Oskar Krejčí, *Geopolitics of the Central European region: the view from Prague and Bratislava*, Bratislava: Publishing House of the Slovak Academy of Sciences, 2005, p. 293.

② Milan Hlavačka, "Formování moderního českého národa 1815–1914," *Historický Obzor*, Vol. 9/10, No. 20, 2009, p. 195.

德国保护的斯洛伐克共和国，斯洛伐克的部分地区割让给纳粹德国的盟友匈牙利。

在苏联的帮助下，捷克斯洛伐克全境于 1945 年获得解放，捷克和斯洛伐克再度合并，割让给德国和匈牙利的领土重新划归捷克斯洛伐克，但外喀尔巴阡州被割让给苏联的乌克兰苏维埃社会主义共和国。1948 年 5 月 9 日，捷克斯洛伐克通过宪法，定国名为捷克斯洛伐克人民民主共和国。

1960 年，捷克斯洛伐克改国名为捷克斯洛伐克社会主义共和国，亚历山大·杜布切克（Alexander Dubček）出任捷共第一书记，并开始一系列改革。杜布切克于 1968 年发起了名为"布拉格之春"的经济和政治改革运动，有脱离苏联控制的倾向。苏联进行了武装干涉，华沙公约组织成员苏、波、匈、保、民主德国等 5 国出动军队进入捷克斯洛伐克，结束了"布拉格之春"。

捷克斯洛伐克民众于 1989 年 11 月发起了"天鹅绒革命"（Velvet Revolution），导致捷克斯洛伐克社会转型，捷克共产党的执政党的政治基础和社会影响力不断削弱，最终丧失政权。① "天鹅绒革命"也推动了捷克和斯洛伐克的分离，最终于 1992 年底分离为捷克和斯洛伐克两个国家。1993 年 1 月 1 日，捷克共和国成为独立的主权国家。

冷战结束后，捷克开始向欧盟靠拢。1993 年 6 月，欧盟哥本哈根首脑会议提出了入盟的"哥本哈根标准"，并承诺将接纳中东欧联系国入盟。捷克于 1996 年 1 月 17 日正式向欧盟提交入盟申请，欧盟委员会于 1997 年发布的第一份入盟评估报告中，对捷克入盟给予了积极评价。1998 年 3 月，欧盟各成员国外长与捷克外长在布鲁塞尔正式开始入盟谈判，内容涵盖工业、农业政策、司法内政、金融等各个领域。

2002 年 12 月 13 日，欧盟哥本哈根首脑会议做出决定，正式邀请包括捷克在内的中东欧十国入盟。至此，捷克结束了与欧盟的漫长谈判进程。2003 年 6 月，捷克就加入欧盟举行全民公投，有约 77.3% 的公民赞成加入欧盟。② 自 2004 年 5 月 1 日起，捷克正式成为欧盟的成员国，并于

---

① 高晓川：《1989 年捷克斯洛伐克天鹅绒革命中的民意压力与捷共妥协》，《当代世界与社会主义》2018 年第 1 期。

② "European Union Candidate Countries: 2003 Referenda Results", https://crsreports. congress.gov/product/pdf/RS/RS21624/4.

2007 年 12 月 21 日起成为申根国家。目前，捷克尚未加入欧元区。捷克加入欧盟之后，经济发展势态良好，根据 2018 年的统计数据，捷克出口总额的 84% 为欧盟内部贸易，进口总额的 76% 来自欧盟成员国。[①] 在第 9 届欧洲议会 705 个席位中，捷克拥有 21 个席位。

捷克总面积约 7.89 万平方公里，总人口约 1068 万（截至 2021 年）。[②] 捷克的主体民族为捷克人，人口约占总人口的 90% 以上，斯洛伐克族约占 2.9%，德意志族约占 1%，此外还有少量波兰族和罗姆族。[③] 捷克的官方语言为捷克语，居民主要信奉天主教。

四　斯洛伐克

斯洛伐克共和国（The Slovak Republic）简称斯洛伐克，位于欧洲中部。斯洛伐克东邻乌克兰，南接匈牙利，西连捷克、奥地利，北毗波兰。

"天鹅绒分离"纪念活动

公元前 500 年左右，生活在今斯洛伐克境内的主要是凯尔特人。从公

---

① "Country‑Profiles/Czechia"，欧盟官方网站：https://european‑union.europa.eu/principles‑countries‑history/country‑profiles/czechia_en.

② "Statistics/Population"，捷克统计局官方网站：https://www.czso.cz/csu/czso/population.

③ 《捷克国家概况》，中华人民共和国外交部官方网站：https://www.fmprc.gov.cn/web/gjhdq_676201/gj_676203/oz_678770/1206_679282/1206x0_679284/，2021 年 7 月。

斯洛伐克博伊尼斯城堡

斯洛伐克尼特拉小镇

元5世纪开始，西斯拉夫人开始从东欧平原迁徙到今捷克和斯洛伐克。这一迁徙活动在6世纪达到高潮。公元6世纪中后期，阿瓦尔人进入了多瑙河中部，逐渐占领了潘诺尼亚平原（Pannonian Plain），建立了一个统治喀尔巴阡山脉的汗国。

公元623年，生活在潘诺尼亚平原西部的斯拉夫人在法兰克商人萨摩

(Samo) 及其随行人员的率领下，摆脱了阿瓦尔人的统治。[1] 斯拉夫人推选萨摩作为他们的统治者，斯拉夫部落联盟的萨摩公国开始形成，成为历史上第一个斯拉夫王国。[2] 斯洛伐克和捷克都在其统治范围之内，斯洛伐克西部是萨摩帝国的中心。

8 世纪左右，在今斯洛伐克境内出现了尼特拉公国（Principality of Nitra），该公国于 9 世纪 30 年代被摩拉维亚公国吞并。[3] 以此形成了大摩拉维亚帝国（Great Moravian Empire，833—907）。大摩拉维亚帝国把捷克族、斯洛伐克族和其他斯拉夫族在政治上联合在一起。

在大摩拉维亚君主拉斯蒂斯拉夫（Rastislav，846—870 年在位）统治时期，拜占廷传教士西里尔（Cyril）和美多德（Methodius）兄弟于 863 年到大摩拉维亚传播东正教，他们以希腊字母为基础，创造了最早的斯拉夫字母（格拉戈尔字母），并组建了独立于德国主教的斯拉夫教会。[4] 9 世纪 60 年代末至 70 年代初，大摩拉维亚帝国一度被日耳曼封建主占领，拜占廷传教士被逐，教会组织转由日耳曼传教士控制。

9 世纪后期，由于内部冲突以及与东法兰克王国的持续战争，大摩拉维亚实力受到削弱，失去了周边地区的领土。895 年，捷克部族脱离了大摩拉维亚。同年 6 月，由热米斯尔家族的斯皮季赫涅夫（Spytihněvi）领头的捷克公爵团正式归顺东法兰克王国，并且发誓效忠于法兰克统治者。[5] 与此同时，马扎尔部落开始入侵喀尔巴阡盆地，并在 896 年左右开始逐渐占领该地区，从而对大摩拉维亚形成威胁。

907 年，大摩拉维亚帝国被马扎尔人占领。大摩拉维亚帝国解体后，马扎尔人吞并了包括今斯洛伐克在内的领土，之后放弃了游牧的生活方式，定居在喀尔巴阡盆地的中心，皈依基督教并开始建立一个新的国

---

① Kálmán Benda, *Magyarország Történeti Kronológiája*, Budapest：Akadémiai Kiadó, 1981, p. 44.

② Bettina Marquis, Charlotte Bretscher-Gisiger and Thomas Meier, *Lexikon des Mittelalters*, Stuttgart：Verlag J. B. Metzier, 1999, pp. 1342-1343.

③ 郝时远、朱伦主编：《世界民族》第七卷，中国社会科学出版社 2013 年版，第 275—276 页。

④ Stanislav J. Kirschbaum, *A History of Slovakia：The Struggle for Survival*（Second Edition），New York：St. Martin's Publishing Group, 2005, p. 27.

⑤ ［美］威廉·M. 马奥尼：《捷克和斯洛伐克史》，陈静译，东方出版中心 2013 年版，第 31 页。

家——匈牙利王国。从 11 世纪开始，今斯洛伐克成为匈牙利王国的一部分（上匈牙利地区，Upper Hungary），并在 1526 年随匈牙利归奥地利君主管辖，由此于 1867 年成为奥匈帝国的一部分，直到 1918 年奥匈帝国崩溃后与捷克联合建国。大摩拉维亚帝国的灭亡，导致捷克和斯洛伐克两个民族走上了不同的发展道路。捷克民族于 10 世纪建立了本民族的国家（捷克公国），而斯洛伐克人则在近千年内一直处于匈牙利的统治之下。

12 世纪中叶，第一批德意志殖民者来到斯洛伐克，经验丰富的德意志人为该地区带来了先进的采矿技术，并以更高效的地下采矿模式取代了露天采矿，推动了当地的技术革新和经济发展。到 12 世纪末，斯洛伐克的采矿业发展迅速，金、银、铜等贵金属产量较高，推动了当地城市的发展，一些城市如班斯卡·什佳夫尼察、兹沃伦等获得了匈牙利王室授予的特权。

1241 年 3 月，蒙古人侵入了匈牙利，曾到达今斯洛伐克东部和中部，对当地造成了严重的破坏，蒙古人于 1242 年撤离匈牙利。战争和随后的饥荒导致当地人口大幅减少，德意志人开始大规模迁徙至斯洛伐克境内定居，并大量开采贵金属，贵金属的出口促进了斯洛伐克的发展。在斯洛伐克人与德意志人共同生活时期，促进了斯洛伐克人民族意识的萌发，逐渐产生了民族身份认同。在城镇会议中，德意志人超过人口比例的代表席位导致其与在城市事务上要求公正和平等发言权的斯洛伐克民众产生了摩擦。匈牙利兼克罗地亚国王路易一世[1]（Louis I，1342—1382 年在位）执政期间，为了缓和不断激化的民族矛盾，路易一世于 1381 年颁布了《斯洛伐克人的特权》（*Privilegium pro Slavis*），授予斯洛伐克人和德意志人在日利纳（Žilina）城市议会中平等的地位，并宣布市长职位将在两个民族群体之间轮换。[2]

随后，双语制也在一些斯洛伐克城镇成为官方政策。马加什（Matthias，1458—1490 年在位）统治匈牙利期间，他进一步加强了匈牙利国力和政府的权威。在他的统治下，斯洛伐克的布拉迪斯拉发（Bratislava）成为文艺复兴时期欧洲的一个艺术文化中心。

1526 年，匈牙利与波希米亚共同的国王拉约什二世（Lajos Ⅱ，

---

[1]　1370—1382 年还兼为波兰国王。——作者注

[2]　［美］威廉·M. 马奥尼：《捷克和斯洛伐克史》，陈静译，东方出版中心 2013 年版，第 61 页。

1516—1526 年在位）在和苏莱曼一世（Suleiman Ⅰ，1520—1566 年在位）所率领的奥斯曼军队发生的第一次摩哈赤战役中战死，根据联姻关系，奥地利哈布斯堡家族的费迪南德一世控制了匈牙利西部，开始了对斯洛伐克的统治。

在奥土战争（Austro-Turkish War，1663—1664）期间，奥斯曼帝国军队入侵斯洛伐克，奥斯曼帝国的势力一直扩张到斯洛伐克西南部。在波兰国王兼立陶宛大公约翰三世·索比斯基（John Ⅲ Sobieski）指挥的 1683 年维也纳战役（Battle of Vienna）中，土耳其人战败。这场战争成为奥斯曼帝国和哈布斯堡王朝战争的转折点，从此奥斯曼帝国不再成为基督教世界的威胁。在随后的神圣同盟战争（War of the Holy League，1683—1699）中，奥斯曼帝国被奥地利、俄罗斯、波兰-立陶宛联盟、威尼斯四国联军打败，战争各方于 1699 年签订了《卡尔洛维茨条约》（Treaty of Carlowitz），奥地利获得除巴纳特之外的整个匈牙利、斯拉沃尼亚、特兰西瓦尼亚和克罗地亚等广大地区，斯洛伐克再次被纳入奥地利的管辖之中。

在 1848—1849 年的欧洲革命期间，斯洛伐克民族意识上升，爆发了斯洛伐克起义（Slovak National Uprising），斯洛伐克人希望获得民族独立，但起义遭到当局镇压以失败而告终。此后，匈牙利境内各民族之间的关系逐渐恶化，最终导致第一次世界大战后斯洛伐克脱离了匈牙利。捷克斯洛伐克国家的建立源于威尔逊 14 点（Wilson's Fourteen Points）中的第 10 点：“对于奥匈帝国统治下各民族，美国愿见他们的国际地位获得保证和确定，并对其发展自治给予最大程度的自由机会。”[1]1918 年，捷克斯洛伐克全国委员会在布拉格宣布捷克斯洛伐克独立，具有不同历史、政治和经济传统的几个民族联合成立了新的国家。新国家是一个多民族国家，主要包括捷克族人（约占总人口的 51%）、斯洛伐克族人（约占总人口的 16%）、德意志族人（约占总人口的 22%）、匈牙利族人（约占总人口的 5%）和卢森尼亚族人（约占总人口的 4%）。[2]

在第二次世界大战中，纳粹德国于 1939 年出兵占领了捷克斯洛伐克

---

[1] John L. Snell, "Wilson on Germany and the Fourteen Points", *Journal of Modern History*, Vol. 26, No. 4, 1954, pp. 364-369.

[2] Niall Ferguson, *The War of the World: History's Age of Hatred*, New York: The Penguin Press, 2006, p. 311.

全部领土，在捷克成立波希米亚和摩拉维亚保护国（The Protectorate of Bohemia and Moravia），在斯洛伐克成立受纳粹德国保护的斯洛伐克共和国，斯洛伐克的部分地区割让给纳粹德国的盟友匈牙利。在苏联的帮助下，斯洛伐克于1945年获得解放。1948年2月，捷克斯洛伐克共产党开始全面执政。

在1989年11月发生的"天鹅绒革命"（Velvet Revolution）中，捷克斯洛伐克政局发生了重大变化，共产党失去政权。之后，斯洛伐克的分离倾向日益明显。在1992年的全民公投中，捷克斯洛伐克最终确定解体，斯洛伐克自1993年1月1日起成为一个独立的国家，史称"天鹅绒分离"（Velvet Divorce）。

冷战结束后，斯洛伐克开始向欧盟靠拢。1993年10月，斯洛伐克与欧盟签署了一项联合协议，成为欧盟的联系国。此时斯洛伐克正处于改革阶段，许多体制还需进行大规模改造，因此未出现在欧盟的第一批东扩名单中。1999年10月，欧盟委员会发布了关于斯洛伐克入盟进展的定期报告，欧盟委员会认为斯洛伐克已经达到"哥本哈根"标准中对政治方面的要求，并将对斯洛伐克的经济状况进行评估。当年12月，欧盟赫尔辛基首脑会议根据斯洛伐克入盟进展报告的建议，决定从2000年3月起同斯洛伐克、拉脱维亚、立陶宛、罗马尼亚、保加利亚和马耳他等6国开始谈判，并视各国入盟条件，从2002年起接纳首批入盟者。2002年12月，欧盟哥本哈根首脑会议决定将于2004年5月接纳斯洛伐克、塞浦路斯、匈牙利、捷克、爱沙尼亚、波兰、拉脱维亚、立陶宛、马耳他、斯洛文尼亚等10个新的成员国加入欧盟。

2003年4月16日，在欧盟雅典非正式首脑会议期间，欧盟与斯洛伐克签订了入盟条约，预计次年与其他9个中东欧国家一道加入欧盟。同年5月，斯洛伐克就加入欧盟举行全民公投，约有92.5%的选民支持加入欧盟。①

自2004年5月1日起，斯洛伐克正式成为欧盟的成员国。2007年12月21日，斯洛伐克成为申根国家，并于2009年1月1日起成为欧元区国家。加入欧盟之后，斯洛伐克经济发展迅速。根据2018年的统计数据，

---

① "European Union Candidate Countries: 2003 Referenda Results", https://crsreports. congress.gov/product/pdf/RS/RS21624/4.

斯洛伐克出口总额的 85% 为欧盟内部贸易，进口总额的 80% 来自欧盟成员国。[①] 在第 9 届欧洲议会 705 个席位中，斯洛伐克拥有 13 个席位。

斯洛伐克总面积约 4.9 万平方公里，总人口约 543 万（截至 2021年）。[②] 斯洛伐克的主体民族为斯洛伐克人，人口约占总人口的 80.7%。[③] 少数民族主要有马扎尔人、捷克人、卢森尼亚人、乌克兰人等。斯洛伐克的官方语言为斯洛伐克语，居民主要信奉天主教。

五 波兰

波兰共和国（The Republic of Poland）简称波兰，位于欧洲中部。波兰西部与德国为邻，南部与捷克、斯洛伐克接壤，东邻俄罗斯、立陶宛、白俄罗斯、乌克兰，北濒波罗的海。

波兰国王瓦迪斯瓦夫一世（1320—1333 年在位）

根据考古发现，在旧石器时代已有人类在今波兰境内活动。之后，许多不同部落的居民在此地共同生活，包括凯尔特人、萨尔马提亚人、斯拉夫人、日耳曼人等。西斯拉夫部落于 5 世纪左右迁移至这一地区，在 6—

---

① "Country‐Profiles/Slovakia"，欧盟官方网站：https://european‐union.europa.eu/principles‐countries‐history/country‐profiles/slovakia_en.

② "Slovakia population"，https://www.populationof.net/slovakia/.

③ "Explore All Countries‐Slovakia"，https://www.cia.gov/the‐world‐factbook/countries/slovakia/.

波兰罗兹市

波兰乔查城堡

10 世纪中叶，西斯拉夫部落的原始公社制度逐步解体，封建土地所有制随之产生。10 世纪中叶，以格涅兹诺（Gniezno）为中心的波兰部落逐渐统一了其他部落。

根据史料记载，皮亚斯特王朝（Piast Dynasty）的大公梅什科一世（Mieszko I，约 962—992 年在位）建立了早期的封建国家，梅什科一世成为波兰第一个有历史记载的统治者。公元 966 年，梅什科一世接受了基督教的洗礼，并把基督教作为国教予以推广。梅什科一世的儿子大公波列斯瓦夫一世（Bolesław Ⅰ，992—1025 年在位）建立了独立的波兰教会组织，他还试图将基督教传播到仍然是异教徒的部分东欧地区。1025 年，波列斯瓦夫一世正式加冕为波兰第一任国王。

12 世纪中叶，波兰大公波列斯瓦夫三世（Bolesław Ⅲ，1102—1138 年在位）在去世前颁布诏书，将国土分封给诸子，诏书确立了他去世后由 4 个儿子治理波兰王国的规则。波列斯瓦夫三世去世后不久，他的儿子们互相争斗，波兰进入封建割据时期，这种状况持续了约 200 年。在 13 世纪中叶，皮亚斯特王朝的西里西亚分支几乎完全统一了波兰，但由于蒙古人从东方入侵，并在莱格尼察战役（Battle of Legnica）中击败了德波联军，西里西亚公爵亨利二世（Henry Ⅱ）在战场中被杀，波兰仍未得到统一。

瓦迪斯瓦夫一世（Władysław Ⅰ，1320—1333 年在位）于 1296 年在克拉科夫被贵族们选举为波兰大公，但不久贵族们转向拥护波希米亚国王瓦茨拉夫二世。瓦茨拉夫二世（Wenceslaus Ⅱ，1278—1305 年在位）于 1300 年大举入侵波兰，攻占了波兰的大片领土，并自行加冕为波兰国王（1300—1305 年在位）。出于对自己利益的保护，西里西亚地区的大小贵族们纷纷宣布承认瓦茨拉夫二世的王位。

1300 年，瓦茨拉夫二世在格涅兹诺登上波兰王位，他最后一个劲敌格沃古夫（Glogau）公爵亨里克于 1303 年承认了他的宗主权。[①] 瓦迪斯瓦夫一世坚持要求继承波兰王位，他前往罗马寻求教皇博尼费斯八世（Boniface Ⅷ）的支持。1305 年，在匈牙利的帮助下，瓦迪斯瓦夫一世与瓦茨拉夫二世开始交战。瓦茨拉夫二世于当年在内外交困中死去，其子瓦茨拉夫三世继承了波兰王位。次年，瓦茨拉夫三世在讨伐瓦迪斯瓦夫一世的战争中被人刺杀，这样才结束了波希米亚人对波兰的统治。

瓦迪斯瓦夫一世统一了今波兰的大部分地区，他把这些地区命名为波兰王国。1320 年 1 月 20 日，瓦迪斯瓦夫一世加冕为波兰王国国王，这次加冕标志着波兰割据时期的终结，为未来波兰民族的发展打下了坚实的基础。瓦迪斯瓦夫一世于 1333 年去世后，他的继任者是他的儿子卡西米尔三世（Casimir Ⅲ，1333—1370 年在位），卡西米尔三世继位后，在内政

---

① ［英］耶日·卢克瓦斯基、赫伯特·扎瓦德斯基：《波兰史》，常程译，东方出版中心 2011 年版，第 21 页。

外交方面开展了一系列的改革，成为波兰最伟大的国王之一。

例如，在1335年召开的维塞格瑞德会议（Congress of Visegrád）中，卡西米尔三世承认了波希米亚国王在西里西亚的主权，波希米亚国王则宣布放弃波兰王位的继承权。① 在1343年与条顿骑士团（Teutonic Order）签订的《卡利什条约》（Treaty of Kalisz）中，卡西米尔三世将受争论的波美拉尼亚（Pomerania）让给条顿骑士团，换得了库雅维（Kuyavia）和其他一些地方。卡西米尔三世还开设了克拉科夫大学，在波兰建立高等教育；同时改善该国的基础设施，获得了社会的广泛认可。②

为了保护贵族的利益，卡西米尔三世改革了该国的民法和刑法，确立了贵族的法律地位。他还向犹太人提供保护，并鼓励他们移民到波兰，等等。③ 这些改革有力地促进了波兰的发展，这一时期成为波兰发展史中的黄金阶段，使波兰成为14世纪中欧的强国。在13—14世纪，波兰成为德意志人、佛兰德人、丹麦人和苏格兰人移民的目的地。

卡西米尔三世去世后，由于没有合法的男性继承人，皮亚斯特王朝就此终结。此后，卡西米尔三世的外甥匈牙利安茹王朝的路易一世（Louis Ⅰ）加冕为波兰国王（1370—1382年在位），开始了为期12年的波兰和匈牙利的共主联邦。路易一世忙于匈牙利的对外扩张，无暇顾及波兰的利益，因此他将波兰交给他的母亲——卡齐米日三世的姐姐伊丽莎白（Elizabeth）管理。

伊丽莎白于1380年去世后，政权转到波兰贵族手里。为了巩固安茹王朝在波兰的统治，路易一世同波兰的贵族进行了谈判，于1374年颁布了《科希策条例》（Privilege of Koszyce）④，该条例以波兰贵族接受路易一世的女儿为波兰王位的继承人为条件，波兰贵族因此获得了一系列限制国王权力的重要权力，例如降低贵族的土地税，规定贵族只在国内服义务兵役，如到国外服兵役，须给予特殊的报酬，等等。《科希策条例》提高了

① György Rácz, "The Congress of Visegrád in 1335: Diplomacy and Representation", *The Hungarian Historical Review*, Vol. 2, No. 2, 2013, p. 264.

② Amy McKenna, *Estonia, Latvia, Lithuania, and Poland*, Chicago: Britannica Educational Publishing, 2014, p. 139.

③ Heiko Haumann, *A History of East European Jews*, Budapest: Central European University Press, 2003, p. 4.

④ "Privilege of Koszyce", https://polishhistory.pl/privilege-of-koszyce-17-september-1374/.

波兰贵族的社会地位，限制了王权，对波兰的社会融合产生了消极影响。

路易一世临终前指定其次女玛丽亚继承波兰王位，但是这一方案遭到波兰贵族的一致反对，由于玛丽亚的丈夫为勃兰登堡的侯爵，波兰的贵族饱受条顿骑士团和勃兰登堡侵略之苦，要求中断同匈牙利的联合。在这种情况下，波兰王位虚悬了两年。1384 年，路易一世的第三女雅德维加（Jadwiga Andegaweńska, 1384—1399 年在位）加冕为波兰女王。为抵抗条顿骑士团的侵略，波兰王国和立陶宛大公国于 1385 年在克列沃（Krewo）签订联盟条约，规定波兰女王雅德维加嫁给立陶宛大公约盖拉（Jogaila, 1386—1434 年任波兰国王），约盖拉成为波兰国王，但须改宗天主教。1386 年，雅德维加和约盖拉结婚，约盖拉登上波兰—立陶宛王位，称瓦迪斯瓦夫二世（Władysław Ⅱ）。波兰与立陶宛实现共主联邦，建立了长达几百年的联盟关系。

在波兰的影响下，大部分立陶宛人皈依了天主教。1410 年，波兰—立陶宛领导的由波兰人、立陶宛人、俄罗斯人、乌克兰人、白俄罗斯人、捷克人、马扎尔人等组成的联军在格伦瓦尔德战役（Battle of Grunwald）中，重挫了由德意志人、法兰西人、瑞士人等组成的条顿骑士团，阻止了条顿骑士团的东侵，从而巩固了波兰—立陶宛大国的地位，本次战役的胜利也成为斯拉夫民族和波罗的海民族团结战斗的象征。

1454 年，普鲁士人为反对条顿骑士团的压迫，请求波兰国王卡西米尔四世（Casimir Ⅳ, 1447—1492 年在位）接管普鲁士，计划将普鲁士并入波兰王国，以此联合波兰发起反对条顿骑士团的武装起义。波兰同意支持普鲁士，与条顿骑士团的战争随即爆发，战争持续了十三年，因此被称为"十三年战争"（Thirteen Years' War, 1454—1466 年），十三年战争以波兰与普鲁士的胜利而告终，两国于 1466 年与条顿骑士团签订了《第二次托伦和约》（Second Peace of Thorn）①，条顿骑士团被迫向波兰割让包括玛利亚堡、埃尔宾等在内的西普鲁士，这些地区被称为"王室普鲁士"（Royal Prussia），另外，富庶的瓦尔米亚（Warmia）地区也从骑士团领土中分离出来，成为波兰王国统治下的一块独立的领地。② 条顿骑士团保留

---

① 《第一次托伦和约》为格伦瓦尔德战役后波兰与条顿骑士团于 1411 年签订，约定了条顿骑士团与立陶宛的边界。——作者注

② ［英］耶日·卢克瓦斯基、赫伯特·扎瓦德斯基：《波兰史》，常程译，东方出版中心 2011 年版，第 49 页。

普鲁士的残余领土（东普鲁士），但被迫效忠波兰国王，成为波兰的附庸国。

随后，由于瓦尔米亚大主教区拒绝接受波兰国王卡西米尔四世任命的主教，另选尼古拉斯·冯·丁根（Nicolaus von Tüngen）为大主教，从而引发了冲突，史称教士战争（War of the Priests，1467—1479）。瓦尔米亚大主教得到条顿骑士团和匈牙利国王马加什一世（Matthias Ⅰ）的支持。1478 年，波兰国王卡西米尔四世派兵入侵瓦尔米亚。次年，双方签订了和约，约定波兰国王卡西米尔四世接受尼古拉斯·冯·丁根担任瓦尔米亚大主教，并确认了大主教区的若干特权；大主教承认波兰王国对瓦尔米亚拥有所有权，要求教会只能选择波兰国王满意的人选作为大主教。

15 世纪，约盖拉王朝在中欧的影响力上升。卡西米尔四世的儿子弗拉迪斯拉斯二世（Vladislas Ⅱ）于 1471 年成为波希米亚国王，并于 1490 年成为匈牙利国王。约盖拉王朝因此一度建立了对波希米亚和匈牙利的控制权。由于波兰—立陶宛组成的共主联邦只是一个形式上的国家联盟，一直都未形成统一的中央集权国家，加之波兰议会于 1505 年通过宪法，规定未经议会同意，国王无权颁布法律，进一步削弱了波兰王权。

此时，位于东方的莫斯科大公国开始强大起来，面对莫斯科大公国的扩张势头，迫使立陶宛与波兰走得更近。1569 年，波兰和立陶宛大公国在波兰东边的卢布林（Lublin）通过了成立统一国家的决议，建立了波兰—立陶宛联邦（Polish-Lithuanian Commonwealth，1569—1795），联邦首都定为华沙。波兰—立陶宛联邦幅员辽阔，疆域极盛时期的国土面积约有 100 万平方公里，境内分布有波兰人、立陶宛人、捷克人、摩拉维亚人、乌克兰人、马扎尔人、鞑靼人、白俄罗斯人、俄罗斯人等诸多民族。①

1572 年，波兰国王及立陶宛大公西格斯蒙德·奥古斯塔斯（Sigismund Augustus）去世后，雅盖隆王朝绝嗣，波兰大贵族开始选举国王，获选的国王也会被立陶宛贵族选为立陶宛大公。虽然波兰和立陶宛名义上完全平等，立陶宛对自身事务拥有自主权。但是，因为立陶宛自身的衰落，波兰逐渐在联邦内部拥有了绝对的优势，因此，立陶宛很快呈现了波兰化的倾向，许多立陶宛贵族开始自发地改说波兰语。立陶宛人的语

---

① Norman Davies, *Europe: A History*, New York: Oxford University Press, 1996, p. 428.

言、文化甚至民族认同也都出现了被波兰同化的状况。

17 世纪后半期，波兰—立陶宛联邦的农奴制面临危机。1648 年，博赫丹·赫梅利尼茨基（Bohdan Khmelnytsky）领导的哥萨克人在乌克兰发动起义，反对波兰贵族的压迫。这次起义最开始只是哥萨克人参与，当其他居住在乌克兰的东正教徒（农民、市民、小贵族）加入他们后，这场起义最终变为乌克兰的独立运动。1654 年 1 月，博赫丹·赫梅利尼茨基与俄国沙皇签订了《佩列亚斯拉夫条约》（Treaty of Pereyaslav），条约规定乌克兰并入俄国，接受沙皇统治。俄罗斯人根据《佩列亚斯拉夫条约》对乌克兰实行保护，出兵进攻波兰—立陶宛的领地，于 1667 年占领了第聂伯河左岸的东乌克兰地区，宣布这部分的"乌克兰"并入俄国。自此，东乌克兰（第聂伯河左岸）与俄罗斯帝国正式合并，西乌克兰则继续在波兰—立陶宛联邦统治之下。

1655 年，瑞典入侵波兰—立陶宛联邦，瑞典国王卡尔十世·古斯塔夫（Karl X Gustav，1654—1660 年在位）的目的是实现在波罗的海地区扩张，小北方战争（也称为第一次北方战争，Little Northern War，1655—1660 年）由此爆发，瑞典军队攻陷了华沙。为了反击瑞典的进攻，波兰—立陶宛联邦于 1656 年与俄罗斯结成反瑞典联盟，此后又与奥地利、丹麦、勃兰登堡结盟。1659 年 11 月，瑞典军队在尼堡战役中惨败。此后，法国出面调停。次年，瑞典与波兰—立陶宛联邦缔结了《奥利瓦条约》（Treaty of Oliva），规定波兰国王约翰二世·卡西米尔（John Ⅱ Casimir，1648—1668 年在位）放弃对瑞典王位的要求[①]，并将利沃尼亚的大部分地区和里加割让给瑞典，勃兰登堡完全获得了普鲁士公国的宗主权，波兰—立陶宛联邦则失去了对普鲁士公国的宗主权。这段历史被波兰人称为"大洪水时代"（Deluge，1648—1667[②]），之后波兰急速走向衰落。一般认为，大洪水时代激发了波兰民族主义，因为入侵者瑞典和俄罗斯分属新教路德宗和东正教，使波兰一改中世纪时宗教宽容的传统，开始将波兰民族主义和天主教信仰绑定。

波兰—立陶宛联邦走向衰落后，为了争夺波兰—立陶宛联邦的控制权，俄国、奥地利与法国、西班牙、撒丁等国进行了战争，史称"波兰

---

① 约翰二世的父亲西格斯蒙德三世（Sigismund Ⅲ）曾是瑞典的国王。——作者注

② 俄罗斯与波兰—立陶宛联邦于 1667 年 1 月 13 日签署《安德鲁索沃条约》，标志着双方争夺乌克兰的战争的结束。——作者注

王位继承战争"（War of the Polish Succession，1733—1738）。这场战争严重破坏了波兰—立陶宛联邦的主权和国家经济，原本强大而独立的波兰—立陶宛联邦的军事力量也在 18 世纪上半叶的战乱中走向没落。之后，从 1772 年至 1795 年，波兰—立陶宛联邦被俄国、普鲁士、奥地利三国进行了三次瓜分，俄国吞并了立陶宛、库尔兰、西白俄罗斯和沃伦西部，把边界推进到涅曼河—布格河一线；奥地利占领了包括克拉科夫、卢布林在内的全部小波兰①和一部分玛佐夫舍地区；普鲁士夺得其余的西部地区、华沙以及玛佐夫舍地区的其余部分。至此，波兰—立陶宛联邦灭亡，从欧洲地图上消失长达 123 年之久。

19 世纪初，拿破仑在一系列辉煌的战役中打败了奥地利、普鲁士和俄国，占领了华沙，波兰人开始支持拿破仑的事业。拿破仑于 1807 年在波兰中部建立了华沙公国（Duchy of Warsaw，1807—1815），作为法兰西的一个卫星国。拿破仑战败后，华沙公国被俄国、普鲁士、奥地利三国肢解，波兰第二次亡国。

在第一次世界大战进行到关键时刻，同盟国为拉拢波兰人，以扭转其两线作战的预势，德国政府于 1916 年许诺波兰人建立独立的波兰王国。为此，德国和奥匈帝国成立了波兰临时国务委员会（Provisional Council of State）和摄政委员会（Regency Council）。一战即将结束时，奥匈帝国和德国趋于崩溃，为波兰的正式复国形成了有利的国际条件。1918 年，波兰共和国临时政府在华沙宣告成立，波兰第二次复国。

1919 年，协约国最高委员会在巴黎和会上通过决议，同意重建波兰。然而，波兰政府力图恢复 1772 年的俄波边界线，希望获得更大的领土。为此，新成立的波兰共和国发动了对苏维埃俄国的战争，史称"波苏战争"（Polish-Soviet War，1919—1921）。苏俄军队在华沙战役中被波兰军队击败，双方于 1921 年签订了《里加条约》（Treaty of Riga），划定了波兰东部边界，将乌克兰和白俄罗斯的西部地区划归波兰，波兰获得西乌克兰和西白俄罗斯以及立陶宛的一部分。② 苏俄在这场战争中损失了大片领土，这也为第二次世界大战时苏联和德国分割波兰埋下了伏笔。

1921 年 3 月，波兰议会通过宪法，波兰成为议会制共和国，国民由

---

① 此处指"小波兰省"，位于波兰东南部。——作者注

② "The Treaty of Riga 1921"，https：//ipn. gov. pl/en/digital - resources/exhibitions/7838，The-Treaty-of-Riga-1921. html.

波兰人、白俄罗斯人、乌克兰人、德意志人、立陶宛人、斯洛伐克人、捷克人、罗马尼亚人、马扎尔人、犹太人等民族构成。波兰的民族问题非常突出，东部的乌克兰和白俄罗斯等民族一直存在分离主义倾向，东部的经济水平也明显落后于西部，形成了东西部的经济发展鸿沟，东部民族因此对波兰政权不满。在国际上，从 1938 年 10 月起，希特勒向波兰提出波兰走廊的问题，并向波兰发出战争威胁。1939 年 9 月 1 日，德国以闪电战突袭波兰，发动了波兰战役，迅速侵占波兰大部分领土。苏联红军也越过苏波边界，进入波兰东部，占领了西乌克兰和西白俄罗斯，与德国共同分割了波兰，波兰第三次亡国。

　　1945 年，第二次世界大战进入尾声，波兰迎来了解放。根据雅尔塔会议和波茨坦会议的决定，确定了波兰东、西部边界，波兰的版图整体西移了 200 多公里，损失了约 20% 的领土。波兰民族团结临时政府（Provisional Government of National Unity）于 1945 年 6 月在苏联的扶持下成立，得到了其他国家的认可。[①] 1947 年，波兰举行议会选举，由苏联支持的工人党领袖波列斯瓦夫·贝鲁特（Bolesław Bierut）当选为总统，波兰走上了社会主义的发展道路。1952 年，波兰改国号为波兰人民共和国，并通过了波兰人民共和国宪法。

　　依据苏联模式，波兰制定了把发展重工业放在首位的经济战略，结果导致国民经济比例严重失调，物价飞涨，人民生活水平下降。苏联模式的缺陷加上波兰人内心深处的反俄心理，以及自由主义的传统和执政党的失误、官僚腐败现象盛行等综合因素，波兰成为东方社会主义阵营中最不安定的国家，最终导致 1989 年波兰政治体制发生变革，成为东欧剧变的第一国，引发了其他东欧国家的连锁反应。同年 12 月 29 日，波兰议会通过宪法修正案，改国名为波兰共和国，新成立的共和国史称"波兰第三共和国"。

　　波兰经历东欧剧变后，把参与欧洲一体化作为推动国家发展的战略目标。欧共体于 1989 年制定了"法尔计划"[②]，为波兰经济改革提供了大量

---

① Józef Buszko, *Historia Polski* 1864 – 1948, Warszawa: Państwowe Wydawnictwo naukowe, 1988, p. 408.

② 法尔计划全称为"协助波兰和匈牙利经济重建计划"（Poland and Hungary Assistance for the Reconstruction of the Economy，缩写为 PHARE），其主要目的是为了推动相关中东欧国家向市场经济转轨。——作者注

技术性援助。1997 年 7 月 16 日，欧盟委员会公布了《2000 年议程：为了更强大和扩大的联盟》（Agenda 2000：for a stronger and wider Union），这一报告首先对相关中东欧国家满足"哥本哈根标准"的进展状况进行了详细的评估，其次对东扩可能产生的影响、欧盟的机构改革、财政预算以及共同农业政策等问题做了充分考虑，并且明确将波兰、匈牙利、捷克、斯洛文尼亚、爱沙尼亚和塞浦路斯等 6 国作为首批东扩候选国。① 1997 年 12 月，欧盟卢森堡首脑会议作出东扩决议，将从 1998 年 3 月开始与波兰进行入盟谈判。经过漫长的谈判后，2002 年 12 月召开的欧盟哥本哈根首脑会议决定将于 2004 年 5 月 1 日正式接纳波兰等 10 个国家加入欧盟。2003 年 6 月，波兰就加入欧盟举行全民公投，赞成加入欧盟的比例约占 77.5%。②

自 2005 年 5 月 1 日起，波兰正式成为欧盟的成员国，并于 2007 年 12 月 21 日起成为申根国家。波兰对统一货币持消极态度，没有加入欧元区。加入欧盟后，欧洲统一市场推动了波兰外贸发展，根据 2018 年的统计数据，波兰出口总额的 80% 为欧盟内部贸易，进口总额的 69% 来自欧盟成员国。③ 在第 9 届欧洲议会 705 个席位中，波兰拥有 51 个席位。

波兰总面积约 31.27 万平方公里，总人口约 3817.98 万（截至 2021 年）。④ 波兰的主体民族为波兰人，人口约占总人口的 96.9%。⑤ 波兰官方认定的少数民族主要有德意志人、白俄罗斯人、乌克兰人、罗姆人、俄罗斯人、犹太人等 14 个。波兰的官方语言为波兰语，居民主要信仰天主教。

---

① "Agenda 2000：For a stronger and wider Union"，欧盟官方网站：https://eur-lex.europa.eu/legal-content/EN/TXT/PDF/? uri=CELEX：51997DC2000&qid=1585099021342&from=EN.

② "European Union Candidate Countries：2003 Referenda Results"，https://crsreports.congress.gov/product/pdf/RS/RS21624/4.

③ "Country-Profiles/Poland"，欧盟官方网站：https://european-union.europa.eu/principles-countries-history/country-profiles/poland_en.

④ "Preliminary results of the National Population and Housing Census 2021"，波兰统计局官方网站：https://stat.gov.pl/en/national-census/national-population-and-housing-census-2021/national-population-and-housing-census-2021/preliminary-results-of-the-national-population-and-housing-census-2021，1，1.html.

⑤ "Explore All Countries-Poland"，https://www.cia.gov/the-world-factbook/countries/poland/.

六　匈牙利

匈牙利（Hungary）是一个位于欧洲中部的内陆国家，东邻罗马尼亚、乌克兰，南接斯洛文尼亚、克罗地亚、塞尔维亚，西靠奥地利，北连斯洛伐克。

瓦尔纳战役（1444年）

匈牙利布达城堡

公元前4世纪左右，今匈牙利所在的潘诺尼亚盆地生活着伊利里亚部落和凯尔特部落。公元前1世纪，罗马帝国征服了匈牙利南部地区，将其

匈牙利布达佩斯市马提亚斯教堂

划归于潘诺尼亚行省（Pannonia）。罗马帝国灭亡后，又有不同的民族陆续迁移于此。首先到来的是匈人（Huns），在阿提拉（Attila）的领导下，他们建立了强大的匈人帝国（约 370—469 年）。匈人帝国解体后，东哥特人（Ostrogoths）建立了东哥特王国，在此统治了将近 100 年。之后，阿瓦尔人（Avars）在此建立了阿瓦尔汗国（Avar Khaganate）。在阿瓦尔人近 200 年的统治中，斯拉夫部落开始进入这一地区。摩拉维亚人、保加尔人、波兰人和克罗地亚人曾经企图推翻阿瓦尔人的统治，但都没有成功，直到查理曼大帝在 8 世纪末才成功地将阿瓦尔人击败。

　　9 世纪下半叶，东法兰克王国逐步衰落，斯拉夫人乘机崛起，摩拉维亚的斯瓦托普卢克（Svatopluk）大公雄心勃勃地企图建立一个大摩拉维亚帝国，从而与东法兰克王国发生冲突。892 年，东法兰克国王阿努尔夫（Arnulf）入侵摩拉维亚，斯瓦托普卢克大公向马扎尔人求援。马扎尔人却联合东法兰克人共同袭击摩拉维亚，马扎尔人推选他们最强大部落的酋长阿尔帕德（Arpád）为首领，逐渐统一了周边的马扎尔部落，从而为马扎尔民族（今匈牙利的主体民族）的形成奠定了基础。

　　896 年，马扎尔人越过喀尔巴阡山，向西进入潘诺尼亚盆地。马扎尔人于 907 年消灭了大摩拉维亚帝国，之后又打败了曾与他们共同作战的东法兰克军队，占领并定居于潘诺尼亚，斯洛伐克地区从此沦于马扎尔人的统治之下。在之后的半个世纪中，马扎尔人或作为雇佣兵，或为劫掠奴隶与财宝而到处出击，被视为欧洲的祸患。直到德意志国王奥托一世于 955

年在莱希河畔的莱希费尔德战役（Battle of Lechfeld）中彻底击溃了马扎尔人，从而结束了马扎尔人的侵扰。

阿尔帕德的曾孙格扎（Geza）于 972 年继承了首领职位后，确立了他对各部落酋长的权威地位。1000 年，格扎的儿子瓦伊克（Vajk）在向罗马教廷申请后，于圣诞日被加冕为匈牙利王国的第一位国王，被称为斯蒂芬一世（Stephen Ⅰ，1000—1038 年在位）。[①] 斯蒂芬一世带领国民改奉基督教，建立了封建制度，将匈牙利转变为西方封建国家。

斯蒂芬一世于 1038 年去世，由于斯蒂芬一世无子，他在去世前选择了外甥彼得·奥索洛（Peter Orseolo，也称为威尼斯人彼得，Peter the Venetian）为匈牙利王位继承人，这招致了许多人的不满。1046 年，斯蒂芬一世的另一个远亲安德鲁借助基辅大公的军队，从基辅进入匈牙利异教徒居住地区，安德鲁得到异教徒和彼得反对派的支持，他们进逼王宫，逼迫彼得退位。1047 年，改宗天主教的阿尔帕德家族成员安德鲁成为匈牙利国王，史称安德鲁一世（Andrew Ⅰ，1047—1060 年在位）。

匈牙利国王拉迪斯劳斯一世（Ladislaus Ⅰ，1077—1095 年在位）在其妹夫克罗地亚国王德米塔尔·兹沃尼米尔（Dmitar Zvonimir）及妹妹海伦娜（Helena）去世后，他主张对克罗地亚王位的继承权，于 1091 年几乎占领了整个克罗地亚，这标志着中世纪匈牙利王国扩张时期的开始。克罗地亚人对此进行了反抗，爆发了反对马扎尔人统治的起义。1097 年，匈牙利国王卡洛曼（Coloman）击溃了克罗地亚人的抵抗，杀死了并不被教皇承认的最后一位具有克罗地亚人血统的国王佩塔尔·斯瓦契奇（Petar Svačić，1093—1097 年在位）。克罗地亚贵族被迫承认了马扎尔人的统治权，克罗地亚于 1102 年并入匈牙利，形成共主联邦。

1241—1242 年，蒙古人入侵欧洲，匈牙利王国遭受了重大打击，历史学家估计这一时期匈牙利丧失了 20%—50% 的人口。[②] 这一时期，共约有 4 万多钦察（Kipchak）游牧部落的库曼人（Cuman）来到匈牙利，此外还有来自伊朗的雅兹人（Jász）也被蒙古人驱赶至匈牙利。在 13 世纪

---

① László Kontler, *Millennium in Central Europe: A History of Hungary*, Budapest: Atlantisz Publishing House, 1999, p. 53.

② Pál Engel, *The Realm of St Stephen: A History of Medieval Hungary* 895–1526, London and New York: I. B. Tauris, 2001, p. 102.

下半叶，库曼人约占匈牙利人口的 7%—8%。① 几个世纪后，库曼人逐渐被马扎尔人同化，融入了马扎尔民族。蒙古大军撤出匈牙利后，匈牙利国王贝拉四世（Béla Ⅳ，1235—1270 年在位）收复了整个匈牙利王国，积极进行国家重建，他发起了新的殖民浪潮，一些德意志人、摩拉维亚人、波兰人和罗马尼亚人开始移民到匈牙利。② 新移民的到来，使匈牙利的民族构成更加复杂。

1301 年，匈牙利国王安德鲁三世（Andrew Ⅲ，1290—1301 年在位）无嗣而终，阿尔帕德王朝结束。此后，匈牙利王位成为与阿尔帕德王室联姻的几个外国王室争夺的目标。从这时起一直到匈牙利君主制废除，绝大多数匈牙利国王事实上都是外国人，并且几乎同时还至少占有一个外国王位。这使匈牙利面临着既要争取外国人统治带来的一些益处，又要防备外国人统治带来的危险，成为匈牙利历史上难以解决的两难困境。

安德鲁三世去世后，匈牙利面临封建割据的局面。来自安茹家族的查理·罗伯特（Charles Robert）得到部分贵族和教皇的支持，他以斯蒂芬五世曾孙的名义要求继承匈牙利王位。但由于他后来失去了教皇的支持，被迫让位于安德鲁三世的女婿——波希米亚王子瓦茨拉夫，称为瓦茨拉夫三世（Wenceslaus Ⅲ，1301—1305 年在位）。瓦茨拉夫三世于 1306 年因失去贵族支持而将王位让给巴伐利亚公爵奥托三世（匈牙利国王贝拉四世的外孙），而后者又在 1307 年被造反的贵族推翻。于是，查理·罗伯特再次进军匈牙利，于 1309 年在布达佩斯宣布继承王位，并于次年在塞克什白堡接受象征王权的圣·斯蒂芬王冠，史称"查理一世"（Charles Ⅰ，1310—1342 年在位）。

查理一世在主教和小贵族的协助下，同大领主进行了一系列斗争，利用大领主彼此间相互独立的劣势，查理一世对大领主各个击破。③ 通过这些途径，查理一世重新巩固了王权。查理一世去世后，他的儿子路易继承了王位，史称"路易一世"（Louis Ⅰ，1342—1382 年在位）。在匈牙利史

① Nora Berend, *At the gate of Christendom: Jews, Muslims and 'Pagans'in Medieval Hungary*, Cambridge: Cambridge University Press, 2001, p. 72.

② László Kontler, *Millennium in Central Europe: A History of Hungary*, Budapest: Atlantisz Publishing House, 1999, p. 81.

③ László Kontler, *Millennium in Central Europe: A History of Hungary*, Budapest: Atlantisz Publishing House, 1999, p. 88.

学界，路易一世被认为是最强大的匈牙利君主，也是唯一享有"大帝"称号的匈牙利国王。①

路易一世在统治初期发动了对立陶宛人的讨伐，恢复了对克罗地亚的统治，他的部队还击败了鞑靼军队，扩大了在黑海地区的影响力。此外，他还多次尝试对波斯尼亚、摩尔达维亚、瓦拉几亚以及保加利亚和塞尔维亚部分地区进行控制。路易一世曾于 1347 年和 1350 年发起了两场入侵那不勒斯王国的战斗，占领了大片领土。在国内，路易斯一世加强了王权，同时赋予了农民自由迁徙的权利。② 1370 年，波兰国王卡西米尔三世（Casimir Ⅲ，1333—1370 年在位）去世后，由于没有合法的男性继承人，波兰皮亚斯特王朝就此结束。作为卡齐米日三世的外甥，路易一世加冕为波兰国王，开始了为期 12 年的波兰和匈牙利的共主联邦。

路易一世指定长女玛丽亚继承他的两个王位，但是波兰人拒绝继续与匈牙利结盟。1384 年，路易一世的第三女雅德维加（Jadwiga Andegaweńska，1384—1399 年在位）加冕为波兰女王。匈牙利人立路易一世的长女玛丽亚（Mária，1382—1387 年在位）为匈牙利历史上的首任女王。自 1387 年开始，玛丽亚女王的丈夫西格斯蒙德（Sigismund，1387—1437 年在位）单独统治匈牙利直到 1437 年去世为止。

西格斯蒙德上台后，面临着匈牙利贵族、领主们相互征伐并扩大自己的地盘和利益的局面，王权受到限制。因此，西格斯蒙德的注意力主要放在了西欧事务以及罗马教廷事务上③，对匈牙利国内贵族阶层架空王权并不在意，因此没有触动匈牙利国内贵族、领主的根本利益。西格斯蒙德去世后，其女婿奥地利大公阿尔伯特五世（Albert Ⅴ）于 1438 年即位，史称阿尔伯特二世（Albert Ⅱ，1438—1439 年在位）。同年，德意志选侯在法兰克福选举他为罗马人民的国王（德意志国王）。之后，阿尔伯特二世又加冕为波希米亚国王。

1439 年，奥斯曼帝国苏丹穆拉德二世派军队入侵匈牙利，阿尔伯特二世在抵抗战争中死于匈牙利境内的奈斯梅伊（Neszmély），他留下一名

---

① Bryan Cartledge, *The Will to Survive: A History of Hungary*, New York: Columbia University Press, 2011, p. 36.

② Viliam Cicaj, Vladimir Seges, Julius Bartl, Dusan Skvarna, Robert Letz and Maria Kohutova, *Slovak History: Chronology & Lexicon*, Mundelein: Bolchazy-Carducci Publishers, 2002, p. 39.

③ 西格斯蒙德于 1433 年加冕为神圣罗马皇帝。——作者注

遗腹子拉迪斯劳斯（Ladislaus）。拉迪斯劳斯出生后，继承了奥地利和波希米亚的王位，匈牙利贵族则选举波兰国王瓦迪斯瓦夫三世（Władysław Ⅲ）为国王，在匈牙利王位世系中称乌拉斯洛一世（Ulaszlo Ⅰ，1440—1444年在位）。从此，匈牙利王国的历史进入了雅盖隆王朝时期（Jagiellonian Dynasty）。

乌拉斯洛一世于1444年在抗击奥斯曼帝国军队的瓦尔纳战役（Battle of Varna）中阵亡，匈牙利贵族决定让拉迪斯劳斯继承王位。1457年，拉迪斯劳斯在布拉格死于白血病，去世时年仅17岁，既未结婚更无子嗣。马加什一世（Matthias Ⅰ，1458—1490年在位）被选为匈牙利国王，他于1463年平定了匈牙利贵族叛乱，并使神圣罗马皇帝腓特烈三世正式承认他为匈牙利国王。马加什一世曾留学意大利，并将意大利文艺复兴的文化成就推广到匈牙利，建立了科尔文纳图书馆。1485年，马加什一世率军打败了神圣罗马皇帝腓特烈三世（Frederick Ⅲ，1452—1493年在位），占领了奥地利的一半地区和首都维也纳，匈牙利在此时达到极盛，确立了其东欧第二强国的地位。

马加什一世于1490年去世，没有合法的继承人。匈牙利贵族集团鉴于马加什一世强硬的专制统治，他们不想继续受控于一位强硬的国王，因此推荐雅盖隆家族的波希米亚国王乌拉斯洛二世（Ulaszlo Ⅱ，1490—1516年在位）继承了匈牙利王位。在他的软弱统治下，波希米亚和匈牙利的贵族大大扩充自己的权力，加强了对农民的压榨剥削，匈牙利日渐衰落。1516年，乌拉斯洛二世去世后，其独子拉约什二世（Lajos Ⅱ，1516—1526年在位）继承了匈牙利与波希米亚国王之位。1526年，拉约什二世在和苏莱曼一世（Suleiman Ⅰ，1520—1566年在位）所率领的奥斯曼军队发生的第一次摩哈赤战役中战死，之后匈牙利遭遇最严重的灾难，全国陷入了一场严重的内战之中，最终匈牙利领土被分成3部分：哈布斯堡王朝的费迪南德一世（Ferdinand Ⅰ，1503—1564年）控制的匈牙利西部；特兰西瓦尼亚总督佐波尧·亚诺什（Zápolya János）控制的匈牙利东部（佐波尧之子约翰·西格斯蒙德于1570年正式放弃匈牙利国王的名号，让与神圣罗马皇帝马克西米利安二世，只统治特兰西瓦尼亚）；匈牙利中部被奥斯曼帝国吞并。此后，匈牙利成为了神圣罗马帝国和奥斯曼帝国的战场，直到两大势力于1568年达成了瓜分整个匈牙利王国的《亚得里亚堡条约》（Treaty of Adrianople）。由哈布斯堡王朝控制的西部匈牙利（皇家匈牙利）只拥有原匈牙利的西部边境、西北山区和克罗地亚。在这一时期，神圣罗马帝国和奥斯曼帝国多次爆发战争，在特兰西瓦尼亚争夺霸权的斗争持续了近两个世纪。

1683 年，奥斯曼帝国在维也纳之战中被欧洲联军打败，奥斯曼帝国开始走向衰落。1697 年 9 月 11 日，在塞尔维亚南部的森塔进行的森塔战役（Battle of Zenta）中，奥斯曼军队被萨伏伊的欧根亲王（Prince Eugen of Savoy）率领的军队彻底击败，从此失去匈牙利和贝尔格莱德以北的大片土地。之后，奥斯曼帝国军事力量严重削弱，国内也出现政治危机，再也没有能力发动战争，只能寻求和谈。奥斯曼帝国与相关欧洲国家于 1699 年签订了《卡尔洛维茨条约》（Treaty of Karlowitz），依据该条约，奥斯曼帝国放弃了匈牙利，特兰西瓦尼亚划归奥地利统治。

为了统一特兰西瓦尼亚，哈布斯堡王朝通过推崇罗马天主教，借以减低新教在当地的影响力。这一举措导致 1703—1711 年间发生了拉科西起义（Rákóczi Uprising），许多匈牙利贵族联合平民与农奴，对奥地利发起全面反抗，要求恢复特兰西瓦尼亚公国的独立与信仰自由，起义军在 1707 年宣布废除神圣罗马皇帝（约瑟夫一世）的匈牙利王位。1711 年，拉科西起义被平定，匈牙利贵族向奥地利投降妥协，特兰西瓦尼亚的公国地位被取消，改由哈布斯堡王朝派去的总督统治。

1740 年，随着匈牙利新任女王玛丽亚·特蕾西娅（Maria Theresia，1740—1780 年在位）的上台以及奥地利王位继承战争的爆发，匈牙利贵族趁机与女王交涉，从而获得了大量的特权与权利保障。玛丽亚·特蕾西娅去世后，其子约瑟夫二世（Joseph Ⅱ，1780—1790 年在位）继承王位，他进一步加强了中央集权，并要求行政单位和教育部门处理事务时使用德语，准备对全国的田产平等课税，这些措施引起了匈牙利贵族的不满。约瑟夫临死前，匈牙利贵族正谋划脱离奥地利的统治。为了解决危机，约瑟夫的继承者利奥波德二世（Leopold Ⅱ，1790—1792 年在位）被迫恢复匈牙利完全独立的王国地位，并允许匈牙利依据其自身的法律和习俗进行统治，匈牙利局势得以缓和。

在这一时期，匈牙利人口结构经历了较大的变化。在 15 世纪末期，马扎尔人（Magyars）是匈牙利的主体民族，人口约占总人口的 75% 以上，其他民族如罗马尼亚人、斯洛伐克人、日耳曼人等少数民族人口不超过总人口的 25%。16—19 世纪，塞尔维亚人、克罗地亚人等来自巴尔干半岛诸国的居民大量移入匈牙利，以后又有奥地利政府引入的大量的德意志人和其他国家的移民，马扎尔人口比例开始降低。根据 1842 年的统计资料，匈牙利王国（包括匈牙利本土、特兰西瓦尼亚和克罗地亚）共约有 1200 万居民，其中马扎尔人约占总人口的 42%，罗马尼亚人约占 17%，捷克人约占 13%，克罗地亚人约占 8%。随着马扎尔民族的觉醒，少数民族也开始觉醒起来，他们要求承认民族权利，如区域自治，使用本民族语言、发展民族文化等。[1]

1848 年，在巴黎二月革命和维也纳三月革命影响下，匈牙利布达佩斯发生了革命运动，要求民族独立和开展民主改革，奥地利出兵镇压。匈牙利人民在拉约什·科苏特（Lajos Kossuth）领导下开展了民族解放战争。1849 年 4 月，匈牙利宣布独立。在俄奥联军的镇压下，匈牙利革命以失败告终。这场革命是匈牙利人民反对奥地利统治，争取民族独立和反对封建农奴制的资产阶级革命，匈牙利民族解放战争失败后，匈牙利恢复了旧的封建秩序。[2]

在 1867 年建立的奥匈帝国体制下，帝国内部民族矛盾日益激化。1918 年 10 月，匈牙利首都布达佩斯的工人和士兵发动武装起义（史称"秋玫瑰革命"），奥地利哈布斯堡家族的统治被推翻。匈牙利于 1918 年 11 月 16 日宣布脱离奥匈帝国独立，并于 1919 年 3 月建立了匈牙利苏维埃共和国。同年 8 月，以霍尔蒂·米克洛什（Horthy Miklós）为首的军队推翻了匈牙利苏维埃共和国，恢复了君主立宪的匈牙利王国。1920 年 3 月 1 日，霍尔蒂·米克洛什以武力强迫议会选举他为摄政王，建立了独裁政权。霍尔蒂上台后，制定和推行了一系列法西斯法令，对共产党人和进步运动进行了残酷迫害。

由于匈牙利被协约国集团认定为一战中的战败国，协约国集团迫使其于 1920 年签订了相当苛刻的《特里亚农条约》（Treaty of Trianon）。该条约规定匈牙利割让斯洛伐克和外喀尔巴阡州给捷克斯洛伐克；将特兰西瓦尼亚和巴纳特东部划归罗马尼亚；将克罗地亚、巴纳特西部划归南斯拉夫王国；将布尔根兰的大部分划归于奥地利；等等。根据该条约，匈牙利共失去约 72% 的领土，人口由 2080 万大幅减至 650 万。

---

① 阚思静：《1848—1849 年匈牙利革命》，《世界历史》1985 年第 4 期。

② Leslie C. Tihany, "Hungarian Revolution: 1848-1849", *The Review of Politics*, Vol. 42, No. 1, 1980, p. 121.

　　匈牙利在第二次世界大战中加入了轴心国阵营，于 1944 年被德军占领。第二次世界大战结束后，匈牙利宣布废除君主制，成立匈牙利共和国。从 1947 年起，亲苏的共产党人执掌了国家权力。1949 年，匈牙利通过宪法，改称为匈牙利人民共和国。由于苏联要求各国盲目照搬斯大林模式发展经济，最终导致东欧各国的经济都出现了严重的问题。

　　20 世纪 80 年代后期，匈牙利国内政治生活日益混乱，形成党外有党、党内有派的复杂政治格局，实行多党制的呼声也日渐高涨。1989 年，匈牙利社会主义工人党改名匈牙利社会党，由此造成了党的分裂。在实行多党制后的首次大选中，社会党于 1990 年 3 月丧失了执政地位，匈牙利国家政权更迭，社会制度发生根本性的变化。

　　在政权更迭前，匈牙利曾于 1988 年 7 月与欧共体签署了关于贸易和合作的协定，开始向西欧靠拢。欧共体通过"法尔计划"向匈牙利及其他中东国家的经济制度改革提供帮助，取得了较好的效果。1991 年 12 月，匈牙利与欧共体签订了联系国协定，在工业、环境、运输、海关等领域广泛开展合作。1994 年 3 月，匈牙利正式申请加入欧盟。

　　1997 年 7 月 16 日，欧盟委员会公布了《2000 年议程：为了更强大和扩大的联盟》，这一报告首先对相关中东欧国家满足哥本哈根的进展状况进行了详细的评估，明确将匈牙利等 6 国作为首批东扩候选国。同年 12 月，欧盟卢森堡首脑会议作出东扩决议，将从 1998 年 3 月开始与匈牙利进行入盟谈判。经过漫长的谈判后，2002 年 12 月召开的欧盟哥本哈根首脑会议决定将于 2004 年 5 月 1 日正式接纳匈牙利等 10 个国家加入欧盟。随后，匈牙利就加入欧盟举行全民公投，赞成加入欧盟的比例约占 83.8%。[①]

　　自 2004 年 5 月 1 日起，匈牙利正式成为欧盟的成员国。2007 年 12 月 21 日，匈牙利成为申根国家。在货币方面，由于匈牙利担心加入欧元区存在风险，目前尚未加入欧元区。加入欧盟后，匈牙利进出口贸易发展良好，根据 2018 年的统计数据，匈牙利出口总额的 82% 为欧盟内部贸易，进口总额的 75% 来自欧盟成员国。[②] 在第 9 届欧洲议会 705 个席位中，匈

---

　　① "European Union Candidate Countries: 2003 Referenda Results", https://crsreports.congress.gov/product/pdf/RS/RS21624/4.

　　② "Country - Profiles/Hungary", 欧盟官方网站: https://european - union.europa.eu/principles-countries-history/country-profiles/hungary_en.

牙利拥有 21 个席位。

匈牙利总面积约 9.3 万平方公里，总人口约 970 万（截至 2022 年 2 月）。[①] 匈牙利的主体民族为匈牙利（马扎尔）族，人口约占总人口的 90%。[②] 少数民族有斯洛伐克族、罗马尼亚族、克罗地亚族、塞尔维亚族、斯洛文尼亚族、德意志族等。匈牙利的官方语言为匈牙利语，居民主要信奉天主教。

[①]　"Number of population"，匈牙利中央统计局官方网站：https：//www. ksh. hu/？ lang＝en.

[②]　《匈牙利国家概况》，中华人民共和国外交部官方网站：https：//www. fmprc. gov. cn/ web/gjhdq_676201/gj_676203/oz_678770/1206_679858/1206x0_679860/，2021 年 7 月。

第四章　南欧地区

南欧位于欧洲南部，也称为地中海欧洲，南欧隔着地中海与亚、非两洲相望。一般认为，南欧的主权国家共有 18 个，分别是西班牙、葡萄牙、意大利、梵蒂冈、安道尔、圣马利诺、克罗地亚、波斯尼亚和黑塞哥维那、斯洛文尼亚、北马其顿、黑山、马耳他、塞尔维亚、阿尔巴尼亚、罗马尼亚、希腊、保加利亚、塞浦路斯。其中西班牙、葡萄牙、意大利、克罗地亚、斯洛文尼亚、马耳他、罗马尼亚、希腊、保加利亚、塞浦路斯为欧盟的成员国。

一　西班牙

西班牙王国（The Kingdom of Spain）简称西班牙，位于欧洲西南部的伊比利亚半岛。西班牙西邻葡萄牙，东北与法国、安道尔接壤，北濒比斯开湾，南隔直布罗陀海峡与非洲的摩洛哥相望，东和东南临地中海。

卡斯蒂利亚女王伊莎贝拉一世（1474—1504 年在位）

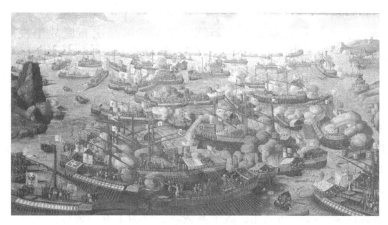

勒班陀战役（1571 年）

西班牙格拉纳达市阿尔罕布拉宫

　　距今 3 万年前，今西班牙境内就曾有古人类在此生活，主要从事狩猎
和采集活动，他们在当地的洞穴中居住，被称为伊比利亚人（Iberians），
西班牙北部发现的阿尔塔米拉洞穴（Altamira）中的岩画生动地记载了原
始人的生活情况。大约在公元前 11 世纪，腓尼基商人在靠近塔特苏斯
（Tartessos）的地方建立了商业据点加的斯（Cadiz）。凯尔特人也在这一
时期从中欧迁入，开始与伊比利亚人进行交往交融，产生了一种混合的、
别具特色的文化，拥有这种文化的居民被称为凯尔特—伊比利亚人
（Celtiberians）。

从公元前 3 世纪开始，罗马人和迦太基人（腓尼基人的后代）争夺伊比利亚半岛。公元前 2 世纪初期，在经过第二次布匿战争（Second Punic War，公元前 218 年至前 201 年）后，罗马人打败了迦太基人，进一步向伊比利亚半岛渗透。公元前 181 年至前 133 年，罗马军队和凯尔特—伊比利亚人之间发生了战争，被称为凯尔特—伊比利亚战争（Celtiberian Wars），伊比利亚半岛逐渐落入罗马人手中。到公元前 19 年，罗马人彻底征服了整个伊比利亚半岛。此后，在长达约 5 个世纪的时间内，伊比利亚半岛成为罗马帝国的行省。罗马统治者首次将伊比利亚置于单一政治权威之下，但未将罗马文化强加于当地居民。尽管如此，许多当地的土著精英自觉学习罗马文化，皈依基督教，成为了罗马公民。

378 年，西哥特人（Visigoths）不堪忍受罗马人的奴役，举行武装起义。西哥特人于 401 年在首领阿拉里克（Alaric）的领导下，由巴尔干半岛侵入意大利，最终于 410 年攻占罗马城，大肆劫掠后离去。418 年，西哥特人在高卢南部和西班牙地区以图卢兹（Toulouse）为中心建立了第一个得到罗马帝国承认的蛮族王国——西哥特王国（Visigothic Kingdom），其疆域包括了西班牙和高卢的大部分领土。由于西哥特人于 507 年在武耶战役（Battle of Vouillé）中被法兰克人打败，他们退回到西班牙。

711 年，来自北非由柏柏尔人和阿拉伯人组成的入侵军队导致了西哥特王国的覆灭。[①] 这些入侵者被统称为摩尔人（Moors），侵占的土地被其命名为安达卢西亚（Andalusia），仅北部和东部的部分地区由西哥特王国控制。阿拉伯帝国倭马亚王朝派埃米尔（省督）管辖安达卢西亚，首府设在科尔多瓦（Cordoba）。755 年，倭马亚皇族阿卜杜·拉赫曼（Abd al-Rahman）率兵进入安达卢西亚，赶跑了阿拔斯王朝[②]任命的埃米尔，从而使安达卢西亚摆脱了阿拔斯王朝的管辖，成为了后倭马亚王朝时期独立的王国。

阿卜杜·拉赫曼大力发展安达卢西亚的经济、文化建设，他修整城市，开凿运河，改进农业技术，铸造统一的货币，使安达卢西亚呈现出一片繁荣的景象。阿卜杜·拉赫曼逝世后，其继任者因治国无方，各地的穆斯林和基督教徒暴动不断，一些省区的封建首领宣布独立，王朝处于内乱

① ［英］雷蒙德·卡尔：《西班牙史》，潘诚译，东方出版中心 2009 年版，第 31 页。

② 阿拉伯帝国倭马亚王朝于 750 年被阿拔斯王朝推翻。——作者注

和分裂割据的局面。阿卜杜·拉赫曼三世（Abd al-Rahman Ⅲ）继任埃米尔后，开始励精图治，逐一收复了丧失的省区，扩展了版图，使王朝得到中兴。

从 11 世纪起，后倭马亚王室因内部争权夺利以及禁卫军专权，导致政局陷入混乱。1031 年，统治者希沙姆三世（Hisham Ⅲ）被废黜，后倭马亚王朝宣告解体，王国领地被贵族割据势力瓜分，西班牙北部的一些小国在这一时期逐渐壮大起来。

在北非穆斯林进入伊比利亚半岛过程中，大量的基督教徒逃往北方，他们退到了北部的坎塔布连山区及比利牛斯山区一带，相继建立起阿斯图里亚斯（Asturias）、纳瓦拉（Navarre）、阿拉贡（Aragon）和卡斯蒂利亚（Castile）等王国，以此为基础开展了收复失地运动。在此过程中，西班牙近代民族主义得以产生。

阿斯图里亚斯王国的国民由哥特人、苏维汇人（日耳曼人的一支）和巴斯克山民构成，首任国王为佩拉约（Pelayo，718—737 年在位）。[1] 718 年，摩尔人进攻西哥特人的最后据点——北部阿斯图里亚斯山区，西哥特贵族推举佩拉约为国王，建立了阿斯图里亚斯王国。

866 年，阿斯图里亚斯王国国王阿方索三世（Alfonso Ⅲ，866—910 年在位）即位后，他击退了摩尔人的进攻，并将王国向南扩张到了波尔图、科英布拉、萨莫拉和布尔戈斯一线，但波尔图和科英布拉很快被穆斯林夺回。阿方索三世去世后，阿斯图里亚斯王国被分成阿斯图里亚斯、莱昂和加利西亚三个王国，由其三个儿子弗鲁埃拉二世（Froila Ⅱ，910—925 年在位）、加西亚一世（García Ⅰ，910—914 年在位）和奥多诺二世（Ordoño Ⅱ，910—924 年在位）分别继承，加西亚一世和奥多诺二世去世后，弗鲁埃拉二世合并了加利西亚、莱昂和阿斯图里亚斯为莱昂王国。之后，这些地区又经历了多次分合。

1029 年，莱昂王国东部的卡斯蒂利亚伯国被纳瓦拉国王桑乔三世·加尔塞斯（Sancho Ⅲ Garcés，1000—1035 年在位）控制，桑乔三世于1034 年率兵攻占莱昂王国，从而将加利西亚到巴塞罗那的北部西班牙首次统一于一个国家之内。桑乔三世去世后，他的儿子们将国家瓜分，长子加西亚·桑切斯三世分得纳瓦拉；次子费迪南德一世分得卡斯蒂利亚；三

---

① "Reconquista"，https：//www. historynet. com/reconquista. htm.

子冈萨罗·桑切斯分得索夫拉韦；幼子拉米罗一世分得了阿拉贡。

费迪南德一世（Ferdinand Ⅰ，1035—1065 年在位）成为卡斯蒂利亚国王后，他于 1037 年征服了莱昂，此后莱昂始终臣属于卡斯蒂利亚，并最终于 1230 年与卡斯蒂利亚合并。1054 年，费迪南德一世击败并杀死了他的长兄纳瓦拉国王加西亚·桑切斯三世，吞并了纳瓦拉，此时东部的阿拉贡王国和巴塞罗那伯国也已臣服。1065 年，费迪南德一世去世，卡斯蒂利亚王国被分封给他的儿女。桑乔二世（Sancho Ⅱ）继承了卡斯蒂利亚王国；阿方索六世（Alfonso Ⅵ）继承了莱昂王国；加西亚二世（García Ⅱ）继承了加里西亚王国；他的两个女儿也分到了一些城镇。

桑乔二世与阿方索六世结盟并征服了加里西亚王国，由于桑乔二世对拥有卡斯蒂利亚和半个加里西亚并不满足，他又对阿方索六世展开进攻。1072 年，桑乔二世被刺杀，阿方索六世继承了卡斯蒂利亚，成为莱昂、卡斯蒂利亚和加里西亚共同的国王。阿方索六世积极开展收复失地运动，于 1085 年把西班牙伊斯兰教地区最重要的城池托莱多（Toledo）并入了自己的领土。

11 世纪末，阿方索六世将今葡萄牙北部的一片土地封给女婿亨利，使其成为葡萄牙伯爵。亨利去世后，其子阿方索·亨里克斯（Afonso Henriques）企图摆脱和卡斯蒂利亚等基督教国家的臣属关系而独立。亨里克斯开始与北方基督教国家及南部穆斯林国家展开交战，并在 1139 年取得独立，亨里克斯自封为葡萄牙国王。自此，葡萄牙成为一个独立王国，但北方的卡斯蒂利亚却不承认它的独立。1143 年，在罗马教廷的调停下，卡斯蒂利亚国王阿方索七世（Alfonso Ⅶ）与葡萄牙国王亨里克斯签署了《萨莫拉条约》（Treaty of Zamora），卡斯蒂利亚正式承认葡萄牙的独立地位。

13 世纪的西班牙基督教地区存在多种语言，包括卡斯蒂利亚语、加泰罗尼亚语、巴斯克语、加里西亚语等。在一个世纪之后，卡斯蒂利亚语（今西班牙语）成为了卡斯蒂利亚王国内最重要的交流语言。在卡斯蒂利亚国王费迪南德三世统治的最后一年，官方文件开始使用卡斯蒂利亚语书写；到了阿方索十世统治期间，卡斯蒂利亚语成为了官方语言。从此之后，卡斯蒂利亚所有的官方文件都使用卡斯蒂利亚语书写，所有的外语文本也都由原来翻译为拉丁文本改成翻译为卡斯蒂利亚语文本。

13 世纪中期，卡斯蒂利亚攻打摩尔人重镇塞维利亚（Sevilla），开始大举南下，至 1251 年已到达直布罗陀海峡一带，摩尔人退缩至格拉纳达（Granada）。1275 年，来自摩洛哥的马林王朝军队向伊比利亚半岛进行反攻，成为伊斯兰势力最后一次对伊比利亚半岛的入侵。卡斯蒂利亚军队与马林王朝军队势均力敌，长时间处于胶着状态。直至 14 世纪中叶，马林王朝出现内乱，此时卡斯蒂利亚军队处于上风，一举击溃了马林王朝军队，令马林王朝势力退回北非。

1469 年，阿拉贡王子费尔南多二世（Fernando Ⅱ，1479—1516 年在位）和卡斯蒂利亚女继承人伊莎贝拉一世（Isabella Ⅰ）结婚，10 年后卡斯蒂利亚王国与阿拉贡王国正式合并为统一的西班牙王国。西班牙军队于 1492 年攻下摩尔人在伊比利亚半岛的最后据点格拉纳达，摩尔人国王穆罕默德十二世（Mohammed Ⅻ）投降，从而完成了近 8 个世纪的收复失地运动。这一时期被认为是西班牙的"奇迹的年代"（Annus Mirabilis）①。因为就在同年，伊莎贝拉女王赞助的哥伦布探险活动发现了美洲新大陆，从而打开了进入美洲的大门，使西班牙成为第一个拥有海外殖民帝国的欧洲大国。

卡斯蒂利亚女王伊莎贝拉一世于 1504 年去世后，她的女儿胡安娜（Juana）名义上继任了卡斯蒂利亚女王，实则是胡安娜的丈夫哈布斯堡家族的菲利普一世当政。菲利普一世去世后，由于胡安娜精神失常，而她的儿子卡洛斯只有六岁，胡安娜的父亲费尔南多二世成为摄政王。1516 年，费尔南多二世去世，卡洛斯（后来的神圣罗马皇帝查理五世）即位，他以特拉斯塔马拉家族外孙的身份继承了卡斯蒂利亚、莱昂、阿拉贡、纳瓦拉等国的王位，建立了统一中央王权的共主联邦国家。卡洛斯把法兰西王国和奥斯曼帝国视为在欧洲的对手，为争夺意大利和有争议的勃艮第领地，他与法国国王弗朗索瓦一世进行了多次战争。1559 年，意大利战争结束，英国、西班牙与法国缔结了《卡托—康布雷齐条约》（Peace of Cateau-Cambresis），西班牙取代法国控制了意大利，从而使意大利处于西班牙哈布斯堡王朝的控制之下。

1556 年，查理五世将神圣罗马帝国皇位让位于弟弟费迪南德一世，西班牙则交给他的儿子菲利普二世（Philip Ⅱ，1556—1598 年在位）统治。菲利普二世组织了神圣同盟，在地中海对抗奥斯曼帝国的入侵，在

① ［英］雷蒙德·卡尔：《西班牙史》，潘诚译，东方出版中心 2009 年版，第 87 页。

1571 年的勒班陀战役（Battle of Lepanto）中取得了决定性的胜利。

从 1568 年起，信仰新教的尼德兰地区开始反抗西班牙的统治，被称为"尼德兰独立战争"（Dutch War of Independence，1568—1648）。在此期间，尼德兰北方各省基本上从西班牙占领下解放出来，北尼德兰已经在事实上成为一个独立的国家。在此过程中，英国对于尼德兰独立运动的支持触怒了菲利普二世，菲利普二世于 1588 年派出无敌舰队企图征服英格兰，但遭受失败。

在菲利普二世的统治下，西班牙国力空前强大。16 世纪后期，葡萄牙国力衰落，出现了继承人危机，菲利普二世派出西班牙军队占领了葡萄牙，于 1580 年吞并葡萄牙组成伊比利亚联盟（Iberian Union，1580—1640年），从而使伊比利亚半岛处于西班牙国王的控制之下。在这一时期，虽然从美洲搜刮来的财富充盈了西班牙国库，但连年战争使西班牙经济停滞，国家财政濒临破产边缘。

菲利普二世去世后，西班牙开始走向衰落。1618—1648 年爆发的三十年战争大大削弱了西班牙的实力，西班牙的霸权不断遭到英、法、荷等欧洲新兴强国的挑战。1640 年，中欧地区战事连绵不断，葡萄牙和加泰罗尼亚地区也发生了叛乱，虽然西班牙控制住了加泰罗尼亚地区的事态，但只能任由葡萄牙独立。此后，在卡洛斯二世（Carlos Ⅱ，1665—1700年在位）统治期间，西班牙彻底沦落为二流国家。

1700 年，由于卡洛斯二世去世时没有留下任何后代，西班牙哈布斯堡王朝绝嗣。针对王位继承问题，西班牙王位继承战于 1701 年爆发，同宗的奥地利王室与当时的西欧霸主法国为了争夺对西班牙的控制权，双方展开了一系列的战争，史称"西班牙王位继承战"（1701—1714 年）。相关参战国于 1713 年签订了《乌德勒支和约》（Peace of Utrecht），承认法王路易十四的孙子——菲利普为西班牙国王。西班牙的欧洲属地被瓜分——萨伏依获得西西里和部分米兰公国的土地；神圣罗马皇帝查理六世获得西属尼德兰、那不勒斯王国、撒丁尼亚和米兰公国的剩余部分。此外，西班牙割让直布罗陀和米诺卡岛给英国，并给予英国奴隶专营权。来自法国波旁王室的菲利普五世（Philip Ⅴ，1700—1746 年在位）是西班牙波旁王朝的第一位国王。在法国的影响下，西班牙在文化上和政治上成为了法国式专制主义的追随者。在卡洛斯三世（Carlos Ⅲ，1759—1788 年在位）统治时期，西班牙开始实行开明专制，这为西班牙带来了新的繁荣。

受波旁王室的影响，西班牙和法国在 18 世纪签署了多份家族契约（Family Compact），两国共同参加了本世纪的一系列战争。西班牙作为法国的盟友，相继参加了波兰王位继承战争、奥地利王位继承战以及七年战争。尽管西班牙与法国在对抗英国的七年战争中战败，但是在其后的美国独立战争中西班牙却收回了之前失去的大部分领土，国际地位也得到了提高。

1808 年，西班牙爆发内乱，国王卡洛斯四世被迫退位，由其子费尔南多七世（Fernando Ⅶ）继任。这时法军入侵西班牙，拿破仑废黜了费尔南多七世，由其兄约瑟夫·波拿巴担任西班牙国王。西班牙人民与法国占领军展开了艰苦卓绝的游击战，西班牙独立战争由此爆发（1808—1814 年）。在这场战争中，西班牙国力被严重削弱，其殖民地墨西哥率先在 1810 年爆发了独立战争，此后中美洲地区纷纷在 19 世纪 20 年代脱离西班牙，传统的殖民帝国最终分崩离析。①

1810 年秋天，西班牙举行选举并召开了制宪议会，议会的地址设在加的斯（Cadiz）。第二年，加的斯议会通过了取消领主制度的法令，宣布取消封建地主享有的特权。1812 年 3 月，加的斯议会正式公布宪法，宪法规定国家最高权力机关是每两年选举一次的一院制议会。② 这是西班牙历史上第一部规定了国家主权和权力分立的宪法，确定了西班牙君主立宪制政体，公开宣布根据自由主义原则重建国家政体。根据该宪法，西班牙各地区均实施地方自治。③

在独立战争末期，费尔南多七世于 1813 年再次即位。复辟之后，他废除了加的斯宪法，恢复了绝对君主专制统治。费尔南多的君主专制统治一直持续到 1833 年才结束，其中不包括“自由三年”时期——1820—1823 年期间，此时加的斯宪法得到恢复，并重新作为国家的基本法。西班牙资产阶级自由派统治了三年时间，自由派的政府被当时的欧洲各国看成是大革命时期法国政府的翻版，因此复辟的法国波旁王朝军队摧垮了西班牙自由派政府，费尔南多七世从而重掌权力。

---

① 叶成城、唐世平：《第一波半现代化之“帝国的黄昏”——法国与西班牙的改革之殇》，《世界经济与政治》2016 年第 3 期。

② "Spanish Constitution of 1812", https：//oxcon. ouplaw. com/view/10. 1093/law - mpeccol/law-mpeccol-e638#law-mpeccol-e638-div1-11.

③ 金重远：《独立战争：西班牙 19 世纪的第一次革命》，《史林》2003 年第 5 期。

1833 年，费尔南多七世去世，根据费尔南多七世于 1830 年颁布的《国事诏书》，其 3 岁的女儿伊莎贝尔登基继承王位，史称伊莎贝尔二世（Isabel Ⅱ，1833—1868 年在位）。在葡萄牙的费尔南多的弟弟唐·卡洛斯依据禁止女性为王的《萨利克法》争夺王位，他自称卡洛斯五世，率兵从葡萄牙进入西班牙，占领了北部农村。因卡洛斯派主张恢复君主制和宗教裁判所，得到了西班牙的封建贵族、教会和北部、东北部地区农民的支持。与此同时，得到葡萄牙、法国、英国等国支持的摄政玛丽亚·克里斯蒂娜宣布对叛乱者进行讨伐，战事延续了 6 年（1833—1839 年）。1839 年，卡洛斯派的主力最终被粉碎，卡洛斯被迫逃亡法国。

在伊莎贝尔二世统治时期，由奸臣和军队控制的政府极其腐败，西班牙人民的生活状况没有得到改善，最终导致了 1868 年西班牙"光荣革命"（Glorious Revolution）的爆发。伊莎贝尔二世逃亡法国，西班牙陷入了无政府状态。1870 年，伊莎贝尔二世在巴黎正式宣布退位，希望其子阿方索可以继承西班牙王位，但以弗朗西斯科·塞拉诺为首的摄政团选择了意大利王子阿梅迪奥·费迪南多·玛丽亚（Amedeo Ferdinando Maria）担任西班牙的国王。由于穷于应付西班牙的混乱局势，阿梅迪奥在 1873 年主动退位，共和主义者借机建立了西班牙第一共和国（1873—1874 年），这是西班牙历史上第一个共和政体。由于保皇派将领阿塞尼奥·马丁内斯·德·坎波斯于 1874 年发动政变，迎回伊莎贝尔之子阿方索十二世（Alfonso Ⅻ，1874—1885 年在位），波旁王朝得以复辟，西班牙第一共和国被颠覆。

阿方索十二世成为西班牙国王后，于 1876 年镇压了卡洛斯派的暴乱（即第二次唐·卡洛斯战争，1873—1876 年），卡洛斯派的继承人小唐·卡洛斯（他自称卡洛斯七世）被击败后逃往法国，从此卡洛斯派再未能对西班牙王位构成威胁。1876 年，西班牙颁布了新的宪法，史称"1876 年宪法"，这部宪法确定了议会和国王的分权思想，指出议会、国王、政府是君主立宪制的三大权力核心，成为日后西班牙法律秩序的基础。这部宪法还在西班牙历史上第一次确立了两党制。阿方索十二世在位时期，他努力弥合国内矛盾，避免两党的内部斗争，国家逐步进入稳定状态。

阿方索十二世于 1885 年去世，留下了遗腹子阿方索十三世（Alfonso Ⅻ，1886—1931 年在位）。由于国王幼小，这一时期真正掌握权力的是两党轮流执政组成的政府。在这个时期，西班牙的工人阶级开始觉醒。1879

年，西班牙社会主义工人党成立，该党以马克思主义为思想基础，团结了广大工业无产阶级。

1898 年，美西战争爆发，西班牙战败，同年美国和西班牙签署了《巴黎条约》，西班牙承认古巴独立，并将波多黎各岛、菲律宾群岛和西印度群岛中其他西属岛屿及关岛让与美国，这一事件标志着西班牙帝国走向终结。

20 世纪初期，阿方索十三世的统治为一系列革命运动所困扰，其中在马德里和巴塞罗那发生的革命活动最为剧烈。西班牙民众打出推翻君主制的旗号，迫使阿方索十三世在立法、教育和宗教等多方面进行了一些改革。

在第一次世界大战期间，西班牙作为中立国没有参战。1921 年，西班牙控制的北非殖民地发生了部族叛乱，西班牙派兵镇压，但是遭受失败，导致很多士兵牺牲，西班牙民众向政府和国王追讨责任，政局愈加动荡。阿方索十三世的执政受到了全面的挑战，而新上台的自由党政府无法控制局面。在危急局势下，加泰罗尼亚军区司令里维拉将军在取得国王阿方索十三世的同意后，于 1923 年 9 月在巴塞罗那发动军事政变，宣布全面戒严。之后，里维拉回到马德里，组成了军人执政内阁，宣布全国戒严，取消宪法，解散议会以及所有政党，建立了意大利法西斯式政党爱国联盟①。由于独裁统治不得人心，几乎所有势力都不再支持军人政权，里维拉被迫于 1930 年辞职离开。

1931 年 4 月，西班牙共和派在市政选举中获胜，国王阿方索十三世逃亡国外，西班牙君主制被推翻，革命委员会宣布建立共和国，这是西班牙历史上的第二共和国。在随后举行的立宪议会选举中，共和党和社会党联合阵线获胜，建立了以右翼共和党人阿尔卡拉·萨莫拉为首的临时政府。第二共和国政府进行了一系列改革，但君主制期间留下的巨额债务影响了西班牙的发展。与此同时，无政府主义（如全国工人联盟）、保守主义和极右翼（如长枪党和卡洛斯派）等势力蠢蠢欲动，加泰罗尼亚地区局势愈发紧张。1932 年，无政府工团主义运动和左翼力量之间关系的变化，使该运动与共和政府之间的关系发生了变化。② 在这一时期，西班牙

---

① 爱国联盟于 1936 年并入长枪党。——作者注

② 郑宪：《无政府工团主义与内战前的西班牙第二共和国》，《苏州大学学报》1997 年第 2 期。

政坛呈两极分化的局面，左翼与右翼针锋相对。人民阵线中的左翼联盟于1936年获得选举胜利，使西班牙法西斯势力极为惊恐，以弗朗西斯科·佛朗哥为首的一批军官在德、意法西斯支持下于1936年7月发动叛乱，西班牙内战爆发。德、意法西斯从当年8月开始直接公开出兵，对西班牙内战进行武装干涉，这一战争很快由国内战争演变为西班牙人民反对法西斯侵略的具有国际意义的民族革命战争。① 反法西斯的人民阵线和共和政府得到了苏联、墨西哥和国际纵队的援助，但最终以失败告终。

1937年，佛朗哥下令把长枪党和卡洛斯党的"义勇军"合二为一，并宣布长枪党为唯一的国家政党。佛朗哥借长枪党的外壳，完成了全国政治统一。② 西班牙内战于1939年结束后，佛朗哥夺取了全国政权，开始了长达36年的独裁统治。佛朗哥对内实行独裁统治，大规模镇压和迫害共产党和其他左派进步势力，对外则奉行亲德、意法西斯的外交政策。这种做法遭到世界上许多国家的谴责，使西班牙在国际上陷入完全孤立状态，战后又被排斥在联合国之外。

二战结束后，西班牙被排除在"马歇尔计划"受援国之外，同时也被禁止加入北约。尽管西方列强拒绝在政治上与西班牙接触，但在贸易上持开放态度。美国、英国、法国在这一时期成为西班牙农产品的主要贸易伙伴。为了重新加入战后国际新秩序，西班牙开始寻求美国的帮助，在美国的支持下，联合国于1950年11月撤销了对西班牙的制裁，为西班牙后续加入更多的国际组织铺平了道路。1953年9月，西班牙和美国签署了《美西共同防卫援助协定》（《马德里协定》），根据此协定，西班牙允许美国使用其国内的一些空军和海军基地，以此换取美国的军事和经济援助。虽然西班牙从该协定中获得的援助不足以与"马歇尔计划"相比，但西班牙通过美国的援助逐渐向西方靠拢。

1959年，以英国为首的一些欧洲国家共同发起并筹划建立欧洲自由贸易联盟，相较于欧洲经济共同体，西班牙认为欧洲自由贸易联盟的政治要求较低，似乎更适合本国的政治环境。但随着英国、爱尔兰、丹麦申请加入欧共体后，欧洲自由贸易联盟对西班牙不再具有吸引力，西班牙将目光转向欧洲经济共同体。为了向其靠拢，佛朗哥独裁政府从20世纪60年

---

① 张万杰：《季米特洛夫与共产国际对西班牙内战的援助（1936—1939）》，《江西师范大学学报》（哲学社会科学版）2019年第4期。

② 郭保强：《西班牙法西斯和佛朗哥政权》，《历史教学问题》1999年第3期。

代初起，逐步在经济方面实行经济改革和对外开放，取消了国家对经济的垄断，鼓励私人投资，改革工业结构，加强农业改造等。1962 年 2 月 9 日，西班牙首次申请加入欧洲经济共同体。① 同年 5 月，欧洲议会以其不具备民主政治体制为由拒绝了西班牙的申请。

佛朗哥于 1975 年去世后，西班牙开始向民主体制过渡。1977 年 7 月 28 日，西班牙再次申请加入欧共体。② 1977 年 8 月 29 日至 11 月 10 日期间，西班牙首相冈萨雷斯专程前往欧共体所有的成员国，一一开展政治游说活动，希望这些成员国支持西班牙加入欧共体。冈萨雷斯的游说活动产生了积极效果，欧共体同意于 1979 年 2 月正式启动与西班牙的谈判进程。在谈判过程中，西班牙首脑按照欧共体的标准，从政治、经济等多个方面对西班牙进行改革，以期望加入欧共体。在政治方面，西班牙按照欧共体民主政治的要求开展了改革。在经济方面，西班牙主要开展了以下几个方面的改革。第一，完善税制，通过减少对国有企业的拨款和补贴、压缩政府开支等措施降低财政赤字。第二，对工业实行整顿改造和私有化，增加科研和技术改造投资，大力发展高科技产业，促使西班牙经济和产业结构适应新的国际分工。第三，充分挖掘潜力，发挥优势产业的效能。③

在随后的几轮谈判中，欧共体与西班牙协商解决了在农业、渔业、工业及社会政策等方面的各种分歧，完成了欧共体对西班牙的各项要求。1985 年 6 月 12 日，西班牙正式签署加入欧共体的协议。1986 年 1 月 1 日，西班牙成为欧共体的正式成员国。加入欧共体为西班牙经济发展增添了新的动力，1981—1985 年，在西班牙加入欧共体之前，西班牙年均经济增长率约为 1.5%，加入欧共体后的 1986—1989 年期间，西班牙的年均经济增长率约为 4.5%，比之前高出 3 个百分点，也比 1986—1989 年期间西欧的平均增长率高出 1.3 个百分点。④

① "Spain's application for association with the European Economic Community", https://www.cvce.eu/en/obj/spain_s_application_for_association_with_the_european_economic_community_9_february_1962-en-8a95e26f-e911-42a0-b811-b623b84a93d9.html.

② "Spain requests accession", https://www.cvce.eu/en/obj/spain_requests_accession_28_july_1977-en-4f138d0d-1517-4417-9c70-91062d16c65a.html.

③ 张小济、张琦：《明显的经济拉动——欧盟欠发达成员国参与经济一体化的经验和启示》，《国际贸易》2004 年第 2 期。

④ ［西］叶·奥斯特罗夫斯卡娅、申生：《西班牙与欧共体：获得成员国资格后的初步成果》，《国际经济评论》1992 年第 2 期。

自 1995 年 3 月 26 日起，西班牙成为首批申根国家，并于 1999 年 1 月 1 日起成为首批加入欧元区的国家。加入欧元区后，西班牙进出口贸易发展良好，根据 2020 年的统计数据，西班牙出口总额的 61% 为欧盟内部贸易，进口总额的 57% 来自欧盟成员国。[①] 在第 9 届欧洲议会 705 个席位中，西班牙拥有 51 个席位。

西班牙总面积约 50.6 万平方公里，总人口约 4732 万（截至 2021 年）。[②] 西班牙的主体民族为卡斯蒂利亚族，人口约占总人口的 70%。少数民族有加泰罗尼亚族、加里西亚族、巴斯克族、罗姆族等。西班牙的官方语言为卡斯蒂利亚语（西班牙语），一些少数民族语言在本地区亦为官方语言，居民主要信奉天主教。

二　葡萄牙

葡萄牙共和国（The Republic of Portugal）简称葡萄牙，位于欧洲伊比利亚半岛的西南部。葡萄牙的东部和北部连接西班牙，西部和南部是大西洋的海岸，除了欧洲大陆的领土以外，位于大西洋的亚速尔群岛和马德拉群岛也是葡萄牙的领土。

自冰河时代以来，伊比利亚半岛的西南部一直有人类居住，他们主要从事渔猎活动。公元前 11 世纪左右，凯尔特人翻越比利牛斯山进入伊比利亚半岛定居。经过几个世纪的交融，凯尔特人已经和半岛原住民融合。根据古罗马史学家的记述，这些新部族的生活习惯中保留了一些古凯尔特人的习俗，他们被称为凯尔特—伊比利亚人。这一部族又分化为许多新的小部族，其中的一支——卢西塔尼人（Lusitanos）居住在今葡萄牙所在的地区，并被认为是现代葡萄牙人的祖先。

从公元前 3 世纪开始，罗马人入侵伊比利亚半岛，他们在第二次布匿战争中打败了企图占领伊比利亚半岛的迦太基人，之后又打败了土著居民凯尔特—伊比利亚人。到公元前 19 年，罗马人彻底征服了整个伊比利亚

---

① "Country-Profiles/Spain"，欧盟官方网站：https：//european-union. europa. eu/principles-countries-history/country-profiles/spain_en.

② "Population figures"，西班牙国家统计局官方网站：https：//www. ine. es/dyngs/INEbase/en/operacion. htm? c = Estadistica_C&cid = 1254736176951&menu = ultiDatos&idp = 1254735572981.

葡萄牙里斯本热罗尼莫斯修道院

葡萄牙里斯本市贝伦塔

半岛，将其变为罗马帝国的行省。许多当地土著精英自觉学习罗马文化，导致当地的宗教信仰、风俗习惯和语言趋于罗马化。5 世纪初期，日耳曼部落的苏维汇人（Sueves）入侵了今葡萄牙所在区域。之后，苏维汇人被西哥特人征服。

　　711 年，来自北非的摩尔人入侵伊比利亚半岛，西哥特王朝灭亡，仅剩伊比利亚半岛北部的阿斯图里亚斯高地由信奉天主教的哥特贵族掌控。在摩尔人统治时期，今葡萄牙杜罗河以北的地区受伊斯兰文化影响不大，但南部地区尤其是阿尔加维（Algarve）受伊斯兰文化影响较大，主要表现在当地居民的服饰以及城市建筑风格等方面。由于摩尔人的宗教政策比

葡萄牙里斯本市辛特拉王宫

较宽容，当地基督徒仍然可以保持原有的信仰。

　　基督徒在阿斯图里亚斯发起了收复失地运动，旨在跟南部的穆斯林政权作战，试图重新控制伊比利亚半岛。11 世纪末，卡斯蒂利亚国王阿方索六世的女婿勃艮第的亨利帮助阿方索六世从摩尔人手中夺回了托莱多。作为奖励，阿方索六世将今葡萄牙北部的一片土地封给女婿亨利，使之成为葡萄牙伯爵。亨利去世后，其子阿方索·亨里克斯企图摆脱与卡斯蒂利亚等基督教国家的臣属关系而独立。1139 年，阿方索·亨里克斯率军攻占伊比利亚西南部的欧里基（Ourique），并彻底打败了摩尔人的军队。① 他随即摆脱卡斯蒂利亚国王阿方索七世的控制，宣布葡萄牙独立，并加冕为葡萄牙国王，称阿方索一世（Alfonso Ⅰ，1139—1185 年在位），葡萄牙勃艮第王室（House of Burgundy，1139—1383）的统治由此开始。1143 年，在罗马教廷的调停下，卡斯蒂利亚国王阿方索七世与葡萄牙国王阿方索一世签署了《萨莫拉条约》（Treaty of Zamora），卡斯蒂利亚正式承认葡萄牙的独立地位。1147 年，阿方索一世打败摩尔人，占领了圣塔伦（Santarém）。同年，他在欧洲十字军的援助下收复里斯本并定其为国都。

　　阿方索一世在位期间，奖励农耕，修建城市，使葡萄牙的社会经济逐渐得到发展。在阿方索三世（Afonso Ⅲ，1248—1279 年在位）统治时期，

---

① "A Brief History of Portugal", https：//localhistories. org/a-brief-history-of-portugal/.

葡萄牙境内的最后一个摩尔人王国阿尔加维于 1249 年被征服，从而完成了葡萄牙的收复失地运动，奠定了今日葡萄牙的疆域。

1383 年，葡萄牙勃艮第王室的末代国王费尔南多一世（Fernando Ⅰ）去世，留下已嫁给卡斯蒂利亚国王的贝亚特里斯公主继承王位。由于城市商人、平民和一部分贵族担心此举将招致葡萄牙丧失独立，他们反对贝亚特里斯公主继承王位，引发了长达两年的暴力冲突。① 费尔南多一世同父异母的弟弟若昂于 1385 年被拥立为葡萄牙国王，被称为若昂一世（João Ⅰ，1385—1433 年在位），从而开创了葡萄牙阿维什王朝（Dynasty of Avis，1385—1580）。

若昂一世在位时期，葡萄牙确立了向海上发展的国策，为大航海时代的到来吹响了前奏，为葡萄牙的快速发展铺平了道路。1415 年，若昂一世和亨利王子亲自率领军队攻占了非洲西北角的重要城市休达（Ceuta），这个事件也标志着"向内看"的欧洲中世纪的结束和"向外看"的扩张时代的开始。② 在若昂一世的支持和鼓励下，亨利王子创办了航海学校，为葡萄牙培养了大批熟练的航海者，推动了航海探险事业的发展。1427 年，葡萄牙人发现了亚速尔群岛，使之成为大西洋航行的重要补给基地。到 1433 年若昂一世去世时，葡萄牙航海事业步入繁荣期。

哥伦布在西班牙国王的赞助下于 1492 年发现了美洲新大陆，引发了西班牙和葡萄牙两国对新大陆的主权之争。为了调节葡萄牙和西班牙争夺殖民地的纠纷，教皇亚历山大六世于 1494 年实行仲裁，两国签订了《托尔德西里亚斯条约》（Treaty of Tordesillas），同意在佛得角以西 370 里格处划界线，线东的土地属于葡萄牙，线西的土地划归西班牙。

伊曼纽尔一世（Emmanuel Ⅰ，1495—1521 年在位）于 1495 年即位后，葡萄牙的海外扩张达到了鼎盛时期。1513 年，葡萄牙探险家豪尔赫·阿尔瓦雷斯（Jorge Álvares）乘船抵达广东东莞县的屯门，成为第一位乘船抵达中国的欧洲人。葡萄牙人于 1572 年开始公开向中国政府缴纳地租，从而使澳门历史进入葡人"租居"澳门阶段。③ 随着葡萄牙于 16 世纪确立了东方海上交通优势地位，大大推动了葡萄牙的发展，葡萄牙的

① 周世秀：《葡萄牙何以率先走上海外扩张之路》，《世界历史》1999 年第 6 期。
② ［瑞士］戴维·伯明翰：《葡萄牙史》，周巩固等译，东方出版中心 2017 年版，第 14 页。
③ 邓开颂：《葡萄牙占领澳门的历史过程》，《历史研究》1999 年第 6 期。

海上贸易在短短几年里快速增长。① 葡萄牙殖民扩张的方向主要是西非、东方和拉丁美洲，在 15 世纪到 16 世纪的两百年里，葡萄牙殖民势力扩展到非洲、亚洲和拉丁美洲，建立起一个庞大的殖民帝国。

1578 年，时年 24 岁的葡萄牙国王塞巴斯蒂安一世（Sebastian Ⅰ，1557—1578 年在位）战死非洲，由于其没有子嗣，王位由其叔祖父红衣主教恩里克继承，被称为恩里克一世（Henrique Ⅰ，1578—1580 年在位），恩里克以 66 岁高龄还俗成为阿维什王朝最后一位国王，恩里克未有子嗣，他去世后导致阿维什王朝灭亡。西班牙国王菲利普二世（葡萄牙第 14 代国王伊曼纽尔一世的外孙）趁机派出军队攻入葡萄牙，成为葡萄牙新国王。此后，葡萄牙与西班牙形成共主联邦。

16 世纪后期至 17 世纪，葡萄牙走向衰落。由于资本主义发展不平衡是一个客观规律，后起的殖民国家不断赶超原来的殖民国家，荷兰首先在全球各地排挤葡萄牙。进入 17 世纪后，荷兰的阿姆斯特丹取代里斯本成为新的世界贸易中心。经过三次英荷战争，英国海上霸权地位得到确立，荷兰最终被英国排挤出去。② 同时，由于西班牙统治者的横征暴敛，葡萄牙人民陷入贫困的境地，葡萄牙的舰队、海防遭到破坏，之前在东方的一些殖民地也逐渐落入英国及荷兰人手中。

1640 年 5 月，加泰罗尼亚地区爆发了反对西班牙哈布斯堡国王的起义。为了镇压这次起义，葡萄牙的贵族们被发动去加泰罗尼亚参战，从而引起了葡萄牙上层阶级的不满。一部分葡萄牙人聚集在布拉甘萨女公爵卡塔琳娜③（Catarina，Duchess of Braganza）的孙子布拉甘萨公爵若昂（João，Dukes of Braganca）的周围，发动政变控制了代表西班牙国王菲利普四世（Philip Ⅳ）行使权力的曼图阿女公爵（Duchess of Mantua）和她的国务大臣。

布拉甘萨公爵若昂正式加冕成为葡萄牙国王，称若昂四世（João Ⅳ，1640—1656 年在位），布拉甘萨王朝（Dynasty of Braganza，1640—1853 年）就此建立。随后，葡萄牙与西班牙进行了历时达 28 年的光复战争（Portuguese Restoration War，1640—1668），在英国的鼎力支持下，葡萄

---

① 鲁慎：《16 世纪初葡萄牙东方海上优势的确立》，《西北第二民族学院学报》（哲学社会科学版）2000 年第 4 期。

② 孔庆榛：《葡萄牙殖民帝国的兴衰》，《历史教学：高校版》1990 年第 6 期。

③ 葡萄牙国王若昂三世的妻子。——作者注

牙最终大获全胜。葡西双方在 1668 年缔结了《里斯本条约》（Treaty of Lisbon），规定西班牙把葡萄牙原来拥有的领土和海外属地除了休达外全部归还给葡萄牙。

在若昂五世（João V，1706—1750 年在位）统治时期，葡萄牙继续推行重商主义的政策，采取措施保护本国的农业生产并扩充工业，用奴隶贸易以及掠夺自巴西的巨大财富使葡萄牙在他的任内中兴。同时，财富的增加使王室的生活开始变得奢华，骄奢淫逸之风在贵族之间蔓延。

1800 年，法国第一执政拿破仑向葡萄牙提出领土要求，遭到拒绝后，法军于 1801 年侵入葡萄牙境内，西班牙乘机也加入了入侵葡萄牙的行列。葡萄牙被迫与法国、西班牙签订了《巴达霍斯和约》（Treaty of Badajoz），葡萄牙割让奥利文萨（Olivenza）给西班牙，让出美洲的一块殖民地给法国，还给予法国商业特权，承担了不让英国船只靠泊葡萄牙港口的义务。

拿破仑借口葡萄牙不愿加入对英国的封锁圈，于 1807 年派兵再次入侵葡萄牙，占领了里斯本。葡萄牙王室与大部分里斯本贵族逃亡到其殖民地巴西里约热内卢，并在 1808—1821 年间将此地当作葡萄牙的首都。面对法国的压迫，葡萄牙爆发了反法起义，在英国的帮助下，法国人于 1811 年被驱逐出葡萄牙。

1820 年，葡萄牙发生了自由党人的革命（Liberal Revolution），并随后在里斯本举行了选举，代表们召开了制宪会议，成立的新政府邀请流亡到巴西的国王若昂六世（João VI，1816—1826 年在位）回国。若昂六世回国后，制宪议会于 1822 年颁布了宪法，宣布葡萄牙为君主立宪制国家，若昂六世批准了这个限制国王权力的宪法，并宣誓尊重宪法的地位。由于葡萄牙制宪议会试图取消若昂六世曾经授予巴西殖民地的各种特权，引起了巴西人民的反抗，留在巴西的若昂六世的儿子佩德罗（Pedro）也反对葡萄牙政府的这项决议。该事件导致整个巴西的反葡情绪高涨，在巴西独立派的推动下，佩德罗拒绝了葡萄牙议会的命令，并于 1822 年 9 月 7 日正式宣布了巴西的独立，他因此成为巴西皇帝佩德罗一世（Pedro I，1822—1831 年在位）。[1]

若昂六世于 1826 年去世后，葡萄牙被激进分子和独裁势力控

---

① 郭元增：《巴西 500 年回眸与展望》，《拉丁美洲研究》2000 年第 3 期。

制。① 由于王位继承人佩德罗是巴西的皇帝，葡萄牙人认为，他既然已经是巴西的君主，就不应该做葡萄牙的国王。因此，佩德罗将葡萄牙王位让与7岁的长女玛丽亚，即玛丽亚二世（Maria Ⅱ），玛丽亚于1826年前往葡萄牙继任王位，佩德罗的弟弟米格尔（Miguel）担任实施自由宪法的摄政王。但是，由于米格尔废黜了玛丽亚自立为王，并废除了宪法，引起了许多葡萄牙人的不满。1831年，巴西皇帝佩德罗一世退位，他的儿子（玛丽亚的弟弟佩德罗二世）登基，佩德罗一世承当起领导自由党人事业的重任，他组成了一支数千人的远征军，于1833年占领里斯本。1834年5月底，米格尔放弃王位，逃亡海外，玛丽亚二世重登王位。

卡洛斯一世（Carlos Ⅰ，1889—1908年在位）在位初期，葡萄牙处于严重的内忧外患之中，国民反对君主制的呼声越来越高，加之英国要求葡萄牙把所有非洲殖民地割让给英国，并以武力迫使葡萄牙接受，卡洛斯一世被迫接受了英国的要求。这一出卖国家利益的做法，更加令葡萄牙人仇视布拉甘萨王朝，共和党人在1891年1月发动革命，声称要推翻封建君主制政体，建立民主共和制政体。但是，由于国王的势力还比较强大，这次起义很快被镇压。

在末代国王曼努埃尔二世（Manuel Ⅱ，1908—1910年在位）统治时期，葡萄牙政局一片混乱，终于导致1910年10月3日爆发了资产阶级革命，共和派新政府宣布废除君主制，实行政教分离原则。次年，葡萄牙颁布了新宪法，并由民主选举产生参众两院，葡萄牙第一共和国成立。

葡萄牙第一共和国前后持续了16年，这一时期国内政治处于持续的无政府状态，政府腐败加之社会骚乱，导致1926年发生了军事政变。卡莫纳元帅（Carmona）上台建立了独裁政府，并请出后来成为法西斯独裁者的萨拉扎（Salazar）组阁执政。这次政变结束了葡萄牙共和时期，进入了长达约半个世纪的军人专制时期。葡萄牙对内推行法西斯专政，对外追随德、意法西斯，帮助佛朗哥军队进攻西班牙共和国政府。

第二次世界大战时期，葡萄牙名义上保持中立，实际上亲近轴心国集团。第二次世界大战结束后，许多欧洲老牌殖民国家自愿或被迫放弃殖民地，但葡萄牙极右派专制政权却拒绝放弃殖民地，仍然维持着庞大的殖民帝国。葡萄牙尝试镇压殖民地发起的反殖民运动，因此爆发了葡属殖民地

---

① ［瑞士］戴维·伯明翰：《葡萄牙史》，周巩固等译，东方出版中心2017年版，第95页。

独立战争（1961—1974年），长久的战争和庞大的军费开支引起了众多葡萄牙人以及中下级军官的反对。1974年4月25日，一批中下级军官接管了国家政权，推翻了萨拉扎建立的独裁体制，众多的平民也置禁令于不顾，自发地加入到了起义之中，他们将康乃馨插到军人的枪中，整个过程几乎没有发生流血事件，因此这次政变又被称为"康乃馨革命"。[1] 革命之后，权力转移到以斯皮诺拉（Spinola）为首的救国委员会手中，该委员会随后颁布了摧毁法西斯体制、释放政治犯及重新制定殖民地政策等一系列新的政策纲领，葡萄牙由此开始了民主化进程。[2]

葡萄牙的民主化进程为加入欧共体创造了政治条件。葡萄牙新政府开始与欧共体进行谈判，双方的谈判取得了一定的进展，签订了一系列议定书。根据相关协议，欧共体在工业、贸易、农业和财政方面向葡萄牙提供了许多优惠。在欧共体成员国工作的葡萄牙人的社会保障、劳动条件和工资待遇等方面获得了与本国工人同等的权利。1977年3月28日，葡萄牙驻欧共体的代表提交了葡萄牙政府关于本国加入欧共体的正式申请。加入欧共体的正式谈判始于1978年10月，双方针对农业、渔业、金融、劳工流动和社会保障等问题展开谈判。

1982年6月，葡萄牙和欧共体双方签订了关于葡萄牙加入欧共体过渡期的议定书，其中列举了限定具体时间降低关税的商品类别，并规定了过渡期的条件。1985年6月12日，双方正式签订了关于葡萄牙加入欧共体的条约。从1986年1月1日起，葡萄牙正式成为欧共体的成员国。

葡萄牙曾是欧共体内的落后国家之一，在其加入欧共体后，其经济发展速度明显加快。从1986年到1989年，该国国内生产总值的增长速度高于欧共体的平均水平。葡萄牙国内生产总值的规模从1985年的207亿美元增加到了1989年的435亿美元，葡萄牙的人均总收入从1985年的2310美元增长到1989年的4590美元，几乎增长了一倍。[3] 葡萄牙经济的快速发展与加入欧共体后获得的资金援助有着直接的关系，据官方统计，1986—1990年间，葡萄牙向欧共体共交纳16.1亿美元，而从欧共体得到

---

① David Birmingham, *A Concise History of Portugal*, Cambridge：Cambridge University Press, 1993, p. 184.

② 刘长新：《试析冷战背景下的葡萄牙康乃馨革命》，《安徽史学》2017年第3期。

③ ［葡］阿·康斯坦丁诺夫、申生：《加入欧共体：葡萄牙克服经济落后的途径》，《国际经济评论》1991年第5期。

的资金达 49 亿美元，是其缴纳的 3 倍多。①

自 1995 年 3 月 26 日起，葡萄牙成为首批申根国家，并于 1999 年 1 月 1 日起成为首批加入欧元区的国家。得益于欧盟的援助，葡萄牙的工业加速转型，经济发展速度加快。根据 2018 年的统计数据，葡萄牙出口总额的 76% 为欧盟内部贸易，进口总额的 76% 来自欧盟成员国。② 在第 9 届欧洲议会 705 个席位中，葡萄牙拥有 21 个席位。

葡萄牙总面积约 9.22 万平方公里，总人口约 1034 万（截至 2021 年）。③ 葡萄牙的主体民族为葡萄牙族，人口约占总人口的 95%。④ 葡萄牙的官方语言为葡萄牙语，居民主要信奉天主教。

三　意大利

意大利共和国（The Republic of Italy）简称意大利，位于欧洲南部，包括亚平宁半岛及西西里、撒丁等岛屿。意大利北部以阿尔卑斯山为屏障，与法国、瑞士、奥地利、斯洛文尼亚接壤，东、南、西三面分别临地中海的属海亚得里亚海、爱奥尼亚海和第勒尼安海。

现代考古发现，从旧石器时代开始，今意大利所在地区就曾有人类居住。公元前 2000 年左右，古意大利部落分布于此。公元前 900 年左右，当地出现了伊特鲁里亚文明，这一文明主要由伊特鲁里亚人（Etruscans）创造。伊特鲁里亚人居住于台伯河、阿诺河流域和亚平宁山脉之间，控制了今意大利北部地区。伊特鲁里亚人建立了众多城邦小国，后渐被大国所吞并。伊特鲁里亚全盛时期的势力范围包括从阿尔卑斯山到墨西拿海峡的大部分地区，但其在海上的扩张遭到希腊人和迦太基人的遏制。

---

① 陈家瑛：《葡萄牙与欧共体》，《瞭望》1992 年第 1 期。

② "Country‐Profiles/Portuga"，欧盟官方网站：https://european‐union.europa.eu/principles‐countries‐history/country‐profiles/portugal_en.

③ "População residente"，葡萄牙统计局官方网站：https://www.ine.pt/xportal/xmain?xpgid=ine_main&xpid=INE.

④ "Explore All Countries‐Portugal"，https://www.cia.gov/the‐world‐factbook/countries/portugal/.

凯撒遇刺事件（公元前 44 年）

意大利古罗马斗兽场遗址

　　伊特鲁里亚人在向北和向南进行领土扩张的过程中，他们建立了塔克文王朝，统治古罗马达百年之久。公元前 6 世纪，罗马人赶走了担任国王的伊特鲁里亚人，决定不再立新的国王，结束了古罗马的王政时代，进入罗马共和国时期（公元前 509 年至前 27 年）。罗马共和国由元老院、执政官和部族会议三权分立。

　　罗马人认为他们是特洛伊人的后代，他们主要居住于今意大利中部地区，位于伊特鲁里亚人分布地区的南面。从公元前 483 年到前 396 年，罗马人与伊特鲁里亚人先后进行了三次战争，史称"维爱战争"（Veientine

意大利米兰大教堂广场

War），最终罗马人征服了伊特鲁里亚人。伊特鲁里亚逐步罗马化，罗马逐渐成为意大利中部的强国，开始向南部扩张。公元前 280 年至前 275 年，罗马同意大利南部的希腊移民城邦他林敦（今塔兰托）展开激战。在迦太基的帮助下，罗马人攻占了他林敦，统一了意大利南部。

迦太基位于今突尼斯北部，原为腓尼基人的殖民地，后脱离母邦而独立。从公元前 7 世纪到前 3 世纪，迦太基先后控制了西班牙南面的皮提乌萨群岛、西班牙本土的加的斯，以及地中海上的撒丁岛、科西嘉岛和西西里岛上的部分地区，从而与罗马势力发生冲突。[1] 为和迦太基争夺地中海霸权，罗马和迦太基于公元前 264 年至前 146 年发生了 3 次战争，被称为"布匿战争"（Punic Wars）。迦太基战败，罗马征服了迦太基并使之成为归属于罗马的阿非利加省，在此期间，意大利北部也几乎全部被罗马人征服。[2] 布匿战争是罗马征服地中海世界最为关键的战争，是罗马由弱转强的重大转折，使罗马成为地中海的霸主，推动了罗马共和国的兴旺发达。

从公元前 214 年至前 148 年，罗马共和国和马其顿王国之间发生了 4 次战争，史称"马其顿战争"（Macedonian Wars），最终罗马控制了马其

---

① 刘自成：《论布匿战争性质的转换》，《贵州大学学报》（社会科学版）1998 年第 2 期。

② ［意］路易吉·萨尔瓦托雷利：《意大利简史》，沈珩等译，商务印书馆 2013 年版，第 25 页。

顿王国，使其成为罗马共和国的一个行省，这标志着罗马征服了整个希腊地区。面对罗马威势，位于小亚细亚西北部的帕加马王国最后一个国王阿塔罗斯三世于公元前 133 年立下遗嘱，将国家拱手让给罗马。公元前 129 年，在镇压了帕加马奴隶、贫民起义后，帕加马最终被罗马吞并，成为罗马的亚细亚行省。至此，罗马控制了东地中海地区，建立起横跨欧、亚、非三洲的强国。

在公元前 1 世纪中期，罗马共和国发生了政治危机和社会动荡，社会矛盾开始尖锐起来，各地奴隶起义不断，建立在城邦基础上的共和政体已不再适应变化的形势。奴隶主阶级为了维护统治地位，他们把权力交给军事将领，从而发展为军事独裁，最终共和制被帝制代替。对奴隶主阶级打击最大的是发生在公元前 73 年的斯巴达克起义，虽然这场起义最终被镇压，但这次起义的时间之长、范围之大、影响之深是史无前例的，标志着罗马的共和制已经失去了生存的基础。

由于这一时期战争的频繁发生，罗马的大权逐渐落入了个人的手中，继而产生了军事独裁，军事指挥官的权力越来越大。罗马统帅苏拉（Sulla）打败了民主派后，建立起罗马历史上的第一个军事独裁政治。在苏拉死后，凯撒、庞培、克拉苏三人由于政治需要结为同盟——"前三头同盟"，共同执掌罗马大权。当克拉苏战死后，凯撒在内斗中获胜，成为新的独裁官。凯撒的改革使一些支持共和制的元老非常不满，他们于公元前 44 年刺杀了凯撒。凯撒死后，罗马的政治又陷入混乱之中，屋大维迫于形势和安东尼、雷必达结成了"后三头同盟"。公元前 31 年，屋大维利用罗马人对安东尼另娶新妻（埃及女王克莱奥帕特拉七世）及所谓遗嘱的不满情绪，撤销了安东尼三头执政的"最高统治权"，罗马元老院向埃及女王宣战，屋大维在亚克兴海战中大败安东尼，占领并吞并了埃及，成为帝国的唯一的主宰。[①] 公元前 27 年，元老院授予屋大维"奥古斯都"的称号，正式确立了元首制的军事独裁，宣告了罗马帝国的建立。

屋大维通过改革军事制度确立了皇帝的最高军权，结束内乱纷争并逐渐稳定下来的罗马帝国再度开始对外扩张。公元前 19 年，罗马帝国向西征服了伊比利亚半岛。在东北方向，罗马帝国扩张到了多瑙河的上游及中

---

① ［意］路易吉·萨尔瓦托雷利：《意大利简史》，沈珩等译，商务印书馆 2013 年版，第 35 页。

游, 设立了雷蒂亚、诺里克、潘诺尼亚、默西亚等行省。从公元前 12 年开始, 罗马帝国逐渐征服了莱茵河到易北河之间的土地, 但新征服的土地不断发生暴动。公元 9 年, 罗马军队在条顿堡森林战役中遭到日耳曼人的伏击而全军覆没, 罗马帝国不得不放弃莱茵河到易北河之间的土地。到了公元 1 世纪末和 2 世纪初的图拉真时代, 罗马帝国的疆域达到了极盛状态, 其领土东起美索不达米亚和亚美尼亚, 西迄西班牙和不列颠, 南达埃及和北非, 北至莱茵河与达西亚 (今罗马尼亚), 成为一个地跨亚、非、欧三大洲的名副其实的大帝国。①

虽然罗马人用武力统一了地中海世界, 但将罗马帝国境内的各个民族和各种文化统一起来的是基督教。基督教于公元 1 世纪产生于罗马帝国统治下的巴勒斯坦地区, 从犹太教中产生了基督教。从公元 64 年尼禄皇帝第一次公开迫害基督徒, 到公元 313 年君士坦丁皇帝颁布承认基督教为合法宗教的《米兰敕令》(Edict of Milan), 基督教最终成了罗马帝国的国教。②

从公元 2 世纪末期开始, 罗马帝国逐渐走向衰落。罗马帝国的衰亡经历了一个漫长的过程, 罗马公民的道德退化、共和制及其精神的泯灭、公民美德的丧失、禁卫军制度等都是危机的要素。③ 英国著名的史学家爱德华·吉本 (Eduard Gibbon) 认为, 罗马禁卫军失控的疯狂行为是罗马帝国衰败的最初征兆和动力。④ 他提出, 军队的蛮族化及蛮族入侵, 基督教在帝国内的不断发展, 最终使西部帝国遭受灭顶之灾。⑤

自 4 世纪中叶开始, 罗马帝国外部面临大批蛮族入侵, 内部面临奴隶反抗斗争、政治腐败等严峻形势, 两股力量冲击着帝国的统治。公元 375 年, 受匈人西侵影响, 西哥特人开始大举迁入罗马帝国, 罗马帝国东部皇帝瓦伦斯 (Valens, 364—378 年在位) 用西哥特人来充实其军队。大量

---

① 赵林:《基督教与罗马帝国的文化张力》,《学术月刊》2015 年第 4 期。

② 张法:《基督教的起源与世界史的重写》,《武汉理工大学学报》(社会科学版) 2004 年第 3 期。

③ 刘林海:《史学界关于西罗马帝国衰亡问题研究的述评》,《史学史研究》2010 年第 4 期。

④ [英] 爱德华·吉本:《罗马帝国衰亡史》(上册), 黄宜思等译, 商务印书馆 1997 年版, 第 98 页。

⑤ [英] 爱德华·吉本:《罗马帝国衰亡史》(下册), 黄宜思等译, 商务印书馆 1997 年版, 第 139—140 页。

西哥特人源源不断地迁入多瑙河流域，而罗马帝国在此地区的兵力十分薄弱，导致事态失去了控制。当一些罗马士兵虐待西哥特移民时，一场广泛的西哥特起义于 376 年爆发。瓦伦斯被迫御驾亲征，他率领的罗马帝国精锐部队于 378 年在亚得里亚堡之战（Battle of Adrianople）中被西哥特人彻底击败，瓦伦斯本人受伤后被困在一间木屋中被烧死，罗马帝国从此一蹶不振。

395 年，罗马皇帝西奥多修斯一世（Theodosius Ⅰ，379—395 年在位）逝世。他在临终前将帝国分与两个儿子继承，罗马帝国从而被分裂为东、西罗马帝国。东罗马帝国的都城为君士坦丁堡，该城在希腊古城拜占廷的基础上建立，因此东罗马帝国又称拜占廷帝国。起初拜占廷帝国的疆域包括巴尔干半岛、小亚细亚、叙利亚、巴勒斯坦、埃及、美索不达米亚及外高加索的一部分。到了皇帝查士丁尼一世（Justinian Ⅰ，527—565 年在位）在位时，又将北非、意大利和西班牙的东南部并入版图。

西罗马帝国的最后一任皇帝罗慕拉斯二世（Romulus Ⅱ，475—476 年在位）于 476 年被日耳曼雇佣军首领奥多亚塞（Odoacer）废黜，西罗马帝国灭亡，欧洲古典文明就此终结。奥多亚塞宣称效忠于东罗马帝国皇帝弗莱维尤斯·泽诺（Flavius Zeno），但他把意大利的统治权掌握在自己手里。493 年，奥多亚塞被东哥特王西奥德里克（Theoderic，493—526 年在位）杀死，西奥德里克建立了名义上臣属于拜占廷帝国的东哥特王国（Ostrogothic Kingdom，493—553 年），辖意大利北部和中部。

西奥德里克去世后不久，东罗马帝国皇帝查士丁尼一世以争取王位继承为借口，于 533 年对东哥特王国用兵，试图重夺意大利，以恢复罗马帝国在西方的领土，东罗马军队在贝利撒留（Belisarius）与纳尔西斯（Narses）的领导下取得了极大的成功。554 年，东罗马军队最终占领了东哥特王国。为指导意大利的重建，查士丁尼一世颁布了《国事诏书》（Pragmatica Sanctio），就东哥特王国遗留下的法律的存废以及一些具体的法律问题做出规定。

瘟疫和战火让意大利的人口凋敝，而拜占廷帝国占据了意大利后，不仅没有采取发展民生的休养生息政策，反而对其大肆掠夺。这种行为为伦巴底人（Langobardi，日耳曼人的一支）的入侵提供了可乘之机。查士丁尼一世去世后不久，伦巴底人开始南下入侵意大利，他们早已谙熟意大利，其一支部队曾参与过纳尔西斯对东哥特王国的征战。① 568 年，伦巴底人在其首领阿尔博因（Alboin）的带领下，越过阿尔卑斯山入侵意大利北部，占领了伦巴底和托斯卡纳等地，建立了伦巴底王国（Lombard Kingdom，568—774）。一年后，伦巴底人已经征服了波河以北除帕维亚以外的主要城市，并占领了亚平宁半岛的中部和南部地区。

伦巴底王国的国王由最高等级的贵族和当地公爵选举产生，王国被划分为数量不等的公国，由公爵以半自治方式进行统治。在伦巴底王国存在的大部分历史时期中，由拜占廷帝国统治的拉文纳总督辖省（Exarchate of Ravenna）及罗马公国（Duchy of Rome）将伦巴底北部公国（Langobardia Major）与南部斯波莱托公国（Duchy of Spoleto）及贝内文托公国（Duchy of Benevento）隔开。

751 年，伦巴底人占领拉文纳并废黜了东罗马帝国的总督，彻底结束了拜占廷帝国在亚平宁半岛上的势力。面对伦巴底人的威胁，教皇请求法兰克国王进行援助。法兰克国王丕平三世曾在公元 754—756 年出兵意大利，大败伦巴底人，逼其交出了以往侵占的土地，并将这些土地赠送给教皇。教皇以此为基础在意大利中部建立起政教合一的教皇国，成为今日梵蒂冈城国的前身。773 年，法兰克国王查理曼大帝征服伦巴底王国，废黜了伦巴底末代国王德西迪留斯（Desiderius）。一年后，查理曼大帝占领了伦巴底王国首都帕维亚，把伦巴底王国并入法兰克王国。

许多西方史学家认为，在伦巴底人统治期间，伦巴底人和罗马原住民已经进行了融合。如乔瓦尼·维兰尼（Giovani Villani）认为，伦巴底人在统治意大利期间成为意大利人的一部分；马基雅维利认为，伦巴底人在意大利期间已经不把自己当作外国人了；穆拉托里认为罗马人和伦巴底人已经变成了同一个民族。②

法兰克王国于 843 年分裂后，统治着意大利北部的中法兰克王国并没有像东、西法兰克那样走向强大，导致其对意大利的控制力减弱。9 世纪末期，意大利逐渐脱离法兰克人的控制，成为一个半独立的国家。951 年，奥托一世应天主教教皇约翰十二世（John XII，955—964 年在位）的

---

① ［意］路易吉·萨尔瓦托雷利：《意大利简史》，沈珩等译，商务印书馆 2013 年版，第 66 页。

② Alessandro Manzoni, *Discorso Sopra Alcuni Punti Della Storia Longobardica in Italia*, Milano: Centro Nazionale Studi Manzoniani, 2005, p. 187.

要求入侵意大利，平息了当地叛乱，征服了意大利北部的伦巴底地区。奥托一世于 962 年由教皇约翰十二世加冕称帝，此后北意大利便作为神圣罗马帝国的一部分，长期受到德意志君主的控制。在德意志人统治意大利期间，意大利发生了较大的变化，其中最显著的标志就是商业城市的兴起。随着中世纪经济的复苏和东方贸易的繁荣，意大利的一些城市人口激增，经济实力增强，甚至逐渐形成了自治的城市国家。新兴的市民阶级迫切地需要摆脱神圣罗马帝国的统治，因此与德意志封建主的冲突不可避免。由于德意志封建主的崛起和皇权争夺的日趋激烈，神圣罗马皇帝无暇顾及意大利，只能任由各城市扩张自治权。意大利中世纪最显著的特征是北部城邦国家的崛起，其中著名的有米兰公国（Duchy of Milan，1395—1797）、威尼斯共和国（Republic of Venice，697—1797）、热那亚共和国（Republic of Genoa，1005—1797）、佛罗伦萨共和国（Republic of Florence，1115—1569），等等。

12 世纪，意大利北部的城市建立了伦巴底联盟（Lombard League），该联盟于 1176 年在莱尼亚诺（Legnano）击败了神圣罗马皇帝腓特烈一世（Frederick Ⅰ），并于 1183 年签署了《康斯坦茨和约》（Peace of Constance），约定腓特烈一世放弃在意大利北部城市任命官吏等权力，这些城市有权选举自己的执政官，各城市承认神圣罗马皇帝的宗主权，皇帝派代表行使司法权，解决各城市的上诉案件。

在意大利南部，拜占廷帝国曾于 6 世纪统治了那不勒斯地区。当代表拜占廷权力中心的拉文纳于 751 年被伦巴底人占领后，那不勒斯地区成立了那不勒斯公国（Duchy of Naples，763—1137），该公国于 763 年在公爵斯蒂芬二世带领下，由效忠拜占廷帝国转为效忠罗马的教皇。到 11 世纪，那不勒斯公国经常雇佣诺曼人作战。之后，诺曼人的影响大为增强，其首领罗杰二世（Roger Ⅱ）于 1137 年控制了那不勒斯公国，并让那不勒斯公国并入诺曼人建立的西西里王国（Kingdom of Sicily，1130—1860）。[①] 至此，意大利一分为三，北部成为神圣罗马帝国的一部分，中部属于教皇国领地，南部建立了诺曼人统治的西西里王国。

在 12 世纪到 13 世纪，由于缺乏强有力的中央王权，意大利形成了与阿尔卑斯山以北的欧洲封建国家明显不同的政治模式，由寡头控制的城邦

---

① "History of Naples"，https：//www.naples-napoli.com/history_naples.htm.

成为地方政府的普遍形式，许多独立的城邦通过商业繁荣起来。14 世纪时，随着工厂手工业和商品经济的发展，资本主义生产关系已在欧洲封建制度内部逐渐形成。在文化艺术上，欧洲开始出现反映新兴资产阶级利益和要求的新文化，其中以意大利文艺复兴（Renaissance）最为典型。意大利文艺复兴从意大利北部开始，然后传播至整个欧洲，在 15 世纪晚期达到全盛。文艺复兴不仅仅影响了意大利的历史进程，而且对整个欧洲产生了巨大的影响，最终也对整个世界产生了不容否认的历史影响。①

经历文艺复兴洗礼的意大利在 15 世纪成为一个经济繁荣发达、文化辉煌灿烂的富庶之地，在政治上却是四分五裂。意大利内部分为罗马教廷、威尼斯、佛罗伦萨、热那亚、那不勒斯和米兰等 6 个主要势力，大致上维持着政治势力上的均势，此外还有一众小国。意大利诸势力在发生内部争斗时，习惯于寻求外国的支持，使得国外列强对意大利内部事务越来越感兴趣。

1494 年，米兰公国的内斗成为意大利战争（Italian Wars, 1494—1559）爆发的导火索。随后，欧洲各国（包括多数意大利城邦、教皇国、法兰西王国、神圣罗马帝国、西班牙王国、英格兰王国、奥斯曼帝国等）相继参战，演变成一场几乎覆盖意大利全境的欧洲列强争霸战。意大利战争标志着此后法国与哈布斯堡家族的西班牙和奥地利之间长达 300 年之久的争斗的开始，在客观上促成欧洲政治经济中心由地中海转移到大西洋，一个以西欧为中心的欧洲国家体系初步形成，为 1648 年最终确立的威斯特伐利亚国家体系奠定了必要的基础。②

1559 年，英国、西班牙与法国缔结了《卡托—康布雷齐和约》（Peace of Cateau-Cambresis），意大利战争结束，西班牙控制了意大利，意大利落入西班牙哈布斯堡王朝的控制中。西班牙控制了西西里、那不勒斯③、撒丁、米兰公国和意大利中部的部分领地。在西班牙控制意大利的 150 多年（1559—1713 年）中，西班牙总督掌握着各领地的统治权，通过把采邑和爵位赏赐或出卖给封建贵族，以增强与西班牙有联系的封建势力的实力。意大利的贵族和僧侣享有免税的特权，城乡人民承担着沉重的

---

① 张禹东、李相军：《资本主义世界历史生成的内在逻辑》，《学术研究》2019 年第 4 期。

② 周桂银：《意大利战争与欧洲国家体系的初步形成》，《史学月刊》2002 年第 11 期。

③ 1282 年西西里晚祷事件后，那不勒斯与西西里分离，直至 1442 年被阿拉贡国王阿方索一世再次统一。——作者注

赋税。

17世纪，意大利依然处于政治分裂和经济衰落的状态。这一时期欧洲爆发了三十年战争，西班牙为筹集战争的军费以及维持庞大官僚机构的开支，不断加重意大利人民的赋税。意大利那不勒斯、西西里等地区爆发了反对西班牙人暴政的起义，但最终都被镇压。在西班牙王位继承战争（1701—1714年）中，法国波旁王朝与奥地利哈布斯堡王朝争夺西班牙王位，最终导致西班牙的意大利属地被瓜分，萨伏依获得西西里和部分米兰公国的土地；奥地利获得了今意大利的大部分领土（撒丁尼亚、米兰公国的部分地区、那不勒斯王国等）和整个西属尼德兰（包括今比利时大部分地区）以及莱茵河地区部分领土。1720年，萨伏依被迫将西西里岛让与奥地利，换取了撒丁岛，并在此基础上建立了撒丁—皮埃蒙特王国（也称为撒丁王国），辖意大利西北部的皮埃蒙特、萨伏依公国和撒丁岛，设首都于都灵。

法国大革命爆发后，奥地利和撒丁王国组成联军，干涉法国大革命。拿破仑指挥法军于1796—1797年在意大利北部对奥地利和撒丁联军实施了一系列作战行动。拿破仑征服了北意大利和大部分的中意大利后，集中力量同奥地利军队作战。奥地利军队遭到惨败，被逐出意大利。1799年初，拿破仑征服了意大利的大部分地区，消灭了意大利封建君主制，除并入法国的部分外，拿破仑在亚平宁半岛建立了意大利共和国。1805年，拿破仑将意大利共和国改为意大利王国，亲自兼任意大利国王。[1] 拿破仑退位后，奥地利吞并了亚平宁半岛北部，意大利王国灭亡。

拿破仑的统治唤醒了意大利人的民族意识，意大利各地区的闭塞性被打破，他们不再分别按地域自称撒丁人、西西里人或伦巴底人，而是都以意大利人自称。1815年维也纳会议结束后，意大利再次被肢解，分为撒丁王国、伦巴底威尼托王国、帕尔马公国、摩德纳公国、托斯卡纳大公国、教皇国、两西西里王国[2] 7个地区。[3] 除撒丁王国外，其他地区均直

---

① 赵克毅：《试论拿破仑对意大利的战争》，《河南师大学报》（社会科学版）1980年第3期。

② 波旁家族的费迪南德一世于1816年将西西里和那不勒斯两个王国合并为两西西里王国。——作者注

③ 罗曼诺·乌果里尼：《加里波第与意大利的统一：从国家到人类》，《厦门大学学报》（哲学社会科学版）2011年第2期。

接或间接受奥地利统治。

为争取民族独立和国家统一，意大利人民进行了长期的武装斗争。撒丁王国作为意大利唯一独立的君主立宪制国家，是意大利力量最强、经济最发达的邦国，也是意大利资产阶级自由派的中心，越来越多的意大利人希望由撒丁王国来领导意大利的统一大业。1848年1月，两西西里王国西西里岛的首府巴勒莫（Palermo）首先爆发起义，建立了资产阶级临时政府，揭开意大利独立战争的序幕。1849年初，罗马爆发革命，起义民众推翻了教皇政权，宣布建立罗马共和国，资产阶级民主派领袖马志尼、加里波第等领导了新诞生的罗马共和国。[①] 罗马教皇向欧洲天主教国家求援，法国、奥地利、西班牙和两西西里王国军队联合进攻罗马共和国，罗马共和国于当年被颠覆。

19世纪50年代后，意大利民族复兴运动再度高涨。意大利大资产阶级和自由派贵族企图借助法国势力收复被奥地利占领的领土，以实现国家统一。法皇拿破仑三世则以"解放"意大利为借口，企图扩张领土。1858年，撒丁王国首相加富尔和拿破仑三世缔结了反奥军事同盟，法国应允出兵协助撒丁，计划将奥地利势力逐出伦巴底和威尼斯，其条件是要求撒丁将萨伏依和尼斯割让给法国。撒法联军于1859年击败奥军，为意大利中部地区的独立创造了条件。之后，托斯卡纳、帕尔马、摩德纳和教皇国等邦国先后爆发起义，推翻了君主政权。

拿破仑三世对意大利不断高涨的民族解放运动感到担忧，决定单独同奥地利缔结停战协定。奥地利同意将伦巴底交由法国转让给撒丁，但仍占领威尼斯，并从法国得到恢复托斯卡纳等邦君主政权的保证。撒丁迫于法国压力与奥地利签订和约，承认了法奥停战协定。意大利人民对此极为愤慨，意大利中部诸邦人民纷纷开展武装斗争，抵制君主政权复辟，推进国家统一。1860年，中部各邦举行公民投票，决定正式并入撒丁王国。随后，南意大利也经由公民投票并入了撒丁王国。

1861年，第一届意大利议会召开，宣布成立意大利王国，原撒丁国王维克托·伊曼纽尔二世（Victor Emmanuel Ⅱ）为意大利国王（1861—1878年在位）。1866年，普奥战争爆发，意大利同普鲁士结盟，收复了

---

① 赵克毅、辛益：《意大利民族解放运动在1848年欧洲革命中的作用与意义》，《河南大学学报》（哲学社会科学版）1986年第1期。

威尼斯。1870 年，普法战争爆发，法国战败，意大利乘机收复了受法国控制的罗马。教皇被剥夺世俗权力，退居梵蒂冈，意大利统一完成。意大利独立和统一的实现，开启了建构现代民族国家的进程，完成了精英们梦寐以求的民族解放、国家独立统一的历史使命。①

意大利统一后，于 1882 年与德意志帝国和奥匈帝国签订三国同盟，但在第一次世界大战中，意大利加入协约国一方。由于意大利在战后并未完全得到英法应允的土地，加上战争为意大利经济和社会带来的巨大冲击，意大利国内形势持续动荡，法西斯党利用这一局势攫取了政权。1922 年，墨索里尼率先在意大利建立人类历史上第一个法西斯政权。② 在第二次世界大战中，意大利站在轴心国一方。第二次世界大战结束后，意大利国内遭受了严重的经济衰退和社会分裂，民众要求废除君主制。1946 年 6 月 2 日，经过公民投票，意大利宣告废除君主立宪制，建立意大利共和国。

1947 年 6 月 5 日，美国国务卿马歇尔正式提出了后来被称为"马歇尔计划"的欧洲复兴计划，并确定了具体的受援国，意大利成为受援国之一。1948—1952 年间，意大利从"马歇尔计划"中得到了约 120 亿美元的援助。③ 从现实层面看，意大利参与"马歇尔计划"不仅改善了国内严峻的经济形势，也使意大利获得了重新参与国际外交的机会。意大利与法国、联邦德国、比利时、卢森堡、荷兰于 1950 年就"舒曼计划"展开谈判，并于 1951 年 4 月共同签署了《巴黎条约》，推动了欧洲煤钢共同体成立，意大利成为该组织的创始国。

煤钢共同体的成功实践，促使各成员国产生了把共同市场扩大至运输、农业、核工业等其他领域的想法。1955 年 6 月 1 日，参加欧洲煤钢共同体的法国、意大利、联邦德国、荷兰、比利时和卢森堡等 6 国外长在意大利墨西拿（Messina）举行会议，建议将煤钢共同体的原则推广到其他经济领域，建立共同市场。1957 年 3 月 25 日，欧洲煤钢共同体 6 国外长在罗马签订了《建立欧洲经济共同体条约》和《建立欧洲原子能共同体条约》，这两个条约统称为《罗马条约》（Treaty of Rome）。该条约经法

---

① 青觉、谭刚：《民族主义：意大利复兴运动及民族国家建构的精神动力》，《世界民族》2017 年第 1 期。

② 陈祥超：《意大利与 20 世纪的法西斯主义》，《世界历史》2001 年第 1 期。

③ "Infrastructure, Development and the Marshall Plan", https：//economics.ucla.edu/2020/07/01/infrastructure-development-and-the-marshall-plan/.

国、意大利、联邦德国、荷兰、比利时和卢森堡等 6 国议会批准后，于 1958 年 1 月 1 日正式生效，标志着欧洲经济共同体的正式诞生。意大利自 1997 年 10 月 26 日起成为申根区国家，1999 年 1 月 1 日起成为首批加入欧元区的国家。根据 2018 年的统计数据，意大利出口总额的 56% 为欧盟内部贸易，进口总额的 59% 来自欧盟成员国。① 在第 9 届欧洲议会 705 个席位中，意大利拥有 21 个席位。

意大利国土面积约 30.13 万平方公里，总人口约 5960 万（截至 2020 年）。② 意大利的主体民族为意大利族，人口约占总人口的 92%。③ 少数民族有撒丁族、弗留利族、德意志族、罗姆族、克罗地亚族、阿尔巴尼亚族等。意大利的官方语言为意大利语，居民主要信奉天主教。

四　克罗地亚

克罗地亚共和国（The Republic of Croatia）简称克罗地亚，位于欧洲中南部，巴尔干半岛的西北部。克罗地亚的西北和北部分别与斯洛文尼亚和匈牙利接壤，东部和东南部与塞尔维亚、波斯尼亚和黑塞哥维那、黑山为邻，南濒亚得里亚海，拥有众多岛屿。

自史前时代起，今克罗地亚境内就有人类居住，考古学家曾在克罗地亚北部发现了可追溯至旧石器时代中期的尼安德特人化石。在铁器时代，伊利里亚人和凯尔特人相继进入此地区，形成了早期的伊利里亚哈尔施塔特文化（Hallstatt Culture）和凯尔特拉特文化（La Tène Culture）。

公元前 4 世纪左右，分布于今克罗地亚、斯洛文尼亚和波黑境内的伊利里亚人形成了松散的部落联盟，成为东南欧地区的一支重要势力。马其顿国王菲利普二世带领马其顿军队于公元前 358 年击溃了伊利里亚人，从而占领了伊利里亚人的大片领土。马其顿国王亚历山大大帝去世后，伊利

---

① "Country-Profiles/Italy"，欧盟官方网站：https://european-union.europa.eu/principles-countries-history/country-profiles/italy_en.

② "Population and households"，意大利统计局官方网站：https://www.istat.it/en/population-and-households.

③ "Largest Ethnic Groups of Italy"，https://www.worldatlas.com/articles/largest-ethnic-groups-of-italy.html.

发生于 1526 年的摩哈赤战役

克罗地亚普拉市普拉竞技场

里亚人乘机摆脱了马其顿的控制，建立了一些独立的小王国。

　　在这一时期，部分伊利里亚人的海盗行为引起了罗马人的反感，由于在亚得里亚海航行的罗马商船经常受到伊利里亚海盗的抢劫，罗马人以此为借口入侵了巴尔干半岛。公元前 229 年，罗马人发动了第一次伊利里亚战争，扶持迪米特留斯（Demetrius）以制衡敌视罗马的伊利里亚统治者图塔（Teuta）。由于后来迪米特留斯背叛了罗马，他支持沿海部落的海盗

克罗地亚普利特市戴克里先宫

活动，从而导致公元前 220 年至前 219 年发生了第二次伊利里亚战争。① 尽管马其顿国王菲利普五世（Philip V）帮助了伊利里亚，但罗马人最终于公元前 168 年在皮德纳战役（Battle of Pydna）中击败马其顿，进而征服了整个巴尔干半岛。

西罗马帝国灭亡后，政治上属于东罗马帝国的伊利里亚地区不断受到外来蛮族（如西哥特人、匈人、东哥特人等）的入侵，在这些蛮族最终离开或融入当地后，克罗地亚人的祖先斯拉夫人的克罗地亚部落从东欧平原开始西迁，大约于公元 5 世纪开始进入巴尔干半岛并定居下来，原住民伊利里亚人逐渐被同化。

到 8 世纪上半叶，斯拉夫部落建立起较强的部落联盟。随着法兰克王国的兴起，克罗地亚的部分地区被法兰克王国占领。公元 843 年，法兰克帝国被分成三部分，趁法兰克帝国的衰落，克罗地亚逐渐走向统一。845—864 年期间，特尔皮米尔（Trpimir）大公建立了幅员辽阔的克罗地亚大公国，从而开创了特尔皮米尔王朝。尽管特尔皮米尔大公承认法兰克的宗主国地位，但大公拥有完整的统治权，他在 852 年发表的宪章也是克罗地亚历史上首次使用"克罗地亚"这个名称的官方文件。② 东法兰克王

---

① A. M. Eckstein, "Polybius, Demetrius of Pharus, and the Origins of the Second Illyrian", *Philology*, Vol. 89, No. 1, 1994.

② 刘必权：《世界列国志·克罗地亚》，川流出版社（台北）2008 年版，第 2 页。

国没落后，拜占廷帝国征服了克罗地亚，克罗地亚人民对于依从拜占廷帝国的特尔皮米尔大公之子兹德斯拉夫（Zdeslav）十分不满，由此引发了政治动乱，兹德斯拉夫被赶下台，拜占廷帝国的影响力也因此消失。879年，布拉尼米尔（Branimir）大公上台执政，由于拥有教皇约翰八世的支持，克罗地亚也因此成为真正独立的国家。

910年，拜占廷帝国承认了克罗地亚的统治者——托米斯拉夫（Tomislav）的政权。[1] 托米斯拉夫大公于925年始称国王，成为克罗地亚历史上的第一位国王。在他统治期间，克罗地亚不仅取得达尔马提亚和潘诺尼亚的统治权，还先后击退了马扎尔人、保加尔人的进犯，并从威尼斯人手中夺取了达尔马提亚海岸一系列城镇，国力进一步强大，克罗地亚也从公国转为王国。

11世纪下半叶，克罗地亚王国在佩塔尔·克雷希米尔四世（Petar Krešimir Ⅳ，1058—1074年在位）与德米塔尔·兹沃尼米尔（Dmitar Zvonimir，1075—1089年在位）的统治期间发展较快，这一时期克罗地亚引进并建立了封建制度，国王任命支持其统治的贵族成为地区的封建领主，一些强大的贵族将受封的土地转变为世袭的封地。1075年，教皇格列高利七世为兹沃尼米尔加冕。这是第一个正式由教皇加封的克罗地亚国王，从此扩大了克罗地亚的影响，提高了其在欧洲的地位。

为了应教皇格列高利七世让克罗地亚出兵参加十字军运动的要求，兹沃尼米尔召集贵族进行商议，但遭到了一些贵族的反对，兹沃尼米尔被人暗杀。由于兹沃尼米尔没有留下继承人，贵族们选举了佩塔尔·克雷希米尔四世的侄子斯蒂芬二世（Stephen Ⅱ，1089—1091年在位）为国王，当他于1091年逝世后，没有继承人的特尔皮米尔王朝就此终结。

兹沃尼米尔的王后海伦娜（Helena）是匈牙利国王拉迪斯劳斯一世（Ladislaus Ⅰ，1077—1095年在位）的妹妹，拉迪斯劳斯一世以此主张对克罗地亚王位的继承权，他于1091年几乎占领了整个克罗地亚，这标志着中世纪匈牙利王国扩张时期的开始。克罗地亚人对此进行了反抗，爆发了反对马扎尔人统治的起义。1097年，匈牙利国王卡洛曼（Coloman）击溃克罗地亚人的抵抗，杀死了并不被教皇承认的最后一位具有克罗地亚人血统的国王佩塔尔·斯瓦契奇（Petar Svačić，1093—1097年在位）。克罗

---

① ［美］约翰·R.兰普：《南斯拉夫史》，刘大平译，东方出版中心2016年版，第17页。

地亚贵族被迫承认马扎尔人的统治权，克罗地亚于 1102 年并入了匈牙利，形成共主联邦。

此后，克罗地亚由匈牙利国王指派的总督和本国的议会管理。这一时期的克罗地亚面临着东西方的压力，一方面东方的奥斯曼帝国正在崛起扩张；另一方面，西方的威尼斯一直想夺取亚得里亚海沿岸的控制权。15 世纪上半叶，威尼斯人逐渐控制了达尔马提亚的大部分地区。奥斯曼帝国于 1463 年征服了克罗地亚东部的波斯尼亚全境，从而与克罗地亚接壤。

奥斯曼帝国对克罗地亚的征服始于 15 世纪末期，奥斯曼帝国在 1493 年的克尔巴瓦原野战役（Battle of Krbava Field）与 1526 年的摩哈赤战役（Battle of Mohács）中彻底打败了克匈联军，匈牙利与波希米亚共同的国王拉约什二世（Lajos Ⅱ，1516—1526 年在位）战死于摩哈赤。由于担心被奥斯曼帝国统治，克罗地亚贵族议会于 1529 年宣布归顺于奥地利哈布斯堡王朝，承认费迪南德一世（Ferdinand Ⅰ，1558—1564 年为神圣罗马皇帝）为克罗地亚新的统治者。

奥斯曼帝国在 16 世纪进一步向西方扩张，占领了克罗地亚的大部分地区。在 1593 年的西萨克战役（Battle of Sisak）中，奥斯曼军队首次在克罗地亚领土上被神圣罗马帝国及克罗地亚联合军队击退，这也是奥斯曼帝国在近百年来的扩张战争中遭受到最惨重的失败之一，双方在边境地带的力量转为均势。这场战役之后，奥斯曼帝国正式对哈布斯堡王朝宣战，与哈布斯堡王朝展开了长期的战争，漫长的战争导致奥斯曼帝国的国势趋弱。

与奥斯曼帝国的战争对克罗地亚的人口流动产生了影响，许多克罗地亚人移民至奥地利，分布于今奥地利布尔根兰州（Burgenland）的克罗地亚人就是当时移民者的后裔。为了充实边疆，哈布斯堡王室呼吁波斯尼亚和塞尔维亚的东正教徒迁入克罗地亚，特别是在 17 世纪上半叶，塞尔维亚人迁入克罗地亚达到最高峰。[1] 在奥斯曼撤军后，这些居民并未离去，形成了今克罗地亚国境内的塞族聚集地——克拉伊纳（Krajina）。

1699 年，欧洲联军与奥斯曼帝国签订了《卡尔洛维茨条约》（Treaty of Karlowitz），该条约的缔结标志着奥斯曼帝国正式转入守势。奥地利获

---

① John R. Lampe and Marvin R. Jackson, *Balkan Economic History*, 1550-1950: *From Imperial Borderlands to Developing Nations*, Bloomington: Indiana University Press, 1982, p. 62.

得除巴纳特之外的整个匈牙利、斯拉沃尼亚、特兰西瓦尼亚和克罗地亚广大地区。之后，由于奥地利女皇玛丽亚·特蕾西娅在 1740—1748 年的奥地利王位继承战争中得到了克罗地亚人的支持，她为克罗地亚的发展作出了一定的贡献。

拿破仑战争期间，奥地利参与了反法战争，在 1805 年的第三次反法同盟战争中被法国打败，从而被迫将威尼托（Veneto）、部分伊斯特里亚（Istria）、达尔马提亚（Dalmatia）、科托尔（Kotor）等地割让给法国控制下的意大利王国。1809 年，第五次反法同盟战争爆发，奥地利再度战败，拿破仑取得整个伊斯特里亚、萨瓦河右岸到乌纳河之间的克罗地亚地区，设置了伊利里亚省控制其领土，用于封锁中欧通过亚得里亚海和英国建立联系。1813 年，奥地利军队重新占领了伊利里亚省，在维也纳会议后收复了被占领的土地。

进入 19 世纪之后，克罗地亚民族意识开始觉醒，一方面受法国大革命民族主义思想的影响；另一方面和克罗地亚民族资产阶级的成长有关。18 世纪以来，资本主义在克罗地亚得到初步发展，一批具有进步思想的知识分子于 19 世纪成长起来。克罗地亚资产阶级在 19 世纪上半叶发起了称为"伊利里亚运动"（Illyrian Movement）的民族复兴运动，旨在唤醒民族意识，倡导民族统一和独立。面对克罗地亚的分裂状况，克罗地亚的部分政治家谋求依托已经独立的塞尔维亚，通过倡导全体南斯拉夫人的联合来解决克罗地亚的统一问题。[①]

奥匈帝国在第一次世界大战中战败，为克罗地亚摆脱其统治提供了机遇，克罗地亚与塞尔维亚、斯洛文尼亚和其他南斯拉夫人居住的地区于 1918 年组成了共同的国家——塞尔维亚人、克罗地亚人和斯洛文尼亚人王国（Kingdom of the Serbs, Croats, and Slovenes）。由于新国家中的塞尔维亚人推行大塞尔维亚主义，克罗地亚人受到歧视与排挤。1921 年，塞尔维亚人、克罗地亚人和斯洛文尼亚人王国通过了《维多夫丹宪法》（Vidovdan Constitution），规定国家实施中央集权体制，取消了克罗地亚人的自治权，从而遭到了提倡实行联邦制的克罗地亚人和斯洛文尼亚人的反对。

1929 年，国王亚历山大一世（Alexander Ⅰ，1921—1934 年在位）发

---

① 张世满：《试析克罗地亚走向独立的历史进程》，《世界历史》1997 年第 4 期。

动了政变，废除了宪法，解散了国民议会，从而建立了独裁统治。为了强调他统治的是一个统一的王国，亚历山大一世把国名改为南斯拉夫王国。国王的独断专横引起了资产阶级的不满和外国投资者的担心，加上 1929 年爆发的世界性经济大萧条的冲击，迫使亚历山大一世在 1931 年 9 月制定新宪法和恢复国民议会，实行两院制，但政府仍只对国王负责。

南斯拉夫王国的独裁统治令克罗地亚人强烈不满，在克罗地亚相关政党的领导下，经过长期的协商，南斯拉夫首相拉吉沙·兹韦特科维奇（Dragiša Cvetković）与克罗地亚农民党主席弗拉德科·马切克（Vladko Maček）达成协议，于 1939 年 8 月签署了《兹韦特科维奇—马切克协议》（Cvetković-Maček Agreement），赋予了克罗地亚高度自主权。南斯拉夫中央政府保留国防、国内治安、外交等方面的权力，其余事务交给克罗地亚议会管理。

在第二次世界大战中，南斯拉夫被卷入。德国和意大利入侵巴尔干半岛，之后联合盟友匈牙利王国及保加利亚王国进攻南斯拉夫，对南斯拉夫进行肢解。克罗地亚、波斯尼亚和斯洛文尼亚北部及塞尔维亚的伏伊伏丁那建立了服从于纳粹德国和意大利的傀儡政权——克罗地亚独立国（The Independent State of Croatia，1941—1945 年）。意大利迫使克罗地亚割让了达尔马提亚的部分地区，匈牙利也占领了克罗地亚北部的一些土地。

克罗地亚法西斯领导人安特·帕韦利奇（Ante Pavelić）与其领导的法西斯组织乌斯塔沙（Ustaše）掌握了独立国的控制权，该组织实施恐怖统治，对犹太人展开迫害，将塞尔维亚人与罗姆人关押到集中营。1945 年，乌斯塔沙被由铁托率领的人民军击溃，克罗地亚再度并入南斯拉夫，成为南斯拉夫联邦中的一个共和国，克罗地亚收回了之前被意大利和匈牙利吞并的土地。1945 年 11 月 29 日，南斯拉夫联邦人民共和国宣告成立，联邦由包括克罗地亚在内的 6 个自治共和国组成，每个共和国都有自己的宪法、议会和政府，享有较大的自治权。南斯拉夫最高权力机关联邦议会由各共和国选出的代表组成，共同行使最高决策权。

由于政治地位、经济利益、语言文字、宗教信仰等方面的原因，南斯拉夫境内出现了中央与地方的矛盾，后逐渐升级为民族问题。克罗地亚人作为南斯拉夫联邦内人口第二大民族，与人口最多的塞尔维亚人因为历史和现实利益等方面的原因而存在着矛盾。在各种因素的共同影响下，克罗地亚先后爆发了两次大规模的民族主义运动。1967 年 3 月 17 日，克罗地亚多名作家和知识分子联名签署了《关于克罗地亚文字语言的名称和地位的宣言》，抗议塞尔维亚对克罗地亚语言文字的歧视，要求让克罗地亚语成为一门独立的语言，从而引发了一场持续近5年的社会危机。这一事件导致了1971年的"克罗地亚之春"事件，3万多名克罗地亚大学生罢课，要求联邦修宪、允许克罗地亚拥有自己的军队和支配其经济的权力，联邦政府最终出动军警强行平息了学生运动。

　　20世纪80年代以来，随着南斯拉夫经济和政治危机的加深以及民族矛盾的激化，克罗地亚走上了脱离南斯拉夫、建立独立国家的道路。1990年，克罗地亚代表正式要求重组联邦，将政体改为更为松散的邦联，但遭到塞尔维亚、黑山、马其顿代表的反对，克罗地亚代表因此宣布无限期退出代表大会。同年，克罗地亚举行了首次多党选举，主张独立的"克罗地亚民主联盟"在弗拉尼奥·图季曼（Franjo Tuđman）的率领下在选举中获胜，赢得了众多选民支持并获得了议会大多数席位，新成立的克罗地亚议会选举图季曼为国家总统。面对克罗地亚的独立势头，克罗地亚的塞族人于1990年通过公投，决定在克罗地亚境内塞族人聚居的地区建立三个塞尔维亚人自治区，即克拉伊纳自治区（SAO Krajina）、西斯拉夫尼亚自治区（SAO Western Slavonia），以及东斯拉沃尼亚、巴拉尼亚和西斯雷姆自治区（SAO Eastern Slavonia, Baranja and Western Syrmia）。

　　在德国的鼓动下，克罗地亚于1991年6月25日宣布脱离南斯拉夫联盟而独立，其境内的克拉伊纳自治区抢先一天宣布脱离克罗地亚，并于1991年12月19日成立了塞族人主导的"塞尔维亚克拉伊纳共和国"（The Republic of Serbian Krajina），在与波黑接壤的塞族区控制了占克罗地亚三分之一的领土。① 南斯拉夫人民军及塞族人的准军事部队与克罗地亚部队的武装冲突逐渐升级，最终在1991年末引爆了克罗地亚的独立战争。

　　1992年1月15日，克罗地亚的独立得到欧共体的承认，随后联合国也接纳克罗地亚为成员国。在联合国调停介入下，克罗地亚境内的战事逐渐平息，但克罗地亚政府与塞族独立政权的问题一直无法解决。为了巩固独立成果与结束战争，克罗地亚于1995年8月发动了"风暴行动"，迅速瓦解了"塞尔维亚克拉伊纳共和国"政权，结束其境内的军事对抗。1995年11月，克罗地亚共和国与塞族政权签订《伊尔杜协议》（Erdut A-

---

①　戚德刚：《"塞尔维亚克拉伊纳共和国"》，《光明日报》2011年7月22日第8版。

greement），决定在"塞尔维亚克拉伊纳共和国"东部地区设立联合国东斯拉夫尼亚、巴拉尼亚与西斯雷姆过渡机构，协助该地区回归克罗地亚；当月 21 日，塞尔维亚、克罗地亚与波黑在美国俄亥俄州签订了《代顿协议》（Dayton Accords），结束了克罗地亚境内的战争，克罗地亚收复了大部分的失地。之后，联合国驻克罗地亚行政当局将权力移交克罗地亚政府，克罗地亚完成了全国统一。

克罗地亚独立后，将参与欧洲一体化作为国家发展的优先事项。2001 年，克罗地亚与欧盟签署了《稳定联盟协议》（Stabilisation and Association Agreement，简称为 SSA），迈出了走向欧盟的第一步。2003 年 2 月 21 日，克罗地亚正式提交了入盟申请。2005 年 10 月 3 日，欧盟在对克罗地亚进行认真考察后决定开始同克罗地亚进行入盟谈判，但并未确定克罗地亚入盟的时间表。为了达到入盟标准，克罗地亚按照"哥本哈根标准"，在政治、经济和司法领域进行了改革，取得了显著的成效。

在克罗地亚的积极努力下，欧盟于 2004 年 6 月宣布克罗地亚已经满足了"哥本哈根标准"的政治条件，同意给予克罗地亚候选国的地位，并且将启动入盟谈判。在加入欧盟的艰难谈判过程中，克罗地亚在公共生活的各个领域进行了深层次结构性改革，以满足欧盟在市场效率和法治等方面的准入标准。2011 年 6 月 3 日，克罗地亚完成了与欧盟的谈判。之后，欧盟通过了关于接纳克罗地亚的决定，双方正式签署了入盟条约。2012 年 1 月 22 日，克罗地亚就是否加入欧盟举行全民公投，有约 66% 的选民支持加入欧盟。① 2013 年 7 月 1 日，克罗地亚正式成为欧盟的成员国。

目前克罗地亚尚未加入欧元区和申根区，但其表示将在满足相应条件后加入。克罗地亚加入欧盟之后，进出口贸易发展态势良好，根据 2018 年的统计数据，克罗地亚出口总额的 68% 为欧盟内部贸易，进口总额的 78% 来自欧盟成员国。② 在第 9 届欧洲议会 705 个席位中，克罗地亚拥有 12 个席位。

---

① "European Neighbourhood Policy and Enlargement Negotiations/ Croatia", https：// ec. europa. eu／neighbourhood-enlargement/croatia_en.

② "Country - Profiles/Croatia"，欧盟官方网站：https：//european - union. europa. eu/ principles-countries-history/country-profiles/croatia_en.

克罗地亚总面积约 5.65 万平方公里，总人口约 407 万（截至 2022 年 2 月）。[1] 克罗地亚的主体民族为克罗地亚族，人口约占总人口的 90.4%。[2] 少数民族有塞尔维亚族、波什尼亚克族、匈牙利族、斯洛文尼亚族等。克罗地亚的官方语言为克罗地亚语，居民主要信奉天主教。

五　斯洛文尼亚

斯洛文尼亚共和国（The Republic of Slovenia）简称斯洛文尼亚，位于欧洲中南部，巴尔干半岛西北端。西接意大利，北邻奥地利和匈牙利，东部和南部与克罗地亚接壤，西南濒亚得里亚海。

斯洛文尼亚布莱德湖

在铁器时代，今斯洛文尼亚境内分布着伊利里亚人和凯尔特人部落。之后，罗马人于公元前 2 世纪下半叶征服了整个巴尔干半岛。在罗马人的统治下，当地土著居民开始了罗马化进程。在欧洲民族大迁徙时期，由于该地区位于从潘诺尼亚平原到意大利半岛的主要通道上，因此遭受了匈人、阿瓦尔人的入侵。罗马于 4 世纪末放弃了该地区，导致该地区大多数

---

① "Croatia population", https：//www.populationof.net/croatia/.

② "Largest Ethnic Groups in Croatia", https：//www.worldatlas.com/articles/largest－ethnic－groups－in－croatia.html.

斯洛文尼亚洛加尔山谷

斯洛文尼亚皮兰古城

城镇被摧毁。5世纪后期，该地区成为东哥特王国的一部分。之后，东哥特王国、拜占廷帝国和伦巴底王国对这一地区进行了反复争夺。

　　斯拉夫人的斯洛文尼亚部落大约于6世纪迁徙至斯洛文尼亚。此时，他们已经使用一种独立的南部斯拉夫语言，这种语言把他们和塞尔维亚人或克罗地亚人区别开来。① 他们在定居过程中逐渐吸收了当地的凯尔特文

　　① ［美］约翰·R.兰普：《南斯拉夫史》，刘大平译，东方出版中心2016年版，第34页。

化和伊利里亚文化，并且接受了阿瓦尔人的统治。在拜占廷军队击败阿瓦尔人之后，斯洛文尼亚部落接受了萨摩公国的统治，其聚居地位于萨摩公国的最南端。

萨摩公国走向瓦解后，分布于卡尼奥拉（Carniola，今斯洛文尼亚西部）的斯洛文尼亚部落再次被阿瓦尔人统治，而卡拉万克山脉以北（今奥地利南部和斯洛文尼亚北部地区）的斯洛文尼亚部落建立了独立的卡兰塔尼亚（Carantania）公国，该公国于8世纪后期开始被法兰克人统治。此后，这些斯洛文尼亚部落开始信仰基督教，成为当今斯洛文尼亚人的祖先。

随着阿瓦尔汗国在8世纪末期被法兰克人和保加尔人击溃，卡尼奥拉的斯洛文尼亚人逐渐扩散到潘诺尼亚平原以及伊斯特里亚。根据843年划分法兰克王国的《凡尔登条约》，斯洛文尼亚人在东法兰克王国的统治下再次联合起来。

896年，马扎尔人越过喀尔巴阡山，向西进入潘诺尼亚平原。马扎尔人通过战胜大摩拉维亚帝国以及打败东法兰克军队，占领了潘诺尼亚平原。但是，德意志国王奥托一世于955年在莱希河畔的莱希费尔德战役（Battle of Lechfeld）中彻底击溃了马扎尔人，从而结束了马扎尔人的侵扰。之后，卡兰塔尼亚的斯洛文尼亚人开始向东迁徙，从而确定了斯洛文尼亚人和克罗地亚人、马扎尔人之间的边界。从11世纪至14世纪，斯洛文尼亚民族逐渐开始形成。这一时期斯洛文尼亚领土被纳入神圣罗马帝国之中，主要由施蒂里亚、卡尼奥拉、克恩顿和伊斯特里亚构成。大约从14世纪起，哈布斯堡家族控制了斯洛文尼亚。

1463年，奥斯曼帝国征服了波斯尼亚王国后，对北部的斯洛文尼亚人的居住地区进行侵略。此后，斯洛文尼亚成为奥地利和奥斯曼帝国以及海上强权威尼斯争夺的战场，多次遭受战争摧残，最终奥地利基本守住了这一地区。

在16世纪中后期，宗教改革运动推动了第一批斯洛文尼亚语的书籍、公众图书馆、印刷工厂的产生，在此期间，使用斯洛文尼亚语撰写的书籍和斯洛文尼亚语《圣经》的出版，成为斯洛文尼亚文学的开端，构筑了斯洛文尼亚的民族认同。在16世纪末开展的反宗教改革运动（Counter-Reformation）中，一些新教传道者及学者或重归天主教信仰，或离开了本地区，新教组织遭到了破坏。

　　由于反宗教改革运动的胜利，德意志文化在这个区域的影响减弱，而意大利文化的影响则逐渐增强。随着 17 世纪末奥斯曼帝国势力从中多瑙河地带全面撤出，以及之后哈布斯堡王朝女君主玛丽亚·特蕾西娅（Maria Theresia，1740—1780 年在位）进行的改革，推动了斯洛文尼亚民族复兴运动。在此期间，斯洛文尼亚语在教学中得到使用，从而促进了斯洛文尼亚语的统一，斯洛文尼亚各个地区之间的联系更加紧密。

　　19 世纪初，法国占领了斯洛文尼亚，将斯洛文尼亚合并于新组建的伊利里亚省之中。在法国统治斯洛文尼亚时期（1809—1813 年），由于拿破仑针对英国进行了"大陆封锁"政策，影响了斯洛文尼亚的商业发展。但是，在法国统治下，斯洛文尼亚地区实行了法律面前人人平等、男子义务兵役制和统一的税收制度，进行了现代行政管理，将国家和教会的权力分开，并将司法机关国有化。此外，法国统治者第一次将斯洛文尼亚语作为官方用语，并在初级和高级学校里广泛推广斯洛文尼亚语，大大促进了斯洛文尼亚民族主义思想的发展。

　　1813 年，奥地利再次对法宣战后，派军占领了伊利里亚省。根据维也纳会议决议，伊利里亚省归还奥地利，奥地利于 1816 年在此地建立了伊利里亚王国（Kingdom of Ilyria，1816—1849)[1]，奥地利皇帝兼任伊利里亚国王，德语再次在当地的学校和政府机关中使用。在这一时期，斯洛文尼亚民族统一观念在知识分子群体中形成。这种民族主义思潮在 1848 年的欧洲革命中得到了进一步的发展，推动了"统一斯洛文尼亚"（United Slovenia）运动的形成。该运动要求在斯洛文尼亚的学校和政府中推广斯洛文尼亚语，将奥地利帝国统治下的斯洛文尼亚人团结起来，要求奥地利当局尊重斯洛文尼亚人的民族特性，争取斯洛文尼亚自治乃至独立。在该运动的推动下，斯洛文尼亚语重新在当地的学校中得到使用，并在中等学校中设为一门教学科目。在经历 1848 年革命的失败后，随着伊利里亚运动的逐渐消亡，伊利里亚王国被解散。[2]

　　到 19 世纪末，随着斯洛文尼亚一些政党（如天主教民族党、民族党等）的建立，斯洛文尼亚民族独立运动得到了进一步发展。1917 年，奥匈帝国的南斯拉夫代表在《五月宣言》（May Declaration）中要求将在哈

---

① 包括卡林西亚、卡尼奥拉和的里雅斯特与伊斯特里亚和戈里齐亚等地。——作者注

② 王觉非：《欧洲历史大辞典》（下），上海辞书出版社 2007 年版，第 1213 页。

布斯堡家族统治下的斯洛文尼亚人、塞尔维亚人、克罗地亚人统一为一个独立的、民主的国家。①《五月宣言》成为 20 世纪斯洛文尼亚历史上最重要的国家政治纲领之一。

一战结束后，斯洛文尼亚与克罗地亚、塞尔维亚和其他南斯拉夫人居住的地区于 1918 年一起组成了共同的国家——塞尔维亚人、克罗地亚人和斯洛文尼亚人王国（Kingdom of the Serbs, Croats, and Slovenes）。原塞尔维亚王国末代国王成为该王国的首任国王彼得一世（Peter Ⅰ，1918—1921 年在位），新王国成立后，由于国内各民族的不满情绪和骚动，尤其是克罗地亚人的独立要求，国王亚历山大一世（Alexander Ⅰ，1921—1934 年在位）转向独裁，于 1929 年把国名改为南斯拉夫王国（Kingdom of Yugoslavia）。

1941 年 4 月，南斯拉夫遭到轴心国的入侵，迅速被德国、意大利以及匈牙利占领并被割据。意大利占领了斯洛文尼亚南部的卢布尔雅那，在当地实行法西斯制度，并任命了意大利的统治专员，一些政治人物、警察以及公务员选择与法西斯当局合作。由共产党领导的斯洛文尼亚自由阵线以反抗外来侵略者、统一斯洛文尼亚领土为目标，他们坚持武装斗争，对占领军开展了顽强抵抗。

第二次世界大战结束后，南斯拉夫各族人民于 1945 年成立了南斯拉夫联邦人民共和国（1963 年改称南斯拉夫社会主义联邦共和国）。在 1946 年通过的南斯拉夫联邦人民共和国宪法中，斯洛文尼亚成为南斯拉夫联邦的六个加盟共和国之一。斯洛文尼亚虽然是南斯拉夫境内最发达的地区，但其上缴的财政收入却大量用以补贴南部较不发达的加盟共和国，这让很多斯洛文尼亚人感到不公平。

20 世纪后半叶，斯洛文尼亚在南斯拉夫联邦中率先要求独立。早在 1989 年 9 月，斯洛文尼亚议会就通过了多项宪法修正案，规定只有斯洛文尼亚议会才有权决定在斯洛文尼亚境内实行紧急状态和采取特别措施；同时规定斯洛文尼亚拥有在全民公决基础上脱离南斯拉夫联邦以及同其他共和国结盟的自主权，等等。斯洛文尼亚于 1990 年 4 月在南斯拉夫联邦诸共和国中率先举行多党议会大选，由 6 个政党组成的民主反对派联盟

---

① "Declaration in May 1917", https://www.muzej-kamnik-on.net/en/exhibitions/declaration-in-may-1917/.

"德莫斯"（Demos）获得多数票，组建了南斯拉夫联邦中第一个非共产党执政的政府。"德莫斯"掌权后加速了独立进程，1990年12月23日，斯洛文尼亚就独立问题进行公民投票，绝大多数人赞成独立。

1991年6月25日，斯洛文尼亚议会通过决议，宣布脱离南斯拉夫联邦成为独立的共和国，由此引发了十日战争（Ten-Day War）①。这场战争从1991年6月27日开始，历时十天左右结束。当年7月7日，南斯拉夫联邦和斯洛文尼亚在欧共体的调停下达成了停火协议。1992年5月22日，斯洛文尼亚加入联合国。

自独立以来，加入欧盟成为斯洛文尼亚的战略目标。1996年6月，斯洛文尼亚正式向欧盟提交了加入申请，欧盟委员会于1997年就斯洛文尼亚加入欧盟发表意见，认为斯洛文尼亚已经为民主发展和尊重人权提供了保障，确认了斯洛文尼亚的入盟资格，并于1998年3月开启了与斯洛文尼亚的入盟谈判。1999年4月，欧洲议会在一项决议中提出，斯洛文尼亚拥有维护法治的民主结构，并且满足"哥本哈根标准"的经济条件，但司法、内政和内部市场等方面的改革缺乏成效。② 此后，斯洛文尼亚在相关领域进行了改革，并继续与欧盟进行谈判，最终于2002年底顺利完成了加入欧盟的谈判工作。2003年3月23日，斯洛文尼亚就是否加入欧盟举行全民公投，有约89.2%的选民赞成加入欧盟。③

自2004年1月1日起，斯洛文尼亚正式成为欧盟的成员国，并于2007年1月1日加入欧元区，于2007年12月21日起成为申根国家。加入欧元区后，斯洛文尼亚进出口贸易发展良好，根据2016年的统计数据，斯洛文尼亚出口总额的75%为欧盟内部贸易，进口总额的71%来自欧盟成员国。④ 在第9届欧洲议会705个席位中，斯洛文尼亚拥有8个席位。

斯洛文尼亚总面积约2.03万平方公里，总人口约210万（截至2021

---

① 又称斯洛文尼亚独立战争，由于边界关卡问题斯洛文尼亚与南斯拉夫联邦之间发生了武力冲突。——作者注

② "Slovenia and the Enlargement of the European Union", https：//www. europarl. europa. eu/enlargement/briefings/9a3_en. htm.

③ "European Union Candidate Countries：2003 Referenda Results", https：//crsreports. congress. gov/product/pdf/RS/RS21624/4.

④ "Country - Profiles/Slovenia", 欧盟官方网站：https：//european - union. europa. eu/principles-countries-history/country-profiles/slovenia_en.

年）。① 斯洛文尼亚的主体民族为斯洛文尼亚族，人口约占总人口的83.1%。② 少数民族有塞尔维亚族、克罗地亚族、波什尼亚克族、德意志族等。斯洛文尼亚的官方语言为斯洛文尼亚语，居民主要信奉天主教。

六　马耳他

马耳他共和国（The Republic of Malta）简称马耳他，是一个位于地中海中心的岛国，有"地中海心脏"之称。

大约于公元前 10 世纪起，腓尼基人居住于今马耳他姆迪纳地区（Mdina）。之后，希腊人约于公元前 7 世纪在马耳他群岛建立了殖民地。到公元前 4 世纪左右，马耳他群岛开始受迦太基人统治，其统治时间大约持续了两个半世纪。

马耳他巨石神庙

在第一次布匿战争期间（First Punic War，公元前 264 年至公元前 241年），罗马执政官马库斯·阿提留斯·雷古鲁斯（Marcus Atilius Regulus）征服了马耳他群岛，但之后迦太基人又将其夺回。在第二次布

---

① "Prebivalci Slovenije"，斯洛文尼亚统计局官方网站：https：//www. stat. si/statweb.

② "Explore All Countries-Slovenian"，https：//www. cia. gov/the-world-factbook/countries/slovenia/.

马耳他姆迪纳圣保罗大教堂

马耳他首都瓦莱塔

匿战争中（Second Punic War，公元前218年至前201年），马耳他群岛再次被罗马占领。此后，罗马将其命名为梅利塔（Melita）。公元1世纪，马耳他群岛在罗马帝国的统治下逐渐走向繁荣。

罗马帝国走向分裂后，马耳他群岛主要受拜占廷帝国统治，期间曾被汪达尔人和东哥特人占领过一段时间。尽管马耳他群岛被拜占廷帝国统治了约有4个世纪，但这一时期遗留下来的资料较少。870年，马耳他被阿拉伯入侵者征服。① 阿拉伯人对马耳他群岛开展了长达两个世纪的统治，阿拉伯人的到来使阿拉伯语与岛上原有的迦太基语结合，形成含有迦太基语成分的阿拉伯语，为马耳他语的形成奠定了基础。② 此外，阿拉伯人在岛上引进了新的灌溉技术以及农业，推动了当地农业生产的发展。

11 世纪，一群来自诺曼底的军队进入南意大利，试图建立一个新的王国，马耳他群岛的阿拉伯人被迫向军队统领罗杰上缴税贡。罗杰的儿子继承父志，建立了西西里王国，成为该王国的首任国王罗杰二世（Roger Ⅱ，1130—1154 年在位）。罗杰二世于 1127 年将马耳他群岛纳入版图，马耳他群岛成为西西里王国的一部分。

在西西里国王坦克雷德（Tancred，1189—1194 年在位）统治期间，西西里海军将领马加里托（Margarito）被坦克雷德封为首任马耳他伯爵（Counts of Malta）。霍亨斯陶芬家族执政西西里王国时期，马耳他群岛从属于神圣罗马帝国，成为侯爵国。1249 年，神圣罗马皇帝腓特烈二世（Frederick Ⅱ，1220—1250 年在位）宣布，居住在马耳他群岛的穆斯林必须接受天主教，否则将被逐出该岛，马耳他群岛进一步天主教化。

1266 年，法王路易九世的弟弟安茹公爵查理（Charles of Anjou）在教皇克莱门特四世（Clement Ⅳ，1265—1268 年在位）的支持下对西西里王国进行讨伐，西西里国王曼弗雷德（Manfred，1258—1266 年在位，神圣罗马皇帝腓特烈二世之子）被杀死，西西里王位被安茹王朝夺取，查理成为西西里国王查理一世（Charles Ⅰ，1266—1285 年在位），马耳他群岛从而接受了安茹王朝统治。

恢复拜占廷帝国的皇帝迈克尔八世·巴列奥略（Michael Ⅷ Palaiologos，1261—1282 年在位）于 1282 年联络曼弗雷德的女婿阿拉贡国王佩德罗三世（Pedro Ⅲ，1276—1285 年在位）发动了"西西里晚祷"事件，这场叛乱迅速蔓延到整个西西里岛，几乎导致整个法国驻军的死亡。③ 此后，西西里岛脱离西西里王国而独立，西西里王国从此一分为

① "The Arab conquest of Malta in 870"，https：//www. um. edu. mt/library/oar/bitstream/123456789/53512/1/The_Arab_conquest_of_Malta_in_870. PDF.

② 梁清：《国家利益视角下的马耳他语言教育政策研究》，《国别和区域研究》2020 年第1 期。

③ Dennis Castillo，*The Maltese Cross：A Strategic History of Malta*，Westport：Praeger，2005，p. 33.

二，北部（那不勒斯半岛）由安茹家族统治，被称为那不勒斯王国，而西西里岛（包括马耳他群岛）则归属于阿拉贡王国。在阿拉贡统治时期，马耳他群岛建立了地方贵族制度，阿拉贡王子成为马耳他伯爵。

15—16 世纪，奥斯曼帝国大举进攻欧洲并力图控制地中海，奥斯曼帝国军队于 1522 年将十字军东侵时期成立的天主教圣约翰骑士团驱逐出其驻地罗得岛。由于马耳他群岛处于扼守东西地中海交通要道以及沟通南欧与北非之间的海道，马耳他群岛成为重要的海上军事要塞。在教皇克莱门特七世（Clement Ⅶ）和西班牙国王查理五世（Charles Ⅴ）的许可下，马耳他群岛于 1530 年被赠予了圣约翰骑士团（Knights of St John），圣约翰骑士团成为群岛上的封建领主以及对抗奥斯曼帝国的驻防军。1565 年，奥斯曼帝国派出 3 万余人的军队进攻马耳他群岛，在经过 4 个月的激战后，奥斯曼帝国军队被骑士团大教长瓦莱特（Valette）领导的骑士打败，从而击退了奥斯曼帝国的围攻。此后，圣约翰骑士团统治马耳他长达 200 余年。在圣约翰骑士团统治时期，马耳他群岛上的农业与手工业有了一定的发展，但群岛上的居民与圣约翰骑士团统治者之间一直存在着矛盾。

1798 年，拿破仑率法国军队出征埃及途中，攻占了马耳他群岛，驱逐了圣约翰骑士团并废除其封建特权。拿破仑在马耳他群岛主持了多项改革，主要包括建立新政府、市政当局，废除所有封建特权以及奴隶制，等等。拿破仑离去后，群岛上的居民与法国驻军发生了冲突，直到 1800 年英国军队驱逐了法国驻军，马耳他群岛开始由英国军队控制。

在 1814 年签署的《巴黎条约》中，马耳他群岛被划归英国所有，从此马耳他群岛成为英国的地中海要塞，被当作英国向东扩张的重要据点。第一次世界大战期间，马耳他群岛面临严重的经济和政治危机，马耳他群岛与英国的矛盾激化。1919 年，马耳他群岛首府瓦莱塔爆发了著名的反英暴动，迫使英国于 1921 年颁布了《阿梅里—米尔内尔宪法》（Amery-Milner Constitution），规定马耳他群岛的管理权分属两个政府：一个是"马耳他政府"（Maltese Government），主要管理当地性事务；另一个是"帝国政府"（Imperial Government），管理国防和外交事务。[1]

第二次世界大战结束后，英国实力受到削弱，被迫于 1947 年允许马

---

① "The Malta Garrison 1921"，https：//www.maltaramc.com/regsurg/rs1920_1929/rmo1921.html.

耳他颁布新宪法，实行内部自治。1964 年，马耳他和英国举行制宪和独立会谈，双方就新宪法条款达成协议，英国同意马耳他独立。当年 9 月 21 日，马耳他正式宣布独立，但仍是英联邦成员国。1974 年，马耳他修改宪法，成为共和国。

为了推动本国经济和社会的发展，马耳他将加入欧共体作为国家的发展方向。1990 年，马耳他正式申请加入欧共体。由于 1996 年马耳他政府发生更迭，马耳他的申请被迫暂停。① 直到 1998 年马耳他才再次确定加入欧盟，重新启动了入盟申请，入盟谈判于 2000 年开始。马耳他在推进国内改革中表现出较强的灵活性，不仅迅速建立了私有化、自由化的市场公平竞争规则，消除了保护主义壁垒，而且在农业、渔业、社会劳动、健康和安全问题等领域进行了大规模的改革，这一系列的改革得到了欧盟的肯定和赞赏。2002 年 12 月，欧盟哥本哈根首脑会议决定于 2004 年 5 月 1 日正式接纳马耳他加入欧盟。2003 年 3 月，马耳他就是否加入欧盟举行全民公投，有约 53.6% 的选民赞成加入欧盟。②

自 2004 年 5 月 1 日起，马耳他正式成为欧盟的成员国，并于 2007 年 12 月 21 日起成为申根区国家，于 2008 年 1 月 1 日起加入欧元区。加入欧元区后，马耳他进出口贸易发展良好，根据 2020 年的统计数据，马耳他出口总额的 50% 为欧盟内部贸易，进口总额的 57% 来自欧盟成员国。③ 在第 9 届欧洲议会 705 个席位中，马耳他拥有 6 个席位。

马耳他总面积约 316 平方公里，总人口约 44 万（截至 2021 年）。④ 马耳他的主体民族为马耳他族，人口约占总人口的 95.3%。少数民族有阿拉伯族、意大利族等。马耳他的官方语言为马耳他语，居民主要信奉天主教。

---

① Roderick Pace, "A Small State and the European Union: Malta's EU Accession Experience", *South European Society and Politics*, Vol. 7, No. 1, 2002.

② "European Union Candidate Countries: 2003 Referenda Results", https://crsreports. congress.gov/product/pdf/RS/RS21624/4.

③ "Country-Profiles/Malta"，欧盟官方网站: https://european-union. europa. eu/principles-countries-history/country-profiles/malta_en.

④ "Malta Population", https://countrymeters. info/en/Malta.

七　罗马尼亚

　　罗马尼亚（Romania）位于东南欧巴尔干半岛东北部，北部和东北部分别与乌克兰和摩尔多瓦为邻，南接保加利亚，西南部和西北部分别与塞尔维亚和匈牙利接壤，东南临黑海。

罗马尼亚古城布拉索夫市

罗马尼亚马拉暮莱斯的木结构教堂

罗马尼亚首都布加勒斯特市

据考古发现，在今罗马尼亚境内出现的人类遗骸距今大约 42000 年，这可能是第一批智人到达欧洲的时间。[1] 公元前 2000 年左右，使用印欧语系的原始居民迁徙至喀尔巴阡山—多瑙河地区，这些人与当地处于新石器时代的原始居民融合而形成了色雷斯人（Thracian）。公元前 7 世纪，色雷斯人与希腊人发生接触。希腊历史学家希罗多德认为色雷斯人中有一支为盖塔人（Getae）。[2] 盖塔人在罗马时期分布于今罗马尼亚、摩尔多瓦和保加利亚北部地区，他们被罗马人称为达契亚人（Dacians）。[3]

公元前 1 世纪左右，达契亚人在首领布雷比斯塔斯（Burebistas）的领导下，逐渐走向强盛，对罗马的多瑙河边界构成了威胁。罗马皇帝图拉真为了解除达契亚人的威胁，他在公元 101—102 年和公元 105—106 年先后发动了两次达契亚战争（Dacian Wars），侵占了达契亚人的大部分土地，随后建立了达契亚省。罗马军队驻扎在当地的军事要塞，充当着帝国的前哨，以防御周边的蛮族。在罗马的统治下，达契亚人开始了罗马化进

①　João Zilhão, "Neandertals and Moderns Mixed, and It Matters", *Evolutionary Anthropology*, Vol. 15, No. 5, 2006, p. 185.

②　P. Delev. "Lysimachus, the Getae, and archaeology", *The Classical Quarterly*, Vol. 50, No. 2, 2000.

③　米尔恰·巴贝什：《喀尔巴阡山——多瑙河区域早期历史与文明》，《文明》2016 年第 5 期。

程，逐渐接受拉丁语，并用拉丁字母书写当地语言。[1]

公元2—3世纪，面对蛮族的不断入侵，罗马势力于271年后逐渐撤出了达契亚，此后达契亚被一系列的外来民族占据。例如西哥特人（Visigoths）、匈人（Huns）和日耳曼部落的格皮德人（Gepids），他们在这一地区进行了掠夺和占领，但他们对达契亚—罗马人（罗马尼亚人）的影响不大。在中世纪期间，罗马尼亚人主要分布于三个地区——瓦拉几亚（Wallachia）[2]、摩尔达维亚（Moldavia）[3]和特兰西瓦尼亚（Transylvania）[4]。

6世纪下半叶，阿瓦尔人（Avars）打败格皮德人后，为斯拉夫人大举进入达契亚开辟了道路。之后，斯拉夫人与阿瓦尔人突破了拜占廷帝国的多瑙河边界，占领了巴尔干半岛的大部分，斯拉夫人统治特兰西瓦尼亚直到8世纪。681年，保加利亚第一帝国成立，控制着瓦拉几亚和摩尔达维亚地区。在保加利亚统治下的罗马尼亚人开始信仰东正教，东正教逐渐成为这一地区的主要信仰。到8世纪时，斯拉夫人在达契亚地区取得了政治上和社会上的上层地位。

从公元791年开始，查理曼大帝曾联合保加尔人三次进攻阿瓦尔汗国，致使阿瓦尔人政权于9世纪初期被击溃。此后，阿瓦尔人放弃了多瑙河以北的地区，开始定居于潘诺尼亚平原的西部。保加利亚第一帝国的统治者控制了达契亚地区，占领了阿瓦尔汗国的东部，并接管了当地的斯拉夫部落。

在东罗马帝国对保加利亚开战后，保加利亚第一帝国逐渐走向衰落，瓦拉几亚先后落入佩切涅格人（Pechenegs）[5]与突厥人的手中。10世纪末，匈牙利人征服了喀尔巴阡山北部的特兰西瓦尼亚，将其纳入匈牙利王国的疆域。[6]

在完成对特兰西瓦尼亚的征服后，匈牙利国王继续向东扩张至瓦拉几

---

①　Ian M. Motley, *Romania: A Profile*, New York: Praeger Publishers, Inc., 1970, p. 85.

②　今罗马尼亚南部。——作者注

③　今罗马尼亚东北部以及今摩尔多瓦共和国、今乌克兰北布科维纳地区。——作者注

④　今罗马尼亚西北部。——作者注

⑤　来自中亚大草原的半游牧民族。——作者注

⑥　Paschalis M. Kitromilides, "'Imagined Communities' and the Origin of the National Question in the Balkans", *European History Quarterly*, Vol. 19, No. 2, 1989.

亚。由于这一时期匈牙利王国的实力相对软弱，瓦拉几亚地区的贵族势力逐渐扩大，从而为瓦拉几亚的独立建国奠定了基础。瓦拉几亚公国（Principality of Wallachia，1290—1859）由拉杜·内格鲁（Radu Negru，约1290—1300年在位）大约于1290年建立，该公国当时受匈牙利王国的控制。1330年，瓦拉几亚大公巴萨拉布一世（Basarab Ⅰ，约1310—1352年在位）在波萨达之战中击败了匈牙利国王查理一世（Charles Ⅰ，1308—1342年在位），宣布瓦拉几亚独立。瓦拉几亚独立后，曾就特兰西瓦尼亚的领土纠纷与匈牙利王国产生摩擦甚至爆发战争，但瓦拉几亚最终未能控制特兰西瓦尼亚。

随着奥斯曼帝国在巴尔干地区进行扩张，瓦拉几亚自14世纪末期开始多次与奥斯曼帝国发生冲突，瓦拉几亚大公米尔恰一世（Mircea Ⅰ，1386—1418年在位）曾一度与匈牙利人一起击退了入侵的奥斯曼土耳其人。1417年，奥斯曼帝国向瓦拉几亚发动了一次强有力的进攻，最终击溃了瓦拉几亚，迫使瓦拉几亚承认奥斯曼帝国的宗主权，瓦拉几亚成为奥斯曼帝国的附庸国并向其纳贡。瓦拉几亚并未就此彻底臣服于奥斯曼帝国，其后数百年里，瓦拉几亚曾多次反抗奥斯曼帝国的统治。例如，因大公弗拉德三世（Vlad Ⅲ）拒绝向奥斯曼帝国缴纳年贡，奥斯曼帝国于1461年入侵了瓦拉几亚。一年后，弗拉德三世被奥斯曼帝国军队赶下台而逃到匈牙利的特兰西瓦尼亚。1476年，匈牙利支持弗拉德三世成为瓦拉几亚大公，并帮助他重返瓦拉几亚，但弗拉德三世很快就再次被奥斯曼帝国军队打败，且在战场中身亡。

弗拉德三世去世后，奥斯曼帝国对瓦拉几亚的控制逐步加强。16世纪上半叶，奥斯曼帝国甚至曾一度军事占领了瓦拉几亚，并计划将其改为直属地区，瓦拉几亚最终与奥斯曼帝国和解，但需要向奥斯曼帝国支付更加高昂的年贡。1716年以后，奥斯曼帝国不再从当地贵族中选拔瓦拉几亚的大公，而是采取了帕纳里奥特（Phanariote）制度。[①]　之后，随着奥斯曼帝国的衰落，特别是在俄土战争中，奥斯曼帝国对瓦拉几亚的控制逐步减弱。

1359年，摩尔达维亚的波格丹一世（Bogdan Ⅰ，1359—1365年在

---

① 奥斯曼帝国任命希腊贵族法纳尔家族的成员担任奥斯曼帝国的行政长官，代表奥斯曼帝国统治瓦拉几亚和摩尔达维亚。——作者注

位）领导一批追随者发动起义，反对匈牙利王国对摩尔达维亚的盘剥。他带领起义军推翻了匈牙利对摩尔达维亚的统治，拒绝承认匈牙利的宗主地位，建立了摩尔达维亚公国（Principality of Moldavia, 1359—1859）。波格丹一世在位期间，他把公国的疆域从喀尔巴阡山和普鲁特河之间扩展到德涅斯特河和黑海，覆盖了今摩尔多瓦共和国、乌克兰和罗马尼亚的部分地区。

15世纪中叶至16世纪初是摩尔达维亚公国的鼎盛时期，统治者斯蒂芬大公（Stephen, 1457—1504年在位）在瓦拉几亚大公弗拉德三世的支持下登上了摩尔达维亚大公的位置。斯蒂芬大公通过灵活的外交手段斡旋于波兰、匈牙利与奥斯曼帝国之间，维持了国家独立。在位期间，斯蒂芬大公通过建立法纪并发展经济，提升了摩尔达维亚公国的实力，先后打败了入侵的匈牙利军队、奥斯曼军队以及波兰军队，被视为罗马尼亚的民族英雄。斯蒂芬大公去世后，迫于奥斯曼帝国势力的不断壮大，摩尔达维亚公国在1538年成为奥斯曼帝国的附庸。在之后的近300年里，摩尔达维亚公国处于奥斯曼帝国的统治之下。

在10世纪至16世纪，特兰西瓦尼亚归属于匈牙利王国。15世纪末，特兰西瓦尼亚的总人口约为80万，其中匈牙利人约占65%，撒克逊人和罗马尼亚人数量相当，各自约占总人口的17%。[1] 在第一次摩哈赤战役中，匈牙利国王拉约什二世（Lajos Ⅱ, 1516—1526年在位）于1526年被奥斯曼帝国军队击败而阵亡。特兰西瓦尼亚总督佐波尧·亚诺什（Zápolya János）乘机利用其军事力量发动政变，僭称匈牙利国王（1526—1540年在位），拒绝由奥地利大公费迪南德（即后来的神圣罗马皇帝费迪南德一世）继承匈牙利王位。

特兰西瓦尼亚一部分贵族发起叛乱，反对佐波尧称王。佐波尧于1540年去世后，奥斯曼帝国苏丹苏莱曼一世（Suleiman Ⅰ, 1520—1566年在位）以保护佐波尧之子约翰·西格斯蒙德（John Sigismund）的名义控制了匈牙利中部。匈牙利因此被分成了三个部分：奥地利统治下的西部，奥斯曼帝国吞并的中部和半独立的特兰西瓦尼亚。1570年，约翰·西格斯蒙德正式放弃匈牙利国王的名号，让与哈布斯堡的神圣罗马皇帝马克西米利安二世，西格斯蒙德只统治特兰西瓦尼亚，成为特兰西瓦尼亚公国

---

① "A Short History of Transylvania", http://www.hungarianhistory.com/lib/faf/toc02.htm.

（Principality of Transylvania，1570—1711）的首任大公（1570—1571 年在位）。特兰西瓦尼亚公国承认奥斯曼帝国的宗主权，向其履行年贡、徭役和出兵支援等义务。虽然该公国无权同其他国家缔约，但拥有比瓦拉几亚和摩尔达维亚更多的内部自治权。之后，拥有匈牙利国王称号的奥地利哈布斯堡家族和奥斯曼帝国争夺特兰西尼亚的斗争持续了近两个世纪。

自 16 世纪到 18 世纪初期，今罗马尼亚的三大部分（瓦拉几亚、摩尔达维亚、特兰西瓦尼亚）都曾经被奥斯曼帝国或奥地利、匈牙利控制，它们在一定程度上保留着内政方面的独立性。[①] 1594 年，瓦拉几亚公国的大公勇敢者迈克尔（Michael the Brave，1593—1601 年在位）在哈布斯堡王朝神圣罗马皇帝鲁道夫二世的邀请下加入了反对奥斯曼帝国的联盟，从 1594 年到 1598 年，迈克尔多次赢得对奥斯曼帝国战役的胜利，迫使奥斯曼帝国不得不在 1598 年承认瓦拉几亚公国的独立。同年，特兰西瓦尼亚大公西格斯蒙德·巴托里（Sigismund Báthory）打算让位于神圣罗马皇帝鲁道夫二世，不久他又改变主意，欲让位给他的堂弟安德鲁·巴托里（Andrew Báthory）。由于安德鲁同波兰国王西格斯蒙德三世·瓦萨（Sigismund Ⅲ Vasa）关系密切，且觊觎瓦拉几亚的王位，勇敢者迈克尔被迫以承认鲁道夫二世的宗主权为条件，争取其共同对抗波兰和特兰西瓦尼亚。

1599 年，迈克尔彻底击败安德鲁·巴托里的军队，征服了特兰西瓦尼亚。此后，迈克尔拒绝承认鲁道夫二世的宗主权。1600 年 4 月 14 日，迈克尔的军队通过多条路线进入摩尔达维亚。当年 5 月，迈克尔控制了摩尔达维亚，从而统一了瓦拉几亚、摩尔达维亚和特兰西瓦尼亚这三个构成当今罗马尼亚主要部分的公国，使三个罗马尼亚人的公国得到了短暂统一。但是，这种统一并未持续下去，迈克尔作为一个"外来"的统治者，并不受摩尔达维亚当地贵族的欢迎。1601 年，奥地利的将军乔吉奥·巴斯塔（Giorgio Basta）击败了迈克尔的军队，并且于同年 8 月下令暗杀了迈克尔。虽然罗马尼亚的统一仅仅持续了不到一年，但已奠定了当代罗马尼亚疆域的基础，因此，勇敢者迈克尔被认为是罗马尼亚最伟大的民族英雄之一。

迈克尔去世后，瓦拉几亚和摩尔达维亚重新成为奥斯曼帝国的附庸国。乔吉奥·巴斯塔在特兰西瓦尼亚开展了恐怖统治，他把土地分给贵

---

① 孔源：《罗马尼亚，历史夹缝里的国家》，《世界知识》2006 年第 4 期。

族，并通过反宗教改革重新确立天主教信仰。从 1657 年开始，特兰西瓦尼亚名义上的宗主国——奥斯曼帝国联合其附庸克里米亚汗国进军特兰西瓦尼亚，虽然特兰西瓦尼亚大公约翰·凯梅尼（John Kemény，1661—1662 年在位）于 1661 年向奥地利求得援助并宣布断绝与奥斯曼帝国的附庸关系，但奥斯曼帝国军队很快占领了特兰西瓦尼亚，并进攻奥地利所属的匈牙利。奥地利于 1664 年与奥斯曼帝国签订和约，承认奥斯曼帝国对特兰西瓦尼亚的宗主权，特兰西瓦尼亚自此彻底屈从于奥斯曼帝国的统治之下，当地议会选出了对奥斯曼帝国唯命是从的大公迈克尔一世·阿帕费（Michael Ⅰ Apafi）。

1683 年，奥斯曼帝国在维也纳之战中被欧洲联军打败，奥斯曼帝国开始走向衰落。1697 年 9 月 11 日，在塞尔维亚南部的森塔进行的森塔战役（Battle of Zenta）中，奥斯曼军队被萨伏伊的欧根亲王率领的军队彻底击败，奥斯曼帝国被迫于 1699 年与欧洲诸国签订了《卡尔洛维茨条约》（Treaty of Karlowitz），奥地利获得除巴纳特之外的整个匈牙利、斯拉沃尼亚、特兰西瓦尼亚和克罗地亚的广大地区。除了加强中央管治外，奥地利哈布斯堡王朝在特兰西瓦尼亚推崇天主教，以此作为统一特兰西瓦尼亚的力量，借以降低新教的影响力，这一政策最终导致 1703—1711 年间发生了拉科齐起义（Rákóczi Uprising），部分匈牙利贵族联合平民与农奴，对奥地利发起全面反抗，要求恢复特兰西瓦尼亚公国的独立与宗教信仰自由。拉科齐起义于 1711 年被奥地利平定，匈牙利贵族向奥地利投降妥协，特兰西瓦尼亚改由哈布斯堡派去的总督统治。奥匈帝国于 1867 年成立后，特兰西瓦尼亚重新划归匈牙利王国。

从 18 世纪上半叶开始，新崛起的俄国不断地在巴尔干地区扩张势力，从而与衰落中的奥斯曼帝国产生冲突。通过第六次俄土战争（Russo - Turkish War，1787—1792），俄国在 1792 年的《雅西条约》（Treaty of Jassy）中获得了瓦拉几亚大公与摩尔达维亚大公的提名权，加强了俄国在瓦拉几亚和摩尔达维亚的影响力。1821 年，瓦拉几亚爆发反对帕纳里奥特制度的起义，虽然起义被镇压，但由于希腊独立战争（1821—1829 年）的爆发，奥斯曼帝国已不再支持帕纳里奥特制度。此后，奥斯曼帝国政府接受了罗马尼亚人要求统治者应为本国人的诉求。① 1822 年，奥斯

---

① ［英］尼古拉·克莱伯：《罗马尼亚史》，李腾译，东方出版中心 2010 年版，第 87 页。

曼帝国决定册封瓦拉几亚的本地贵族格里戈雷四世·吉卡（Grigore Ⅳ Ghica，1822—1828 年在位）为瓦拉几亚大公，瓦拉几亚的帕纳里奥特制度宣告结束。

在第八次俄土战争中（1828—1829 年），俄国击败了奥斯曼帝国，先后占领了瓦拉几亚公国与摩尔达维亚公国。根据 1829 年俄国和奥斯曼帝国签订的《亚得里亚堡条约》（Treaty of Adrianople），奥斯曼帝国最终承认了摩尔达维亚公国和瓦拉几亚公国的自治，赋予其独立选举大公的权利，这种自治由俄国进行保障，相当于确立了俄国对这两个公国的保护权。俄国为维持瓦拉几亚的秩序，于 1830 年制定了名为《组织条例》（Organic Regulation）的宪法性文件，并先后于 1831 年 7 月和 1832 年 1 月在摩尔达维亚公国、瓦拉几亚公国实施，规定由当地的波雅尔（Boyar）[①]、教士、中产阶级等组成国民大会，由国民大会从当地的上层贵族中选出两个公国的大公，这一改革使瓦拉几亚与摩尔达维亚的政治制度开始趋同，为后来罗马尼亚的统一奠定了基础。

俄国的保护制度引起了罗马尼亚人的反抗，受过西方教育的自由派波雅尔要求进行政治改革，终结外国势力的干涉，最终导致 1848 年瓦拉几亚与摩尔达维亚爆发革命。革命者一度建立起瓦拉几亚与摩尔达维亚的联合临时政府，但这场革命最终在俄国与奥斯曼帝国的武力镇压下以失败告终。

1853 年，克里米亚战争爆发，俄国于同年 7 月派兵进驻摩尔达维亚和瓦拉几亚。奥斯曼帝国、英国、法国、撒丁王国先后向俄国宣战。在奥地利的要求下，俄军于 1854 年从瓦拉几亚与摩尔达维亚撤出，摩尔达维亚与瓦拉几亚被奥地利军队占领。此后，战争重心转移到克里米亚半岛，克里米亚战争以俄国失败告终。根据战后各方于 1856 年签订的《巴黎条约》，瓦拉几亚与摩尔达维亚不再是俄国的保护国，而是接受西欧列强的"联合保护"。瓦拉几亚与摩尔达维亚虽然名义上仍承认奥斯曼帝国的宗主权，但实际上已拥有高度自治权。法国还建议瓦拉几亚与摩尔达维亚合并，以阻止俄国南下扩张。迫于西欧列强的压力，奥斯曼帝国同意让摩尔达维亚与瓦拉几亚进行有关两国联合的公投，最后两个公国以高支持率同意联合。

---

① 指拥有世袭领地的大封建主贵族阶层。——作者注

1859 年 1 月 24 日，亚历山德鲁·约安·库扎（Alexandru Ioan Cuza，1859—1866 年在位）当选为瓦拉几亚大公和摩尔达维亚的大公，他将摩尔达维亚公国和瓦拉几亚公国组成联盟，并于 1861 年正式宣布罗马尼亚统一，称为罗马尼亚联合公国（United Romanian Principalities）。库扎启动了一系列改革，例如实施土地改革，赋予农民土地所有权，推行义务教育，实行选举法和司法制度的改革，改组国家机构，等等。库扎的政策引起了大地主和一些中产阶级分子的不满，最终导致 1866 年发生了政变，库札被迫退位。

1866 年，霍亨索伦–西格玛林根的查理亲王（Prince Charles of Hohenzollern–Sigmaringen）被推选为罗马尼亚大公（1866—1881 年在位），查理大公于同年 7 月颁布了一部以西方政治模式为基础的宪法，其目的是建立一个现代的宪政政府，保护私人财产权和自由权，为国家建立新的运行体制。

在 1877—1878 年爆发的第十次俄土战争中，罗马尼亚、塞尔维亚和黑山宣布加入俄方，共同对奥斯曼帝国作战。1878 年，在英国和奥匈帝国的压力下，俄国被迫停战议和，与奥斯曼帝国于当年签订了《圣斯特法诺条约》（Treaty of San Stefano），奥斯曼帝国在该条约中承认黑山、塞尔维亚和罗马尼亚三国完全独立。《圣斯特法诺条约》大大加强了俄国在巴尔干的势力，立即遭到了英国、奥匈帝国两国的坚决反对。同年 7 月，在德国首相俾斯麦的斡旋下，俄国被迫与列强签订了《柏林条约》，对《圣斯特法诺条约》做了大篇幅修改，破坏了俄国在《圣斯特法诺条约》中的"大保加利亚"计划，但保留了罗马尼亚、塞尔维亚和黑山独立的条款。

第十次俄土战争为罗马尼亚提供了完全独立的机会，尽管罗马尼亚未被奥斯曼帝国直接统治，但罗马尼亚仍将此战视为独立战争。1877 年 5 月 9 日，罗马尼亚众议院公布了《罗马尼亚独立宣言》（Declaration of Independence of Romania），宣布本国正式从奥斯曼帝国中获得独立，这一天成为罗马尼亚的独立纪念日。罗马尼亚的独立最终被欧洲国家承认，正式外交关系也开始建立。① 1881 年 3 月，查理大公与本国议会宣布成立罗马尼亚王国，查理大公成为罗马尼亚王国（Kingdom of Romania）的首任国

---

① ［英］尼古拉·克莱伯：《罗马尼亚史》，李腾译，东方出版中心 2010 年版，第 112 页。

王卡罗尔一世（Carol I，1881—1914 年在位）。

罗马尼亚王国在第一次巴尔干战争中保持中立，在第二次巴尔干战争中对保加利亚宣战，获得了原属保加利亚的南多布罗加地区。20 世纪初，匈牙利政府在特兰西瓦尼亚对罗马尼亚人进行同化，在教育和公共事务中限制使用罗马尼亚语，从而引起了罗马尼亚和奥匈帝国关系的紧张。

在第一次世界大战中，罗马尼亚于 1916 年 8 月向同盟国宣战，站在协约国一方加入了战争。1918 年，同盟国败退，奥匈帝国走向分裂。特兰西瓦尼亚的国家党通过主张特兰西瓦尼亚罗马尼亚人的自决权，宣布特兰西瓦尼亚和罗马尼亚合并。在第七次俄土战争后签订的《布加勒斯特条约》中割让给俄国的比萨拉比亚地区（德涅斯特河右岸）于 1918 年宣布独立后，也与罗马尼亚进行了合并。一战后各方签署的《圣日耳曼条约》和《特里亚农条约》进一步明确特兰西瓦尼亚和罗马尼亚合并，同时确定了匈牙利和罗马尼亚两国的边界。

罗马尼亚在一战中获得了巨大的利益，从匈牙利获得了特兰西瓦尼亚和东巴纳特，从奥地利获得了布科维纳，从俄国获得了比萨拉比亚，罗马尼亚的国土增加了一倍。罗马尼亚的人口也增加一倍，达到了 1600 万左右，其中包括大量的少数民族，例如特兰西瓦尼亚的匈牙利人、比萨拉比亚的犹太人、布科维纳的乌克兰人等，境内的少数民族人口比例约占总人口的 30%。

在第二次世界大战期间，苏联占领了比萨拉比亚和布科维纳北部地区，匈牙利占领了特兰西瓦尼亚北部，保加利亚占领了多布罗加南部。罗马尼亚国王卡罗尔二世（Carol II，1930—1940 年在位）对领土丧失的不作为引起了民众的强烈不满，他于 1940 年被迫退位，由其长子迈克尔一世（Michael I，1927—1930 年、1940—1947 年在位）即位。

1940 年 11 月，罗马尼亚首相法西斯独裁者扬·安东内斯库（Ion Antonescu）代表罗马尼亚正式加入轴心国集团，从而参加了第二次世界大战，跟随德国南方集团军进攻苏联。在斯大林格勒战役中，罗马尼亚军队伤亡惨重。1944 年，德国在东线失利，苏军反攻进入罗马尼亚，占领了布加勒斯特。国王迈克尔一世与罗马尼亚共产党发动武装起义，推翻了安东内斯库政权，罗马尼亚投降转而加入同盟国。苏联于 1945 年协助罗马尼亚成立了一个以彼特鲁·格罗查（Petru Groza）首相为首的亲苏联合政府，共产党逐渐掌握了政权，建立起社会主义体制。二战结束后，特兰西瓦尼亚北部疆域归还给罗马尼亚，但罗马尼亚失去了苏联在 1940 年攫取的比萨拉比亚和布科维纳北部地区。

1947 年 12 月 30 日，迈克尔一世迫于压力退位并流亡瑞士，随后罗马尼亚共产党中央委员会总书记格奥尔基·乔治乌-德治（Gheorghe Gheorghiu-Dej）宣布成立罗马尼亚人民共和国。乔治乌-德治于 1965 年去世，他的继任者尼古拉·齐奥塞斯库（Nicolae Ceausescu）于当年 7 月召开的罗马尼亚工人党①第九次代表大会上当选为工人党中央委员会总书记，并在当年通过新宪法，将国名更改为罗马尼亚社会主义共和国。齐奥塞斯库在执政初期大力发展国民经济，增强综合国力，推动了罗马尼亚经济上的发展，后期因大搞个人崇拜和家族统治，加上决策失误和拒绝改革，造成国内经济崩溃并最终导致政权垮台。1989 年 12 月 16 日，罗马尼亚西部城市蒂米什瓦拉（Timisoara）爆发了大规模群众游行和示威活动，示威活动迅速波及全国和首都布加勒斯特，最终导致齐奥塞斯库政权被推翻，结束其长达 24 年的统治。政变发生后，由扬·伊利埃斯库（Ion Iliescu）领导的罗马尼亚救国阵线委员会接管了国家权力，将国名改为罗马尼亚，并开展了民主化、多党制等方面的改革，制定了新宪法。

罗马尼亚政变结束后，参与欧洲一体化成为新政府的主要目标。1992 年，罗马尼亚与欧共体就双方结盟问题展开谈判，并于 1993 年签署了《欧洲协定》（Europe Agreement），规划了罗马尼亚为实现贸易自由化的具体改革方向，欧盟承诺为其改革进程提供财政援助。② 1995 年 6 月 22 日，罗马尼亚正式提交加入欧盟的申请。欧盟于 1997 年根据"哥本哈根标准"对罗马尼亚的民主和市场经济状况进行了首次评估，并对罗马尼亚存在的缺陷和问题提出了尖锐的批评，指出罗马尼亚没有做好充分融入单一市场的准备。因此，在 1997 年 12 月召开的欧盟卢森堡首脑会议中，罗马尼亚没有被邀请进行入盟谈判。

此后，欧盟基于罗马尼亚被延迟谈判后的改革表现，邀请罗马尼亚于 2000 年与斯洛伐克、保加利亚、立陶宛、拉脱维亚和马耳他一同开始入

---

① 1948 年 2 月，罗马尼亚共产党与罗马尼亚社会民主党合并为罗马尼亚工人党，之后又于 1965 年 7 月恢复了罗马尼亚共产党的名称。——作者注

② "Europe Agreement establishing an association between the European Communities and Romania"，https：//www.gov.uk/government/publications/europe-agreement-establishing-an-association-between-the-european-communities-and-romania-cm-2292.

盟谈判。2002 年 12 月，欧盟哥本哈根首脑会议为东扩做好了准备，决定将于 2004 年 5 月接纳塞浦路斯、匈牙利、捷克、爱沙尼亚、拉脱维亚、立陶宛、马耳他、波兰、斯洛伐克、斯洛文尼亚等 10 个新的成员国加入欧盟，但罗马尼亚并不在本次扩大名单之列。欧盟为了支持罗马尼亚达到入盟条件，不仅为罗马尼亚制定了详细的改革路线图，还承诺将为罗马尼亚继续提供更多的财政援助。2006 年 9 月，欧盟对罗马尼亚进行再次评估，肯定了罗马尼亚的改革成效，于当年 10 月批准了罗马尼亚的入盟申请。

自 2007 年 1 月 1 日起，罗马尼亚正式成为欧盟的成员国。目前，罗马尼亚尚未加入欧元区和申根区。加入欧盟后，罗马尼亚进出口贸易发展良好，根据 2018 年的统计数据，罗马尼亚出口总额的 77% 为欧盟内部贸易，进口总额的 75% 来自欧盟成员国。[①] 在第 9 届欧洲议会 705 个席位中，罗马尼亚拥有 32 个席位。

罗马尼亚总面积约 23.84 万平方公里，总人口约 1918.6 万（截至 2021 年）。[②] 罗马尼亚的主体民族为罗马尼亚族，人口约占总人口的 88.6%。[③] 少数民族有匈牙利族、罗姆族、土耳其族等。罗马尼亚的官方语言为罗马尼亚语，居民主要信奉东正教。

八　希腊

希腊共和国（The Hellenic Republic）简称希腊，位于巴尔干半岛最南端。希腊北部同保加利亚、马其顿、阿尔巴尼亚相邻，东北部与土耳其的欧洲部分接壤，西南部濒临爱奥尼亚海，东部临爱琴海，南部隔地中海与非洲大陆相望。

相关考古资料显示，早在旧石器时代，今希腊境内就有原始居民定居

---

① "Country-Profiles/Romania"，欧盟官方网站：https：//european-union.europa.eu/principles-countries-history/country-profiles/romania_en.

② "Resident population 2021"，罗马尼亚统计局官方网站：https：//insse.ro/cms/sites/default/files/com_presa/com_pdf/poprez_ian2021e.pdf.

③ 《罗马尼亚国家概况》，中华人民共和国外交部官方网站：https：//www.fmprc.gov.cn/web/gjhdq_676201/gj_676203/oz_678770/1206_679426/1206x0_679428/，2021 年 7 月。

伯罗奔尼撒战争（公元前 431 年—公元前 404 年）

希腊共和国首任总统爱奥尼斯·安东纽斯·卡波季斯第亚斯

点的分布，原始居民在此从事农业活动。在公元前 3500 年左右，希腊境内出现了村庄和社会组织，当地人主要从事捕鱼、生产陶器等活动。

希腊米克诺斯古镇

在公元前 3000 年左右，希腊进入青铜时代，生产力的进步推动了人口的迅速增长和贸易的发展，从而产生了早期的文明，其中最早出现的是米诺斯文明（Minoan Civilization），此文明以传说中克里特岛的首领米诺斯（Minos）命名，大约在公元前 2700 年至公元前 1450 年之间蓬勃发展。米诺斯人在克里特岛肥沃的东部地区从事农业、手工业以及海上贸易，他们在当地建造了城市，形成了奴隶制的小国，还出现了记写古代克里特语的线形文字。公元前 1450 年左右，米诺斯文明突然消失，据相关学者推测，可能由于圣托里尼岛上的火山爆发而导致这一文明消失，也有学者认为是希腊大陆的迈锡尼人入侵导致。①

迈锡尼文明（Mycenaean Civilization，约公元前 1700 年至约公元前 1100 年）由伯罗奔尼撒半岛的迈锡尼城而得名，是爱琴文明的一个重要组成部分，该文明继承和发展了克里特文明。迈锡尼人约公元前 1900 年左右开始在伯罗奔尼撒半岛定居，这一时期的迈锡尼人虽已进入青铜时代，但分布在希腊本土的迈锡尼人发展水平比克里特岛的米诺斯人相对落后。在米诺斯人的影响下，迈锡尼人逐渐向文明过渡，当地的经济与文化开始迅速发展起来。公元前 1400 年至公元前 1200 年，迈锡尼文明达到了全盛时期。在此期间，迈锡尼人占据了克里特岛，控制了当地的贸易网

---

① "Greece Stone and Bronze Age"，https：//www.greeka.com/greece-history/stone-bronze-age/.

络，开始使用线形文字。这些文字在希腊史上占有重要位置，它们有规律的组合形成了音节，这些音节进一步构成了词语，在形式上很像最早期的希腊语。[①] 迈锡尼人通过对特洛伊发动战争，以及在爱琴海周边开展扩张等活动，将迈锡尼文明传遍爱琴海，在此基础上创造了更富影响力的希腊文明。这一时期的历史被古希腊盲人诗人荷马收录，并谱写成史诗《伊利亚特》和《奥德赛》。

自公元前 1200 年起，由于战乱频繁、生产萎缩、商业衰落等原因，迈锡尼文明进入衰落期。来自北方的多利安人（Dorians）趁迈锡尼诸邦全面衰落之时，出兵南下，毁灭了迈锡尼文明的各个城邦。之后，多利安人成为希腊的新主人，迈锡尼文明中断，许多迈锡尼人逃往小亚细亚，希腊倒退到欧洲学者所称的"黑暗时代"（Dark Ages）。但是，希腊东南部的雅典却未受到多利安人入侵的影响，雅典人保留了迈锡尼人的许多传统。此外，还有一些学者将迈锡尼文明中断的原因归纳为自然灾害（地震、火山爆发和海啸）、人口过剩、国内社会和政治动荡、外来部落如"海洋民族"（Sea Peoples）的入侵、区域气候变化，等等。[②]

公元前 8 世纪，多利安人的统治走向衰落，一些希腊城镇重新崛起。例如阿尔戈斯（Argos）和科林斯（Corinth），他们通过与地中海东部沿岸地区的腓尼基人等开展橄榄油、葡萄酒和小麦等方面的贸易，在经济得到快速发展的基础上，推动了社会的繁荣。在此过程中，古希腊人采用了腓尼基字母，并在此基础上创造了希腊字母，从而促进了希腊文化的发展。这一时期，随着生产力的发展和人口的增加，推动了城市的形成和发展，在希腊半岛、爱琴海诸岛以及小亚细亚沿岸的希腊人中，开始形成城邦国家（Polis），其中最重要的两个城邦国家是斯巴达和雅典。斯巴达采用奴隶主贵族寡头政体进行统治，注重军事训练，将国家生活与氏族制度相结合，保留有氏族制度的残余。雅典实行奴隶主民主政治，平民上层（富商、船主和手工业作坊主）参政机会不断扩大，形成了雅典城邦民主制度。随着希腊各城邦之间交流的增多，希腊人的认同开始得到建立。在一些宗教或体育节日（如奥林匹克运动会）中，希腊人表现出一种早期的共同认同感，他们自称为希腊人（Hellenes），将其他地区的人称为野蛮人。

---

① ［英］尼古拉斯·杜马尼斯：《希腊史》，屈闻明等译，东方出版中心 2012 年版，第 9 页。

② "Mycenaean Civilization"，https://www.worldhistory.org/Mycenaean_Civilization/.

公元前 499 年，位于小亚细亚西海岸的爱奥尼亚诸城邦发动了爱奥尼亚起义（Ionian Revolt，公元前 499 年至公元前 494 年），反抗波斯人的统治。雅典和埃雷特里亚（Eretria）曾派出舰队支持起义，但该起义最终被波斯军队镇压。公元前 492 年，波斯帝国皇帝大流士一世（Darius Ⅰ，公元前 522 年至公元前 486 年在位）以雅典和埃雷特里亚的增援为借口入侵希腊本土，长达约半个世纪的希波战争（Greco-Persian Wars，公元前492—公元前 449 年）由此爆发。战争前期以波斯人的进攻为主，后期则以希腊人的战略反攻为主。公元前 480 年，希腊人在萨拉米斯战役（Battle of Salamis）中打败了波斯军队，从而扭转了整个希波战争的战局。第二年，以斯巴达军团为核心的希腊联军在普拉提亚之战（Battle of Plataea）和米卡勒战役（Battle of Mycale）中彻底击败了波斯陆军，希腊联军反守为攻，从此战争的主动权完全被希腊人所掌控，希腊人不仅将波斯人彻底驱逐出欧洲，而且还解放了长期被波斯占领的小亚细亚沿岸各希腊城邦。公元前 449 年，战争双方签订了《卡里阿斯和约》（Peace of Callias），规定爱奥尼亚地区的城邦享有自治地位。

在希波战争期间，雅典同一些希腊城邦于公元前 478 年结成了军事同盟，因其地址设在提洛岛，故称提洛同盟（Delian League）。该同盟初期的宗旨是联合对抗波斯，后来慢慢发展成为雅典称霸的工具。斯巴达为了阻止雅典扩张霸权，通过早期成立的伯罗奔尼撒同盟（Peloponnesian League）与提洛同盟进行对抗。

公元前 431 年，两大同盟爆发战争，史称"伯罗奔尼撒战争"（Peloponnesian Wars，公元前 431 年至公元前 404 年），战争的起因是希腊两大城邦集团长期以来在政治、经济方面存在矛盾，由于雅典及其领导下的提洛同盟主导了希波战争的胜利，雅典也借此建立了海上霸权，直接威胁到斯巴达在伯罗奔尼撒半岛的盟主地位，从而与伯罗奔尼撒同盟的矛盾逐步加深。

第一次伯罗奔尼撒战争（First Peloponnesian War，公元前 460 年至公元前 445 年）主要在雅典和科林斯之间进行，斯巴达也有介入。战争结束后，雅典与斯巴达签订了《三十年条约》（Thirty Year's Peace），第一次伯罗奔尼撒战争结束。[①] 伯罗奔尼撒战争主要指第二次伯罗奔尼撒战

---

① 王觉非：《欧洲历史大辞典》（上），上海辞书出版社 2007 年版，第 68 页。

争，这次战争于公元前431年一直持续到公元前404年，几乎所有希腊的城邦都参与了这场战争，最终斯巴达获得胜利。① 这场战争结束了雅典的古典时代，雅典的民主制被斯巴达人支持的寡头制取代。伯罗奔尼撒战争给繁荣的古希腊带来了前所未有的破坏，导致了战后希腊奴隶制城邦的一系列危机，整个希腊开始由盛转衰。伯罗奔尼撒战争结束后，斯巴达人的霸权持续时间不长，希腊城邦又陷入了混战之中。

马其顿是希腊北部的一个部落王国，有着不同的习俗和社会组织。在国王菲利普二世（Philip Ⅱ，公元前359年至公元前336年在位）的治理下，马其顿逐渐成为一个地区强国。马其顿的快速崛起使希腊城邦感到了威胁，雅典人通过建立反马其顿联盟对马其顿的扩张进行遏制。公元前338年，菲利普二世亲率马其顿军队在喀罗尼亚之战（Battle of Chaeronea）中大败希腊同盟军。次年，菲利普二世在科林斯召集了全希腊的城邦会议（斯巴达缺席），组建了科林斯同盟（League of Corinth），迫使希腊诸城邦臣服于马其顿，确立了马其顿在希腊的领导地位。

公元前337年，在科林斯同盟第一次会议上，菲利普二世宣布了对波斯的作战计划，该计划得到了各城邦代表的一致通过，菲利普二世被推举为军队的最高统帅。第二年，菲利普二世开始实施征服波斯的计划，但就在菲利普二世准备亲率大军出征时，菲利普二世被刺身亡，他年仅20岁的儿子亚历山大大帝（Alexander the Great，公元前336年至公元前323年在位）继位。亚历山大大帝于公元前334年带着3万名来自希腊的士兵（不包括斯巴达人）入侵亚洲，征服了波斯帝国、埃及、美索不达米亚、阿富汗和印度的一些地区。②

亚历山大大帝于公元前323年去世后，马其顿帝国陷入战乱和分裂。经过多次内部战争，马其顿帝国最终分裂为三大继业者王国（马其顿王国、托勒密埃及王国和塞琉古王国）以及其他若干国家，这些国家在政治、文化、风俗上或多或少地受到古希腊文明影响，从而被称为希腊化国家。随着马其顿王国的逐渐衰落，一些希腊城邦逐渐脱离了马其顿的掌控，他们主要依托埃托利亚同盟（Aetolian League）③ 抵抗马其顿王国的入侵。

---

① "Peloponnesian War", https：//www. worldhistory. org/Peloponnesian_War/.

② "History of Ancient Greece", https：//www. greeka. com/greece-history/ancient-greece/.

③ 该同盟位于希腊西部，最初是一个松散的部落联盟，于公元前367年形成比较巩固的同盟，其核心始终是位于希腊中西部的埃托利亚，盟址在特尔蒙。——作者注

公元前 280 年，高卢人从潘诺尼亚向南进军，向希腊本土发起了一次大规模的远征，他们约一年后到达希腊中部，高卢人的进犯被埃托利亚同盟击退。埃托利亚同盟于公元前 239 年至公元前 229 年联合希腊伯罗奔尼撒半岛北部的阿哈伊亚同盟（Achaean League）①共同抗击马其顿。公元前 3 世纪下半叶，埃托利亚同盟达到极盛，其成员不仅包括希腊中部的许多城邦，还包括希腊北部的塞萨利亚地区（Thessaly）和伯罗奔尼撒半岛的一些城邦。公元前 192 年，埃托利亚同盟和塞琉古王国结盟对抗罗马，结果战败，被迫于公元前 189 年成为罗马的同盟，之后埃托利亚同盟解散。

公元前 168 年，罗马人在彼得那战役（Battle of Pydna）中击败了马其顿人，马其顿王国灭亡并被分成若干个行政区，开始接受罗马的统治。之后，罗马要求希腊本土最后一股较强的势力阿哈伊亚同盟立即解散，遭到了阿哈伊亚同盟的拒绝。罗马继而向阿哈伊亚同盟宣战，大多数希腊城邦支援了阿哈伊亚同盟。公元前 146 年，罗马军队从马其顿进军并在科林斯战役（Battle of Corinth）中击败了希腊联军，这场战役标志着罗马统治希腊的开始。②

此后，罗马开始向除了雅典和斯巴达等少数城邦外的希腊诸城邦征税，这被视为希腊失去了政治独立，罗马人逐渐成为希腊人命运的主宰。但是，希腊诸城邦并未放弃独立的意图。公元前 88 年，大部分希腊城邦与本都（Pontus）国王米特拉达梯六世（Mithridates Ⅳ，公元前 120 年至公元前 63 年在位）结盟，共同反抗罗马的统治，试图获取独立。公元前 63 年，米特拉达梯六世领导的联盟被罗马镇压，希腊诸多城邦遭到了劫掠，独立抗争宣告失败。公元前 30 年，罗马灭亡了最后一个希腊化国家——托勒密埃及王国，埃及成为罗马的一个行省，希腊化时代随之告终。

虽然希腊在政治上被罗马统治，今希腊南部成为罗马的亚该亚省

---

①　该同盟也被称为亚该亚同盟，位于伯罗奔尼撒半岛北部，同盟内部各邦一律平等，内政自主，仅在外交和军事上要求一致行动。该同盟在公元前 3 世纪下半叶达到鼎盛，涵盖了伯罗奔尼撒半岛和中部希腊的许多城邦。公元前 146 年，该同盟在与罗马的战争中失败，遂被解散。——作者注

②　"The Battle of Corinth and the Rise of Roman Domination over Greece in 146 BCE"，https：//brewminate. com/the-battle-of-corinth-and-the-rise-of-roman-domination-over-greece-in-146-bce/.

（Achaia），今希腊西部成为罗马的伊庇鲁斯省（Epirus），今希腊北部成为罗马的马其顿省（Macedonia），但希腊文化却影响了罗马人，希腊语成为罗马的第二种官方语言。希腊人是罗马参议院的参与者，雅典市成为罗马帝国的文化中心，希腊文化在整个罗马世界中传播，在艺术、建筑风格、思想等方面对罗马产生了重要的影响。

公元 324 年，罗马皇帝君士坦丁一世（Constantius Ⅰ，306—337 年在位）将罗马帝国的首都从罗马转移到拜占廷城（Byzantine），并将其改名为君士坦丁堡（Constantinople）。罗马皇帝狄奥多西一世（Theodosius Ⅰ，379—395 年在位）于 395 年逝世前把帝国一分为二，东部分给长子阿卡迪乌斯（Arcadius），西部分给幼子霍诺柳斯（Honorius），分别称东、西罗马帝国，从此希腊归东罗马帝国管辖。随着罗马帝国的分裂，基督教也逐渐发展为以罗马为中心的西方教会和以君士坦丁堡为中心的东方教会。

在东罗马帝国皇帝希拉克略一世（Heraclius Ⅰ，610—641 年在位）统治时期，东罗马帝国完成了从古典罗马帝国向希腊化的中世纪君主制国家转变的进程，希拉克略一世将罗马帝国的官方文字拉丁文改成了通用的希腊文，将奥古斯都（Augustus）头衔改为巴赛勒斯（Basileus）[①]头衔。希拉克略一世还改革了东罗马帝国的军事制度和行政管理，在希腊、色雷斯、马其顿等地区推行军区（Themata）制度，向农民出身的军士分配土地，要求其履行军人职责，这种做法巩固了东罗马帝国的国防和军力。东罗马帝国完成了希腊化改造，使其与西罗马帝国的文化差异显现出来。在希拉克略王朝末期，东罗马帝国出现内乱，国力开始衰弱。到 8 世纪初期，训练精良、富有活力的阿拉伯军队入侵东罗马帝国，导致东罗马帝国丧失了大片的领土，最后其疆域只剩下君士坦丁堡及其周边地区、东色雷斯、希腊的几个港口、意大利南部和西西里岛等地。

由于政治环境的变迁，以及语言差异加之地理分割，基督教东方教会和西方教会渐行渐远。东罗马帝国于 8—9 世纪开展的破坏圣像运动进一步加大了二者的分歧，西方教会坚持的圣像崇拜与发动破坏圣像运动的东罗马帝国格格不入。除了教义上的矛盾，东方教会和西方教会在宗教仪

---

① 希腊语君主、皇帝的意思。——作者注

式、罗马主教的地位等方面也存在诸多分歧。这些矛盾在 11 世纪初达到顶点，皈依了天主教的诺曼人侵扰了意大利南部，强迫那里的东方教会采用拉丁仪式。为了报复，君士坦丁堡牧首迈克尔一世（Michael Ⅰ）对城内的拉丁宗教仪式进行禁止。为此，罗马教皇派遣特使红衣主教宏伯特（Humbert）前往君士坦丁堡，与东方教会就诸多分歧进行商谈，但两者之间的矛盾已经到了不可调和的地步。1054 年 7 月 16 日，在圣索菲亚大教堂的一次礼拜仪式上，宏伯特宣布将君士坦丁堡牧首逐出教籍，牧首也宣布开除罗马教皇，基督教由此分裂为天主教和东正教，史称"大分裂"（Great Schism）。

1202 年，十字军开始了第四次东征。教皇因诺森特三世最初确定的进攻目标是埃及，但由于十字军没有船只过海，因而向威尼斯人求援，威尼斯人趁机要求十字军掠夺亚得里亚海沿岸的扎拉城（Zara），以此抵偿造船费用。十字军对扎拉城进行了劫掠，由于扎拉城是天主教城市，该事件引起了教皇的不满，教皇欲将威尼斯人与参与攻打扎拉城的十字军开除教籍。威尼斯人与十字军提出攻占拜占廷帝国以获得教皇的宽恕，这一计划得到了教皇的默许。

此时的拜占廷帝国面临内部危机，皇帝艾萨克二世（Isaac Ⅱ，1185—1195 年，1203—1204 年在位）于 1195 年被其兄阿莱克修斯三世·安杰洛斯（Alexios Ⅲ Angelos，1195—1203 年在位）推翻。艾萨克二世的儿子阿莱克修斯四世·安杰洛斯（Alexios Ⅳ Angelos，1203—1204 年在位）逃往西欧，他以资助十字军和同意东、西方教会合并为条件，要求十字军支持艾萨克二世复位。威尼斯为夺取拜占廷帝国的商业利益，也积极推动十字军进攻君士坦丁堡。

在十字军的支持下，艾萨克二世于 1203 年复位后，与其子阿莱克修斯四世·安杰洛斯同为皇帝。他们竭力搜刮贡税，以偿付十字军的钱款，从而引发了君士坦丁堡的市民暴动。1204 年，君士坦丁堡市民发动暴动并杀死了阿莱克修斯四世·安杰洛斯，艾萨克二世也于数日后死亡。同年 4 月 9 日，十字军对君士坦丁堡发起进攻，于 12 日攻陷该城。十字军领导人之一鲍德温（Baldwin I，1204—1206 年在位）被推选为皇帝，他以君士坦丁堡为中心建立了拉丁帝国（Latin Empire，1204—1261），其疆域包括色雷斯、小亚细亚西北部和爱琴海的几个岛屿。

除拉丁帝国外，拜占廷帝国其他地区也被十字军瓜分，建立了塞萨洛尼基王国、雅典公国和亚该亚公国等十字军国家，原拜占廷的流亡贵族分别在小亚细亚的尼西亚建立了尼西亚帝国，在小亚细亚的特拉比松建立了特拉比松帝国，在爱奥尼亚海的东岸建立了伊庇鲁斯公国。

1261 年，拜占廷帝国皇室贵族、尼西亚帝国皇帝迈克尔八世·帕里奥洛加斯（Michael Ⅷ Palaeologus，1261—1282 年在位）与热那亚签订了《纽法昂条约》（Treaty of Nymphaeum），热那亚同意在发生战争时与尼西亚人结盟，为尼西亚人提供必要的船舰。在热那亚的支持下，迈克尔八世·帕里奥洛加斯派将军阿莱克修斯·斯特拉特戈普洛斯（Alexios Strate-gopoulos）从拉丁帝国末代皇帝鲍德温二世（Baldwin Ⅱ，1228—1261 年在位）手中夺回君士坦丁堡，由此重建了拜占廷帝国。迈克尔八世·帕里奥洛加斯进入君士坦丁堡后，下令废除所有拉丁习俗，恢复了之前拜占廷的仪式和机构。

拜占廷帝国内部的衰弱以及奥斯曼帝国的入侵导致拜占廷帝国逐渐走向衰亡。1453 年，土耳其人攻占了君士坦丁堡，城内军事力量被摧毁，居民遭到奴役和屠杀。至此，拜占廷帝国灭亡，希腊的拜占廷时期宣告结束，希腊进入奥斯曼帝国统治的历史阶段。由于一些希腊人不愿受到土耳其人的统治，他们开始向外移民，一部分知识分子阶层向西欧移民，由此激发了文艺复兴的到来，还有一些希腊人躲进了远离奥斯曼势力的山区，避免了被土耳其人同化。

土耳其人征服希腊后，并未强迫希腊人改宗伊斯兰教，在"米勒特"（Millet）① 制度的影响下，希腊的宗教社团享有文化和法律上的自治。这一制度提升了东正教希腊人的民族凝聚力，希腊东正教会作为民族宗教社团，促进了全希腊各个地区的希腊人在奥斯曼帝国的统治下维系着民族认同。在奥斯曼帝国的统治下，希腊的城镇进一步凋敝，希腊人反抗奥斯曼土耳其人的统治时有发生。

18 世纪后期，法国大革命造成了西欧的动荡，希腊商业乘机得到迅速发展，经济实力得到增强。同时，随着希腊移民规模的不断扩大，海外的希腊人形成了一种强烈的民族自我意识。② 1821 年，侨居俄国的希腊"友谊社"（Society of Friends）总负责人亚历山大·伊普西兰蒂斯（Alex-

---

① 一种由奥斯曼土耳其创立的宗教自治制度。——作者注

② ［英］尼古拉斯·杜马尼斯：《希腊史》，屈闻明等译，东方出版中心 2012 年版，第 173 页。

ander Ypsilantis）率领起义军在摩尔达维亚首府雅西（Jassy）号召希腊人民起义，这场起义几乎席卷整个希腊。希腊首届国民议会于 1822 年 1 月在埃皮扎夫罗斯（Epidaurus）召开，宣布希腊独立并成立国民政府，建立了希腊第一共和国（1822—1832 年）。

1822 年 6 月，奥斯曼帝国军队对伯罗奔尼撒半岛发动大规模进攻，但因遭到希腊起义军的伏击而失败。希腊军民的胜利打击了奥斯曼帝国军队的士气，但由于希腊军队领导集团内部发生分裂，军队首脑忙于权力之争，从而贻误了有利战机，未能解放希腊的中部及北部地区，以赢得独立战争的全面胜利。奥斯曼帝国与埃及于 1824 年签订协定，共同镇压希腊人民起义。侵略军在易卜拉欣·帕夏（Ibrahim Pasha）的统帅下，于 1825 年 2 月在伯罗奔尼撒登陆，他们凭借优势兵力占领了伯罗奔尼撒大部分地区，随即向北部进军。到 1827 年 6 月，科林斯以北的希腊国土落入侵略军之手，希腊军队控制地区所剩无几。当年 7 月 6 日，英国、法国与俄国在伦敦签署了《伦敦条约》（Treaty of London），建议奥斯曼帝国允许希腊自治，否则这三个国家将进行武力干预。奥斯曼帝国拒绝了《伦敦条约》，导致 1827 年 10 月爆发了纳瓦里诺海战（Battle of Navarino），英、法、俄三国联合舰队在海战中取得了对奥斯曼—埃及舰队的决定性胜利。

为了报复俄国，奥斯曼帝国撕毁了俄土两国之前缔结的所有协定。1828 年 4 月，俄国向奥斯曼帝国宣战，第八次俄土战争（1828—1829 年）爆发，奥斯曼帝国战败。希腊起义军利用俄土战争之际，解放了部分国土。奥斯曼帝国接受了英、法、俄于 1830 年签订的《伦敦议定书》（London Protocol），正式承认希腊为一个独立的主权国家。俄国希腊籍外交家爱奥尼斯·安东纽斯·卡波季斯第亚斯（Ioannis Antonios Kapodistrias）于 1827 年返回希腊，担任希腊第一共和国总统，但他四年后死于暗杀。之后，西方列强用君主制取代了共和制，成立了希腊王国。希腊王国的首任国王为来自巴伐利亚的奥托一世（Otto Ⅰ，1832—1862 年在位）。由于奥托一世的统治不得人心，最终导致希腊于 1862 年 10 月发生了政变，宣布废黜奥托一世。之后，希腊人选定了丹麦的威廉王子作为希腊国王，并在 1863 年召开的议会中一致通过，宣布威廉王子为希腊国王乔治一世（George Ⅰ，1863—1913 年在位）。乔治一世在位的 50 年间，希腊建立了较为民主的君主立宪制政体，通过与奥斯曼帝国的几次战争，先后得到了色萨利、南伊庇鲁斯、克里特、爱琴马其顿等地区。

　　在第一次世界大战中，希腊站在了协约国一方，反对奥斯曼帝国及其他同盟国。1919 年，希腊在协约国的支持下入侵土耳其士麦那（Smyrna，今土耳其伊兹密尔），企图收回两千年前的希腊殖民地，同时也属于希腊化拜占廷帝国的领土。在凯末尔的领导下，土耳其军队阻击了希腊军队，于 1922 年收复了士麦那。

　　在第二次世界大战中，希腊选择站在同盟国一边。1940 年 10 月 28 日，意大利入侵希腊，遭到了希腊军队的顽强抵抗。希腊军队成功地抵御了意大利的入侵，并向意大利控制的阿尔巴尼亚发起了反攻。德国军队于 1941 年袭击并占领了希腊，希腊共产党和一些左翼党派先后建立民族解放阵线和人民解放军，对法西斯占领军开展抵抗运动。

　　当德军于 1944 年 10 月撤出希腊时，英国政府为维护其在希腊的利益，力图在战后恢复希腊战前的旧制度，并下令解散人民解放军。民族解放阵线的多位部长提出辞职，以抗议英国对希腊内政的干涉。同年 12 月，民族解放阵线组织雅典市民在雅典举行大规模的示威游行，与希腊警察发生了冲突，希腊内战爆发。① 内战的一方是以希腊共产党为主要力量的民族解放阵线及人民解放军，另一方则是以乔治·帕潘德里欧（George Papandreou）为首的希腊政府及其政府军。希腊政府得到了英国和美国的大力支持，最终于 1949 年取得胜利，从而结束了希腊内战。此次内战造成了希腊严重的政治与经济分裂，让希腊走上了与其他被苏联控制的卫星国不同的发展道路，成为巴尔干半岛唯一接受"马歇尔计划"和未被苏联控制的国家，也成为美国于冷战时期在巴尔干对抗苏联的重要盟国。

　　20 世纪 60 年代初，鉴于欧洲经济共同体取得了显著的经济成就，希腊开始寻求加入其中。希腊于 1961 年 7 月与欧洲经济共同体签署了联合协议，确定了希腊未来加入欧洲经济共同体的可能性，双方计划在过渡时期建立关税同盟。②

　　1967 年 4 月 21 日，希腊军队为了阻止国内出现由乔治·帕潘德里欧领导下的左翼政府而发生政变，成立了一个名为"上校团"的军政府，导致希腊与欧洲经济共同体的联合协议被迫中止。希腊国王康斯坦丁二世

　　① David H. Close, *The Origins of the Greek Civil War*, London: Longman, 1995, p. 137.

　　② Werner Feld, "The Association Agreements of the European Communities: A Comparative Analysis", *International Organization*, Vol. 19, No. 2, 1965.

（Constantine Ⅱ，1964—1967 年在位）被迫流亡至罗马，希腊政权完全落入军方手中，由乔治·帕帕多普洛斯（Georgios Papadopoulos）准将担任首相兼国防部长。1974 年 7 月，希腊军政府兼并塞浦路斯的计划遭受严重挫折，也受到国际社会以及美、英、苏等大国的一致谴责，希腊在外交上陷于空前的孤立状态，由此计划而引发的土耳其军队入侵塞浦路斯一事导致了希腊军政府的垮台。当年 11 月，康斯坦丁·卡拉曼利斯（Konstantin Karamanlis）领导的新民主党在希腊国会选举中获胜，他宣布将采取公民投票的方式决定希腊未来的政体，绝大部分的民众赞成改建为共和国。

恢复民主政体后，希腊的经济和社会发展状况有所改善，希腊和欧洲经济共同体之间的关系也逐渐恢复正常。1975 年 6 月 12 日，希腊正式向欧共体提交了加入申请。次年 7 月，希腊与欧共体正式开展加入欧共体的谈判，双方最终于 1979 年 5 月完成谈判。[①]

自 1981 年 1 月 1 日起，希腊正式成为欧共体的成员国。自 2000 年 1 月 1 日起，希腊成为申根国家，并于 2001 年 1 月 1 日起加入欧元区。加入欧元区后，希腊进出口贸易发展良好，根据 2018 年的统计数据，希腊出口总额的 53% 为欧盟内部贸易，进口总额的 51% 来自欧盟成员国。[②] 在第 9 届欧洲议会 705 个席位中，希腊拥有 21 个席位。进入 21 世纪后，希腊于 2009 年爆发了主权债务危机，令希腊经济遭受了空前沉重的打击，直到 2018 年才正式解除主权债务危机。

希腊总面积约 13.2 万平方公里，总人口约 1070.9 万（截至 2020 年），希腊的主体民族为希腊族，人口约占总人口的 98% 以上。[③] 少数民族有阿尔巴尼亚族、土耳其族、马其顿族等。希腊的官方语言为希腊语，居民主要信奉东正教。

① "Accession Treaties", https://eur-lex.europa.eu/collection/eu-law/treaties/treaties-accession.html.

② "Country-Profiles/Greece", 欧盟官方网站：https://european-union.europa.eu/principles-countries-history/country-profiles/greece_en.

③ 《希腊国家概况》，中华人民共和国外交部官方网站：https://www.fmprc.gov.cn/web/gjhdq_676201/gj_676203/oz_678770/1206_679834/1206x0_679836/，2021 年 7 月。

九　保加利亚

　　保加利亚共和国（The Republic of Bulgaria）简称保加利亚，位于欧洲巴尔干半岛东南部。保加利亚北部与罗马尼亚隔多瑙河相望，西部与塞尔维亚、马其顿相邻，南部与希腊、土耳其接壤，东部临接黑海。

保加利亚第二帝国沙皇伊万·阿森二世（1218—1241 年在位）

　　旧石器时代和新石器时代的种种遗迹表明，早在远古时代，今保加利亚境内就曾有人类定居。公元前 400 年左右，保加利亚生活着色雷斯人（Thracians），他们以制作精美的金银首饰而闻名。[①] 公元 1 世纪，罗马人征服了保加利亚地区，将其分属于默西亚（Moesia）和色雷斯（Thracia）两个行省。罗马帝国分裂后，这一地区归属于拜占廷帝国。

　　公元 6—7 世纪，斯拉夫部落大规模迁徙至多瑙河以南的地区。在这

---

　　① "A Short History of Bulgaria"，http：//www. localhistories. org/bulgaria. html.

保加利亚革命家格奥尔基·萨瓦·拉科夫斯基的雕像

保加利亚古都大特尔诺沃

一时期，讲突厥语的保加尔人在多瑙河三角洲以北定居下来，他们于公元680 年在阿斯帕鲁赫（Asparukh）的领导下与斯拉夫人等建立了保加利亚第一帝国，定都普利斯卡。该帝国民众打败了拜占廷军队，从而使拜占廷帝国被迫于 681 年承认了保加利亚第一帝国（First Bulgarian Empire，

681—1018）。之后，斯拉夫人与保加尔人开始融合，逐渐形成了保加利亚人。

保加利亚第一帝国时常与拜占廷帝国作战，以试图控制巴尔干半岛。803 年，克鲁姆（Krum，803—814 年在位）成为保加利亚第一帝国的可汗，他率领保加利亚军队于 804—806 年间击败了阿瓦尔人。随后，克鲁姆联合法兰克人摧毁了阿瓦尔汗国，占领了阿瓦尔汗国的东部地区并接管了当地的斯拉夫部落，使保加利亚的领土从多瑙河中部向东部延伸。公元 864 年，保加利亚可汗鲍里斯一世（Boris Ⅰ，852—889 年在位）接受了东正教信仰，并在国民中推行，以此建立起斯拉夫人与保加尔人共同的宗教认同。经过当地斯拉夫学者的努力，斯拉夫语逐渐在宗教活动中取代了希腊语，并成为该国的官方语言。855 年前后，保加利亚及斯拉夫民族的文化先驱基里尔和麦托迪两兄弟创造了斯拉夫文字（基里尔字母），从而打破了拉丁字母"统治"欧洲宗教、文学和社会生活的局面，保加利亚因此成为使用和传播斯拉夫文字的中心。

鲍里斯一世的儿子西米恩一世（Simeon Ⅰ，893—927 年在位）统治期间，保加利亚占领了今塞尔维亚的大部分以及今阿尔巴尼亚、马其顿及希腊的一部分领土，一度迫使拜占廷帝国向其纳贡。在西米恩一世的统治下，保加利亚成为巴尔干半岛上的大国，其疆域达到有史以来最大的范围，保加利亚的文化、教育和经济也走向了全面繁荣。[①] 西米恩一世去世后，随着保加利亚封建制度不断发展，贵族势力日益强大，中央政权遭到削弱。由于西米恩一世的继任者彼得一世（Peter Ⅰ，927—969 年在位）在统治时期对农民进行残酷剥削，保加利亚开始走向衰落。自 1018 年起，保加利亚逐渐沦于拜占廷帝国的统治之下，保加利亚第一帝国灭亡。

拜占廷帝国征服保加利亚第一帝国后，通过建立军区制度管理保加利亚。在此期间，保加利亚境内曾多次爆发反抗拜占廷统治者的武装起义和暴动。彼得·阿森（Peter Assen）与其弟伊万·阿森（Ivan Assen）于 1185 年领导的起义取得了胜利，拜占廷统治者被赶了出去。保加利亚人收复了多瑙河、巴尔干山脉和黑海之间的领土，定都于特尔诺沃（Tarnovo），保加利亚第二帝国（Second Bulgarian Empire，1185—1393）从此

---

① 葛志强：《保加利亚历史概要》，《东欧》1997 年第 1 期。

诞生。

1204 年，拜占廷帝国在第四次十字军东征中的西方骑士的突袭下瓦解。保加利亚第二帝国沙皇卡洛扬·阿森（Kaloyan Assen，1197—1207年在位）选择与罗马教会结盟，教皇因诺森特三世在特尔诺沃设首席主教，并授卡洛扬以国王称号。由于拉丁帝国在扩张领地时不断跨过边界劫掠保加利亚人的村镇，招致了卡洛扬的极大不满。卡洛扬开始向色雷斯进军，与拉丁帝国开战。1205 年 4 月 14 日，保加利亚人联合库曼人在亚得里亚堡战役（Battle of Adrianople）中重创拉丁帝国军队，俘虏了拉丁帝国皇帝鲍德温一世。[①]

伊万·阿森二世（Ivan Assen Ⅱ，1218—1241 年在位）在位期间，保加利亚在政治、经济和文化上达到了鼎盛。在他的统治下，保加利亚第二帝国进入国力巅峰时期，成为巴尔干半岛的强国。1241 年，伊万·阿森二世于首都特尔诺沃去世后，他七岁的儿子科利曼·阿森（Kaliman Asen，1241—1246 年在位）即位，由于年幼的国王无力控制国内贵族，贵族之间再次掀起争权夺利的斗争，保加利亚开始由盛转衰。

从 13 世纪中叶开始，由于保加利亚封建制度的高度发展，王权受到进一步削弱，加之国内贵族混战，以及金帐汗国蒙古军队的进犯等原因，保加利亚丧失了许多领土，成为金帐汗国的附庸国长达几十年。面对不断来犯的蒙古人和软弱无能的保加利亚贵族，一位名叫伊瓦伊洛（Ivailo）的保加利亚平民于 1277 年发动了起义，获得了许多保加利亚民众的支持。起义军赶走了驻扎在保加利亚境内的蒙古人，并且在一场战斗中杀死了保加利亚沙皇君士坦丁·阿森（Konstantin Asen，1257—1277 年在位），伊瓦伊洛被拥戴为新沙皇（1277—1279 年在位）。

拜占廷皇帝迈克尔八世为了在这场起义中获取利益，他派出保加利亚王子伊万·阿森（Ivan Asen，即后来的沙皇伊万·阿森三世，1279—1280年在位）率领拜占廷军队讨伐伊瓦伊洛，同时联系金帐汗国的蒙古人前来增援，最终于 1279 年占领了首都特尔诺沃。伊万·阿森随即成为保加利亚的新沙皇。之后，由于首都发生动乱，伊万·阿森三世逃离了首都，当地贵族乔治·泰特一世（George Terter Ⅰ，1280—1292 年在位）于1280 年夺取了沙皇的位置。伊瓦伊洛兵败逃亡后，被金帐汗国那海汗杀

---

① 王觉非：《欧洲历史大辞典》（上），上海辞书出版社 2007 年版，第 510 页。

害。此时保加利亚陷入分裂，一些贵族成为地方首领，控制了当地政权。

受蒙古人的干涉，乔治·泰特一世于1292年前往拜占廷帝国避难。在那海汗的影响下，当地一个名叫斯米列茨（Smilets，1292—1298年在位）的贵族成为保加利亚沙皇。斯米列茨统治7年后，于1298年去世，其儿子伊万二世（Ivan Ⅱ，1298—1299年在位）即位。在这一时期，那海汗的儿子恰卡（Chaka）来到了保加利亚，通过逼迫伊万二世退位，恰卡（1299—1300年在位）短暂地当上了保加利亚的沙皇。

脱脱于1291年即位为金帐汗国大汗，之后与那海汗发生了矛盾，脱脱汗开始清算那海汗势力。为了追击恰卡，脱脱汗和乔治·泰特一世的儿子西奥多·斯维托斯拉夫（Theodore Svetoslav，1300—1322年在位）联合，进攻特尔诺沃，杀死了恰卡。西奥多当上保加利亚新沙皇后，开始摆脱蒙古人的干涉，他首先加强了中央集权，又收买了地方贵族，从而统一了保加利亚。之后，西奥多开始对拜占廷的侵略进行反击，他利用拜占廷处于奥斯曼帝国的进攻以及加泰罗尼亚军团反叛的形势，经过多次战争夺回了巴尔干山脉以南的诸多土地和黑海沿岸的几个港口，迫使拜占廷承认保加利亚对这些土地的实际控制权。

西奥多于1322年去世，由于继任的沙皇仅在位一年且没有后代，保加利亚再次陷入争夺皇位的混乱之中。1323年，迈克尔·希斯曼（Mihail Shishman，1323—1330年在位）成为保加利亚的新沙皇，在其统治期间，塞尔维亚、保加利亚、拜占廷三国发生了多次混战，频繁变换敌人和盟友，塞尔维亚在混战中逐渐强大起来。保加利亚和拜占廷结成联盟一起对抗塞尔维亚，在1330年于韦尔巴兹德（Velbalzhd）进行的决战中，沙皇迈克尔战死。塞尔维亚国王斯蒂芬·乌罗什三世扶植迈克尔·希斯曼的儿子伊万·斯蒂芬（Ivan Stefan，1330—1331年在位）成为保加利亚新沙皇。

1331年，保加利亚发生暴动，伊万·斯蒂芬被驱逐，迈克尔·希斯曼的侄子伊万·亚历山大（Ivan Alexander，1331—1371年在位）成为保加利亚的新沙皇。伊万·亚历山大登基后，他着手处理国内社会问题以及来自拜占廷帝国、塞尔维亚帝国等邻国的威胁，并领导保加利亚进入经济复苏以及文艺复兴时代。伊万·亚历山大认识到保加利亚真正敌人是奥斯曼帝国而不是拜占廷帝国，因此他拉拢巴尔干半岛诸国一致对外，并与塞尔维亚帝国统治者斯蒂芬·杜尚结亲，使保加利亚和塞尔维亚两国实现了和平。在伊万·亚历山大执政晚期，他未能抵挡南方奥斯曼帝国和西北方匈牙利王国的频繁入侵，加之黑死病的蔓延又使国内形势雪上加霜。伊万·亚历山大于 1371 年去世后，保加利亚再次陷入分裂。①

1371 年，奥斯曼帝国军队打败了塞尔维亚王室军队，塞尔维亚也分裂为多个诸侯国。在 1389 年的科索沃战役（Battle of Kosovo）中，奥斯曼帝国军队击溃了由塞尔维亚人、保加利亚人、阿尔巴尼亚人、克罗地亚人等组成的巴尔干同盟军，并于 1393 年占领保加利亚都城特尔诺沃，保加利亚第二帝国灭亡。此时，只有由伊万·亚历山大的次子伊万·斯特拉西米尔（Ivan Stracimir, 1356—1396 年在位）统治的维丁王国还存在，维丁王国和匈牙利王国、法兰西王国、医院骑士团、威尼斯共和国及欧洲其他军团组成了联军，与奥斯曼帝国苏丹巴耶济德一世（Bayezid Ⅰ, 1389—1402 年在位）率领的军队于 1396 年 9 月 25 日在多瑙河沿岸的尼科堡（Nicopolis，又名尼科波利斯）要塞进行交战，史称"尼科堡战役"（Battle of Nicopolis），奥斯曼帝国在这场战役中取得了决定性胜利。至此，保加利亚进入了长达近 500 年的奥斯曼帝国统治时期（1396—1878 年）。

在奥斯曼帝国统治期间，奥斯曼帝国的统治者在保加利亚建立了军事封建制度，向当地民众征收苛捐杂税，通过将人口密集地区的穆斯林移居至保加利亚，驱使保加利亚人迁往其他地方，以及强迫保加利亚人皈依伊斯兰教等手段，试图同化保加利亚人。为反抗奥斯曼帝国的奴役和同化，保加利亚人民开展了各种形式的斗争。如 1598 年和 1686 年的特尔诺沃起义、1688 年的奇普罗夫齐起义、1689 年的卡尔波绍夫起义、1717 年的洛姆——维丁地区起义和 1737 年保加利亚西部地区起义等。②

18—19 世纪，随着资本主义经济的发展，保加利亚民族意识和民族认同逐渐增强，民族解放运动开始兴起。1762 年出版的第一本保加利亚历史书——《斯拉夫——保加利亚史》（Slavic-Bulgarian History）被认为是保加利亚民族独立运动的开端，该书作者帕伊西·希伦达尔斯基（Paisii Hilendarski）对饱受磨难的祖国充满热爱，向人民指出解放之路，是保加利亚伟大向往的表达者。在保加利亚独立运动的过程中，《斯拉夫——保加利亚史》充满了具有号召力的爱国主义精神，是一部唤起保

---

① ［美］R. J. 克兰普顿：《保加利亚史》，周旭东译，中国大百科全书出版社 2009 年版，第 26 页。

② 葛志强：《保加利亚历史概要》，《东欧》1997 年第 1 期。

加利亚人民的民族意识，并号召他们反对异族压迫者的宣言书。①

　　克里米亚战争（Crimean War，1853—1856）爆发后，保加利亚革命家格奥尔基·萨瓦·拉科夫斯基（Georgi Sava Rakovski）在保加利亚境内建立了秘密团体，试图组织起全国性的革命力量。他在布加勒斯特成立了民族革命运动的领导中心——保加利亚中央革命委员会，以此开展独立运动。受 1875 年黑塞哥维那起义的鼓舞，在保加利亚中央革命委员会的组织和领导下，保加利亚四月起义（April Uprising）于 1876 年 4 月在南部的科普里夫什蒂察（Koprivshtitsa）爆发，并迅速遍及全国。这场起义遭到了奥斯曼帝国军队的残酷镇压，约有 1.5 万人被屠杀，史称"保加利亚惨案"（Bulgarian Horrors），这一事件震惊了欧洲各国，成为东方危机（Great Eastern Crisis，1875—1878）的一个重要组成部分。

　　1877 年，俄国打着拯救奥斯曼帝国压迫下的基督徒和保护斯拉夫兄弟的旗号发动了第十次俄土战争。在英国和奥匈帝国的压力下，俄国被迫停战议和，与奥斯曼帝国于 1878 年签订了《圣斯特法诺条约》（Treaty of San Stefano），该条约规定成立大保加利亚国，并允许俄国势力进入保加利亚。《圣斯特法诺条约》大大加强了俄国在巴尔干的势力，立即遭到了英国和奥匈帝国的坚决反对。在德国首相俾斯麦的斡旋下，俄国不得不与列强签订了《柏林条约》，对《圣斯特法诺条约》做了大篇幅修改，包括将大保加利亚国一分为三，一个为自治的保加利亚公国（巴尔干山脉以北），一个为半自治的东鲁米利亚省（巴尔干山脉以南），其他保加利亚人居住的地区仍由奥斯曼帝国管辖。

　　虽然保加利亚公国（Principality of Bulgaria，1878—1908）在名义上是奥斯曼帝国的附属国，但拥有自己的宪法、国旗、国徽、国歌以及独立的外交。保加利亚议会选出一位与俄国皇室有亲戚关系的德国人亚历山大·巴滕贝格公爵（Alexander von Battenberg，1879—1886 年在位）担任大公。保加利亚公国成立后，大批土耳其封建领主变卖或离弃了他们在保加利亚的土地，迁往奥斯曼土耳其本土，标志着奥斯曼帝国的封建统治在保加利亚走向了终结。

　　1885 年 9 月，半自治的东鲁米利亚省发生了政变，宣布同保加利亚

---

① 杨燕杰：《保加利亚民族复兴运动的伟大号角——纪念帕伊西·希伦达尔斯基诞生 270 周年和他的〈斯拉夫保加利亚史〉问世 230 周年》，《国际论坛》1992 年第 1 期。

合并。塞尔维亚担心这将动摇其在巴尔干地区的地位，便以边界争端为借口向保加利亚宣战。保加利亚军队在斯利夫尼察战役（Battle of Slivnitsa）中获得胜利，双方于 1886 年 3 月签订了《布加勒斯特条约》（Treaty of Bucharest），宣告本场战争结束，重新确认了保塞两国战前的边界，塞尔维亚对保加利亚合并东鲁米利亚省予以承认。

由于国内亲俄派和反俄派之间的政权之争，加之外国势力的干涉，导致保加利亚政府频繁更替。1886 年 9 月，保加利亚爆发了政变，在位 7 年的保加利亚大公亚历山大·巴滕贝格被迫退位。保加利亚国民议会推选德国萨克森–科堡–哥达–科哈利家族（House of Saxe–Coburg and Gotha–Koháry）的费迪南德·马克西米利安·卡尔·利奥波德·玛丽亚（Ferdinand Maximilian Karl Leopold Maria）为保加利亚公国的第二任大公，称为费迪南德一世（Ferdinand Ⅰ，1887—1918 年在位）。费迪南德一世就任后，逐渐把权力集中在自己手里，建立起了个人独裁。1908 年 10 月 5 日，费迪南德一世在国民议会上正式宣布保加利亚脱离奥斯曼帝国独立。

1912 年，费迪南德一世组建了巴尔干联盟（Balkan League，1912—1913 年），该联盟由保加利亚、塞尔维亚、希腊和黑山组成，其目的是将土耳其人驱逐出巴尔干地区。该联盟于 1912 年 10 月向奥斯曼帝国宣战，第一次巴尔干战争由此爆发，奥斯曼帝国被巴尔干联盟打败。在列强的干涉下，交战国签订了《伦敦条约》，原属奥斯曼帝国的马其顿被塞尔维亚、保加利亚及希腊瓜分。在瓜分马其顿领土时，各方发生了严重分歧，保加利亚想占有整个马其顿，但遭到了塞尔维亚及希腊的坚决反对。塞尔维亚和希腊同罗马尼亚结盟，于 1913 年 6 月与保加利亚进行了第二次巴尔干战争，保加利亚被打败。[①] 保加利亚战败后，与塞尔维亚、希腊、黑山、罗马尼亚四国签订了《布加勒斯特条约》（Treaty of Bucharest），该合约将马其顿一分为三，塞尔维亚分得瓦尔达尔马其顿（约有 2.6 万平方公里），希腊分得爱琴马其顿（约有 3.4 万平方公里），保加利亚仅分得皮林马其顿（约有 6000 平方公里）。[②]

出于对这一分配结果的不满，在很大程度上决定了保加利亚在第一次

---

① ［美］R. J. 克兰普顿：《保加利亚史》，周旭东译，中国大百科全书出版社 2009 年版，第 126 页。

② 樊春菊：《马其顿问题的历史与现状》，《国际资料信息》2001 年第 4 期。

世界大战中站在德国和奥匈帝国一边。保加利亚在第一次世界大战中战败后，费迪南德一世被迫退位，让位于他的儿子鲍里斯三世（Boris Ⅲ，1918—1943年在位）。1919年11月，协约国与战败国保加利亚签订了《纳伊条约》（Treaty of Neuilly）。根据该条约，保加利亚被迫割让了南多布罗加、蒂莫克河下游地区、爱琴海沿海地区等土地，并且要支付巨额赔款。

在第二次世界大战中，保加利亚于1941年3月加入了轴心国集团。1944年9月，苏联红军进入保加利亚，保加利亚人民在共产党的领导下举行武装起义，在苏联红军帮助下推翻了法西斯政权。1946年9月，保加利亚举行全民投票，废除了君主制，建立了保加利亚人民共和国，保加利亚共产党领袖格奥尔基·季米特洛夫（Georgi Dimitrov）出任共和国第一任总理。

20世纪80年代末期，保加利亚局势发生了重大变化。1990年，保加利亚共产党决定实行多党制和市场经济，保加利亚共产党也于当年改称为社会党。1990年11月15日，保加利亚改国名为保加利亚共和国，并在当年12月表达了加入欧洲共同体的意愿。

保加利亚于1995年12月正式向欧盟提交了入盟申请。之后，保加利亚与欧盟开展了旷日持久的入盟谈判，其中最为关键的议题是关闭科兹洛杜伊（Kozloduy）核电站。科兹洛杜伊核电站是保加利亚在苏联的帮助下兴建的国内最大的核电站，该核电站生产的电能除了供国内使用外，富裕的电能还出口周边一些国家创汇。欧盟委员会提出科兹洛杜伊核电站存在着严重的核泄漏问题，要求保加利亚提前关闭，之后才能商讨是否接受保加利亚的入盟申请。保加利亚国内公众对此意见很大，认为关闭科兹洛杜伊核电站不仅损害了本国经济发展，而且将使保加利亚的电力供应严重依赖国外能源。尽管如此，为了顺利地入盟，保加利亚最终关闭了该核电站。2006年5月，保加利亚议会对入盟协议进行一读和二读程序，两次都达到了法定的2/3以上支持票数的规定，从而顺利通过了入盟协议。[①] 2006年9月，欧盟委员会通过了一份最终报告，认为保加利亚在满足入盟标准问题上取得了重大进展。

自2007年1月1日起，保加利亚正式成为欧盟的成员国。目前，保

① 和静钧：《保加利亚：犹疑不安入欧盟》，《世界知识》2005年第11期。

加利亚尚未加入欧元区和申根区。加入欧盟后，保加利亚进出口贸易发展良好，根据 2018 年的统计数据，保加利亚出口总额的 69% 为欧盟内部贸易，进口总额的 64% 来自欧盟成员国。[①] 在第 9 届欧洲议会 705 个席位中，保加利亚拥有 17 个席位。

保加利亚总面积约 11.1 万平方公里，总人口约 691 万（截至 2020 年 12 月）。[②] 保加利亚的主体民族为保加利亚族，人口约占总人口的 84%[③]，少数民族有土耳其族、罗姆族、马其顿族、亚美尼亚族等。保加利亚的官方语言为保加利亚语，其居民主要信奉东正教，少数居民信奉伊斯兰教。

十　塞浦路斯

塞浦路斯共和国（The Republic of Cyprus）简称塞浦路斯，位于地中海东部的塞浦路斯岛，该岛为地中海第三大岛，其西北部为希腊，东北部为土耳其。

据考古发现，在旧石器时代，今塞浦路斯岛上已经有人类在此居住。在新石器时代，岛上南海岸的基罗基提亚产生了基罗基提亚文化。当地居民以农耕为主，同时从事狩猎、捕鱼活动，形成了稳定的聚居区。大约在公元前 5600 年左右，基罗基提亚文化突然消失了，直到公元前 4600 年左右，新的定居者来到塞浦路斯岛，他们在南海岸的索特拉地区开始定居，逐渐形成了索特拉文化。

公元前 2500 年左右，受原居住于小亚细亚半岛南部的卢维人（Luwians）入侵的影响，部分安纳托利亚地区的居民迁徙至塞浦路斯岛，开始在塞浦路斯岛西部的菲里亚地区定居。在青铜器时代，由于在该岛发现了铜矿，古希腊人于公元前 16 世纪至公元前 12 世纪开始移居塞浦路斯

---

① "Country – Profiles/Bulgaria"，欧盟官方网站：https：//european – union. europa. eu/principles-countries-history/country-profiles/bulgaria_en.

② "Population and Demographic Processes in 2020"，保加利亚统计局官方网站：https：//nsi. bg/en/content/18746/прессъобщение/population-and-demographic-processes-2020.

③ 《保加利亚国家概况》，中华人民共和国外交部官方网站：https：//www. fmprc. gov. cn/web/gjhdq_676201/gj_676203/oz_678770/1206_678916/1206x0_678918/，2021 年 7 月。

塞浦路斯古城拉纳卡

塞浦路斯尼科西亚市奎科斯修道院

岛，并建立了自治的城邦，从而使塞浦路斯岛进入迈锡尼文明和希腊城邦时期。来自古希腊的移民彻底改变了塞浦路斯岛的人口结构，他们逐渐发展成为今塞浦路斯境内占绝对多数的民族——希腊族，古希腊文化也随之渗入到塞浦路斯社会的各个领域。①

　　到公元前 12 世纪左右，塞浦路斯的希腊化基本完成。塞浦路斯的日

---

　　① 何志龙：《外来移民与塞浦路斯的民族形成——兼述塞浦路斯历史上希腊族人与土耳其族人的关系》，《世界民族》2006 年第 1 期。

塞浦路斯帕福斯城堡

常生活用品是迈锡尼器物；当地人口中绝大多数为希腊人；诸城邦采用了希腊的王位世袭制度，国王行使最高祭司、法官和军事统帅的职权；整个塞浦路斯崇拜希腊众神。[①]公元前850年左右，亚述人入侵今叙利亚北部的腓尼基城邦，大量的腓尼基人迁徙至塞浦路斯的克提昂地区。腓尼基人只是将塞浦路斯作为他们向地中海西部的西西里岛、撒丁岛、迦太基甚至西班牙扩张的基地，并未在塞浦路斯进一步扩张。

从公元前8世纪起，塞浦路斯岛先后臣服于亚述、埃及、波斯等帝国。公元前708年，亚述征服了塞浦路斯岛。公元前560年和公元前540年，埃及和波斯先后入侵了塞浦路斯岛。在这些国家的统治过程中，他们对塞浦路斯岛内各王国保留了原有的政治制度，从而使岛内各国拥有较大的自治权。这些国家也利用塞浦路斯岛内各王国之间的矛盾和分裂，实行分而治之政策，以此维护自身利益。

公元前392年，塞浦路斯岛内萨拉米斯王国的国王埃瓦戈拉斯一世发动了全岛范围内的扩张战争。由于此时波斯帝国内部发生战乱，这为埃瓦戈拉斯的扩张提供了可乘之机，埃瓦戈拉斯一世占领了塞浦路斯全岛并控制了腓尼基和西里西亚的一些重要据点。公元前384年，波斯派出大军打败了埃瓦戈拉斯一世，重新控制了塞浦路斯。这场战争进一步促进了岛内

---

① 何志龙：《移民活动是早期人类社会历史交往的普遍形式——从历史交往看移民与塞浦路斯早期人类社会的形成和发展》，《西北大学学报》（哲学社会科学版）2002年第4期。

民众的身份认同，从而推进塞浦路斯由分裂走向统一。

公元前 332 年，马其顿国王亚历山大征服了塞浦路斯岛。在其病故后，其部将托勒密于公元前 294 年取得了塞浦路斯岛的控制权，从公元前 294 年至公元前 58 年，塞浦路斯岛隶属埃及托勒密王朝。随着罗马共和国向东部扩张，罗马于公元前 58 年吞并了塞浦路斯岛，建立了塞浦路斯行省。公元 45 年，基督教开始传入塞浦路斯岛。至 4 世纪时，岛上居民确立了基督教信仰。在罗马统治时期，罗马帝国在塞浦路斯岛建立起了一套完善的道路交通系统，许多罗马时代的道路延续使用了十几个世纪。塞浦路斯岛成为罗马帝国主要的铜矿区之一，一些城市因矿业而兴起，本地城市规模得到扩张，这一时期的塞浦路斯岛的经济走向繁荣。

罗马帝国分裂后，塞浦路斯岛成为拜占廷帝国的属地。从 7 世纪中叶起，阿拉伯人多次袭击塞浦路斯岛，占领了该岛的一些地区，直到 965 年拜占廷帝国才收复被占领的地区，重新取得了对塞浦路斯岛的控制权。1184—1191 年期间，塞浦路斯总督伊萨克·科穆宁曾脱离拜占廷帝国而独立，但随着第三次十字军东征途径塞浦路斯岛，十字军在英格兰国王理查德一世（Richard I，1189—1199 年在位）的带领下对塞浦路斯岛进行了掠夺，然后将塞浦路斯岛经耶路撒冷的圣殿骑士团转卖给耶路撒冷王国的前国王、法兰克人盖伊·德·鲁西格南（Guy de Lusignan）。盖伊在塞浦路斯岛建立了塞浦路斯历史上第一个独立王国——塞浦路斯王国（1192—1489 年），该王国由鲁西格南家族统治了近三个世纪之久。统治者宣布以拉丁语为官方语言，后来用法语取而代之。1196 年，塞浦路斯王国成立了拉丁教会，当地的东正教会遭受了宗教迫害。

盖伊去世后，他的长兄阿马尔里克（Amalric I，1194—1205 年在位）继位，他于 1197 年从神圣罗马皇帝亨利六世获得了国王的称号。许多早期的塞浦路斯国王还兼任着耶路撒冷王国的国王，直到 1291 年十字军控制的阿卡城被穆斯林攻陷，耶路撒冷王国被灭亡而结束。阿卡城陷落后，塞浦路斯国王兼耶路撒冷国王亨利二世（Henri II，1285—1306 年在位）率大批巴勒斯坦地区的十字军骑士返回了塞浦路斯。从此，塞浦路斯国王虽然还领有耶路撒冷王位，但永远失去了圣地的土地。

14 世纪，随着塞浦路斯岛成为欧洲与亚洲、非洲贸易的中心，塞浦路斯王国逐渐走向了繁荣，吸引着热那亚人开始向塞浦路斯岛移民，他们对塞浦路斯王国的领主制度产生了较大的冲击。14 世纪以后，塞浦路斯人和热那亚人的矛盾日益突出，热那亚人通过购买土地和放高利贷等商业手段，不断蚕食着塞浦路斯王国封建领主的领地和财产。1371 年，塞浦路斯岛上重要的贸易港口法马古斯塔被热那亚共和国控制，这对塞浦路斯王国的商业利益产生了不利影响。

因此，塞浦路斯王国在天主教会分裂时期（1378—1417 年）站在阿维尼翁教廷一边，希望法国人能够赶走意大利人。1426 年，埃及马木路克王朝入侵塞浦路斯，塞浦路斯国王贾纳斯（Janus，1398—1432 年在位）战败，塞浦路斯失去了独立的资格，成为了马木路克王朝的附属国。之后的塞浦路斯国王逐渐失去了独立性，直到 1489 年最后一位女王凯瑟琳·科纳罗（Catherine Cornaro，1474—1489 年在位）将该岛卖给了威尼斯。在威尼斯统治时期（1489—1571 年），威尼斯人主要将塞浦路斯岛视为军事基地，他们在塞浦路斯岛的法马古斯塔和尼科西亚建设了防御工事。

1570 年，奥斯曼苏丹塞利姆二世（Selim Ⅱ，1566—1574 年在位）要求威尼斯割让塞浦路斯岛未允后，遂令军队攻占该岛，最终于 1571 年占领了塞浦路斯岛。奥斯曼帝国征服塞浦路斯岛后，建立了塞浦路斯省，迁徙了大量的土耳其人在岛上定居。在奥斯曼帝国的统治下，塞浦路斯的东正教摆脱了几个世纪以来天主教等级制度的控制，其先前的独立传统得到重申。此外，岛上的天主教十字军和威尼斯统治者被驱逐，岛上的天主教徒可以选择皈依伊斯兰教或东正教，或者向外迁徙。

在 15 世纪末 16 世纪初，西欧各国经过一系列航海探险活动，开辟了通往印度和美洲等世界各地的航路。随着新航路的开辟，世界贸易的中心从地中海沿岸转移到大西洋沿岸，导致奥斯曼帝国控制下的塞浦路斯岛的商业地位下降。在社会治理方面，奥斯曼帝国将"米勒特"（Millet）制度应用于塞浦路斯，赋予了塞浦路斯当地东正教社团的自治权，提升了塞浦路斯希腊居民的民族凝聚力。塞浦路斯大主教不仅成为当地的宗教领袖，而且成为当地的民族领袖。到 19 世纪初，塞浦路斯大主教的影响力几乎超过了当地的总督。

1869 年，苏伊士运河开通，重新赋予塞浦路斯岛重要的商业地位，距离苏伊士运河不到 400 公里的塞浦路斯岛成为英国的目标。在 1877—1878 年爆发的第十次俄土战争中，俄军入侵奥斯曼帝国，逼近君士坦丁堡。英国、法国、德国、奥匈帝国害怕俄国趁机坐大，强迫俄国停战议和。英国与奥斯曼帝国于 1878 年签订了《塞浦路斯公约》（Cyprus Convention），英国在公约中承诺若俄国再次入侵奥斯曼帝国，英国将为奥斯曼帝国提供支持；奥斯曼帝国将塞浦路斯岛的管辖权交予英国，但其主权仍归属奥斯曼帝国。

由于英国对塞浦路斯征收重税并实施独裁统治，引起了塞浦路斯人的反抗。20 世纪初，希腊与塞浦路斯统一的思想在塞浦路斯人中兴起，英国为此对塞浦路斯人进行镇压，加剧了塞浦路斯人对英国的反抗。第一次世界大战爆发后，奥斯曼帝国加入了同盟国阵营，英国趁机宣布吞并塞浦路斯岛，将其变为英国殖民地。

第一次世界大战结束后，奥斯曼帝国于 1920 年与协约国签署了《色佛尔条约》（Treaty of Sèvres），正式将塞浦路斯岛割让予英国。苛刻的《色佛尔条约》引起了土耳其独立战争的爆发，凯末尔带领土耳其人民开展了土耳其国民运动，推翻了奥斯曼帝国，建立了土耳其共和国。土耳其革命者迫使协约国放弃了《色佛尔条约》，于 1923 年 7 月与协约国订立《洛桑条约》（Treaty of Lausanne）取代《色佛尔条约》，土耳其在该条约中承认了英国对塞浦路斯岛的占领。

第二次世界大战结束后，希腊积极谋求与塞浦路斯合并，塞浦路斯人也向联合国请愿，要求与希腊统一。英国对此持反对态度，继续殖民塞浦路斯。1955 年，塞浦路斯岛爆发了大规模的反英起义，游击队多次袭击英军，以推翻英国统治，实现希腊与塞浦路斯的统一。希腊向塞浦路斯游击队提供支持，土耳其则支持英国打击塞浦路斯游击队。

1959 年 2 月，塞浦路斯与英国、希腊、土耳其三国签订《苏黎世—伦敦协议》（Zurich and London Agreements），确定了独立后国家的基本结构和族际权力分配。第二年，塞浦路斯同上述三国在塞浦路斯首都尼科西亚市（Nicosia）签订了《保证条约》（Treaty of Guarantee），由英国、希腊、土耳其保证塞浦路斯的独立、领土完整和安全。1960 年 8 月 16 日，塞浦路斯宣布独立，成立了塞浦路斯共和国，希腊族和土耳其族组成了联合政府，由希腊族人马卡里奥斯三世大主教（Archbishop Makarios Ⅲ）任总统，土耳其族人法齐勒·库楚克（Dr. Fazil Kucuk）任副总统。1963 年末，马卡里奥斯总统以希腊族和土耳其族的分权阻碍统一施政为由，提出了"十三点宪法修正案"。土耳其族人认为该宪法修正案的目的是剥夺他们应享有的权利，旨在使希腊族人独揽大权，因而强烈反对该修正案，最终导致两族发生武装冲突。联合国于 1964 年派驻维和部队，但仍然没有解决两个民族之间的冲突。1967 年 12 月，塞浦路斯土耳其族领导人宣布建立"过渡政府"（Transitional Administration），管理土耳其人居住区的相关事务，该机构的"总统"为塞浦路斯共和国副总统法齐勒·库楚克，塞浦路斯开始走向分裂。①

1974 年 7 月，希腊军人集团塞浦路斯全国斗争组织（National Organization of Cypriot Struggle）在塞浦路斯策动政变，试图推进塞浦路斯与希腊合并，马卡里奥斯逃往英国，右翼政客尼科斯·桑普森（Nicos Sampson）被宣布为新政府的临时总统。土耳其以保护塞浦路斯土耳其族居民为由出兵干预，占领了塞浦路斯北部约占全岛面积 37% 的领土，数以万计的原先住在北部的希腊族人南迁，原先住在南部地区的土耳其族人则北迁。由土耳其控制的塞浦路斯北部地区单方面成立"塞浦路斯土耳其联盟邦"（Turkish Federated State of Cyprus），自此塞浦路斯共和国长期处于南北分裂状态。该"联盟邦"于 1983 年改名为"北塞浦路斯土耳其斯坦共和国"（Turkish Republic of Northern Cyprus，缩写为 TRNC），国际上仅有土耳其承认这个"国家"。为确保土耳其族在塞浦路斯北部成为主体民族，土耳其军队将占领区内超过 16 万的希腊族居民驱逐出家园。

在欧洲一体化进程中，塞浦路斯②希望通过参与欧洲一体化保障国家安全，以此防范和对抗土耳其的军事干涉。时任塞浦路斯总统的格拉夫科斯·克莱里季斯（Glafkos Ioannou Kliridis）在一次演讲中提出："塞浦路斯成为欧盟成员国后，土耳其在塞浦路斯发生危机时，对塞浦路斯进行干预的权利就不可能付诸行动。同时，欧共体成员国的身份将确保全塞浦路斯人拥有基本的自由权（居住权和行动权），违背这些权利的成员国将是不可接受的。"③ 1990 年 7 月，塞浦路斯共和国在"北塞浦路斯土耳其斯坦共和国"强烈反对的情况下申请加入欧共体，成为自欧洲一体化启动以来第一个尚处于分治状态下就申请加入欧共体的国家。对于塞浦路斯加

---

① "Cyprus-A Country Study", http://www.country-data.com/frd/cs/cytoc.html.

② 南部的塞浦路斯共和国，非"北塞浦路斯土耳其斯坦共和国"。——作者注

③ Kamil Sertoglu and Ilhan Ozturk, "Application of Cyprus to the European Union and the Cyprus Problem", *Emerging Markets Finance and Trade*, Vol. 39, No. 6, 2003.

入欧共体，希腊予以了重要支持，为其顺利加入起到了重要的作用。①
1993 年 6 月，欧共体对塞浦路斯的申请加入发表了赞成意见，承认了塞
浦路斯的欧洲身份和特征。② 土耳其则从自身利益出发，反对塞浦路斯加
入欧共体。

　　1997 年 7 月 16 日，欧盟委员会在公布的《2000 年议程：为了更强大
和扩大的联盟》中针对塞浦路斯问题提出：虽然各方为希土两族和谈作
出了努力，但两族和谈并未取得任何实质性成果，必须采取更加积极的措
施。欧盟认为若能开启欧盟与塞浦路斯的入盟谈判，可为希土两族提供一
个沟通的机会，促使希土两族和解。同时建议如果在入盟谈判前塞浦路斯
问题没有取得进展，欧盟将与获得国际社会承认的塞浦路斯共和国政府进
行入盟谈判。③ 在 1999 年 12 月召开的欧盟赫尔辛基首脑会议上，欧盟正
式宣布塞浦路斯加入欧盟不以解决政治局势为条件，这为塞浦路斯顺利入
盟奠定了基础。在完成了漫长而艰巨的入盟谈判过程后，2002 年 12 月，
欧盟哥本哈根首脑会议决定将于 2004 年 5 月接纳塞浦路斯、匈牙利、捷
克、爱沙尼亚、拉脱维亚、立陶宛、马耳他、波兰、斯洛伐克、斯洛文尼
亚等 10 个新的成员国加入欧盟。

　　为了解决塞浦路斯的分裂问题，在时任联合国秘书长科菲·安南
（Kofi Atta Annan）的斡旋下，制定了"安南计划"（Annan Plan），他提
议将塞浦路斯北半部与南半部以类似瑞士的邦联制形态进行结合，组成塞
浦路斯联合共和国（United Cyprus Republic）。该计划于 2004 年 4 月 24 日
实行公投，塞浦路斯北半部的土耳其居民大都接受了"安南计划"，以
64.9%的赞成率通过了该计划，但塞浦路斯南半部的希腊族认为该计划袒
护了土耳其人的权益，强烈反对该计划，投下了高达 75.83%的反对票，
"安南计划"宣告失败。

　　自 2004 年 5 月 1 日起，塞浦路斯正式成为欧盟的成员国，并于 2008
年 1 月 1 日起加入欧元区，但目前塞浦路斯尚未加入申根区。根据 2020

---

　　① 田烨：《整合下的分裂：欧洲一体化进程中的民族与国家》，中国社会科学出版社 2021
年版，第 126 页。

　　② "Cyprus and the European Union"，http：//www.mfa.gov.cy/mfa/highcom/highcom_pretori-
a.nsf/page04_en/page04_en.

　　③ "Agenda 2000：For a stronger and wider Union"，http：//aei.pitt.edu/3137/1/3137.pdf，
p.55.

年的统计数据，塞浦路斯出口总额的 34% 为欧盟内部贸易，进口总额的 59% 来自欧盟成员国。[①] 在第 9 届欧洲议会 705 个席位中，塞浦路斯拥有 6 个席位。由于北塞浦路斯政府并不受国际社会的认同，因此只有南部的塞浦路斯共和国才是欧盟成员国，北部的"北塞浦路斯土耳其斯坦共和国"则不是，这是任何一个欧盟成员国从未出现过的情况，从而给欧盟提出了新的挑战——如何应对和解决欧盟内部的民族冲突，特别是国家分裂问题。[②] 时至今日，虽然塞浦路斯南北双方偶有和谈，但截至目前仍然未有较大的进展。

塞浦路斯总面积约 9251 平方公里，总人口约 122 万（截至 2022 年 2 月）。[③] 塞浦路斯的主体民族为希腊族，人口约占总人口的 72.8%，第二大民族土耳其族总人口约占全国总人口的 18.7%。塞浦路斯的官方语言为希腊语和土耳其语，居民主要信奉东正教和伊斯兰教。

① "Country-Profiles/Cyprus"，欧盟官方网站：https://european-union.europa.eu/principles-countries-history/country-profiles/cyprus_en.

② 何志龙：《塞浦路斯加入欧盟的原因》，《陕西师范大学学报》（哲学社会科学版）2015 年第 6 期。

③ "Cyprus Population"，http://srv1.worldometers.info/world-population/cyprus-population/.

第五章　东欧地区

　　东欧指由波罗的海东岸至黑海东岸一线向东达乌拉尔山脉的欧洲东部。该地区共有爱沙尼亚、拉脱维亚、立陶宛、俄罗斯、白俄罗斯、乌克兰、摩尔多瓦等7个主权国家。其中爱沙尼亚、拉脱维亚、立陶宛为欧盟的成员国。

一　爱沙尼亚

　　爱沙尼亚共和国（The Republic of Estonia）简称爱沙尼亚，位于波罗的海东岸，东部与俄罗斯接壤，南部与拉脱维亚相邻，北部濒临芬兰湾，与芬兰隔海相望，西南部濒临里加湾。

20世纪塔尔图大学建筑景观

爱沙尼亚纳尔瓦城堡

爱沙尼亚首都塔林市

爱沙尼亚的先民约于公元前 9000 年左右在波罗的海沿岸定居，他们属于芬兰—乌戈尔人，与芬兰人同源。在公元前 3000 年左右，一部分印欧人进入波罗的海周边地区，与当地的原住民进行融合，逐渐形成了波罗的部落（Baltic Tribes）。今波罗的海地区的语言主要分为两类，一类是属芬兰—乌戈尔语族的爱沙尼亚语，另一类是波罗的语族的立陶宛语与拉脱维亚语。公元 1 世纪，古罗马历史学家塔西陀在其著作《日耳曼尼亚志》中记载了波罗的海地区，称生活在这片土地上的居民为埃斯蒂人（Aesti），这成为历史上对于该地区最早的文字记载。

公元 8 世纪左右，爱沙尼亚境内乡村社会已经形成。在中世纪前期，爱沙尼亚人还没有形成集中的权力机制，居民主要是一些自由的农民。[①] 12 世纪末，德意志人和丹麦人开始向爱沙尼亚地区传播天主教。德意志传教士曾试图让波罗的海地区的异教徒皈依天主教，但收效甚微。教皇因诺森特三世（Innocent Ⅲ，1198—1216 年在位）出于对信仰东正教的罗斯诸国的防范，担心波罗的海地区的居民会因为斯拉夫人的渗透而皈依东正教，因此因诺森特三世在被选为教皇的第一年就授权发动了对北方的圣战。

在教皇的召唤下，里加主教阿尔伯特·冯·布克斯霍维登（Albert von Buxhoeveden）于 1202 年成立了圣剑骑士团（Knights of the Sword），其目的是征服立陶宛、拉脱维亚和爱沙尼亚的异教徒。圣剑骑士团于 1208 年入侵爱沙尼亚，随后占领了爱沙尼亚南部。丹麦人于 1219 年入侵爱沙尼亚北部，他们在当地建造了一座堡垒，爱沙尼亚人称之为丹麦镇（Danish Town）。到 1227 年，今爱沙尼亚已基本被外来者征服，圣剑骑士团[②]统治爱沙尼亚南部，丹麦人统治爱沙尼亚北部。

由于对外族统治的不满，爱沙尼亚农民于 1343—1346 年间爆发了反抗德意志人和丹麦人统治的起义，被称为"圣乔治之夜起义"（St. George's Night Uprising），这场起义最终于 1346 年被镇压。丹麦人在镇压这场起义中耗费了大量的人力和物力，且因其统治的北部地区经济发展缓慢，丹麦国王于同年决定将爱沙尼亚的领地出售给条顿骑士团。14 世纪中后期，爱沙尼亚的工商业得到了发展，城市中出现了商业组织。塔林、派尔努、塔尔图和维尔扬迪等城市加入了汉萨同盟，爱沙尼亚从而与外界建立了密切的联系。

1558 年，俄国沙皇伊万四世（Ivan Ⅳ，1547—1584 年在位）为争夺波罗的海出海口和波罗的海东岸土地，率军进入利沃尼亚[③]，利沃尼亚战争（Livonian War，1558—1583）由此开始，一直持续到 1583 年。爱沙尼亚在战争中遭受了破坏，纳尔瓦和塔尔图落入俄国手中，利沃尼亚骑士团

---

① ［美］凯文·奥康纳：《波罗的海三国史》，王加丰等译，中国大百科全书出版社 2009 年版，第 12 页。

② 圣剑骑士团于 1237 年被并入条顿骑士团，形成条顿骑士团的一个独立的分支，被称为利沃尼亚骑士团（Order of Livonia，1237—1561 年）。——作者注

③ 今爱沙尼亚南部及拉脱维亚的大部分。——作者注

也于 1561 年解散。今爱沙尼亚北部成立了爱沙尼亚公国（Duchy of Estonia，1561—1721），由瑞典进行统治；南部连同今拉脱维亚的东北部形成了利沃尼亚公国（Duchy of Livonia，1561—1621）以及库尔兰和瑟米加利亚公国（Duchy of Courland and Semigallia，1561—1795），隶属于波兰—立陶宛联邦。

瑞典、丹麦、波兰—立陶宛于 1563 年结成联盟，成功地将俄国军队赶出了爱沙尼亚北部。俄国被迫放弃在利沃尼亚占领的全部领土，其夺取出海口的目的未能达到，扩张势头暂时受到了遏制。在波兰—立陶宛联邦统治时期，波兰国王及立陶宛大公斯蒂芬·巴托里（Stephen Bathory，1576—1586 年在位）将利沃尼亚视为被征服的领土，对利沃尼亚进行了行政改革，进一步控制了利沃尼亚。在利沃尼亚战争结束后的几十年间，瑞典、波兰—立陶宛联邦和俄国之间的各种冲突仍在继续，爱沙尼亚和利沃尼亚人民深受其害。

16 世纪末至 17 世纪前期，为了争夺土地，瑞典和波兰—立陶宛联邦多次交战，瑞典逐渐向南获得了更多的土地，波兰—立陶宛联邦则丧失了许多土地。利沃尼亚公国的大部分地区于 1621 年被瑞典统治，瑞典一度占领了库尔兰和瑟米加利亚公国，留给波兰—立陶宛联邦的仅有利沃尼亚公国东南部的拉特加里亚（Latgallia）的大部分地区。[①] 1629 年，波瑞战争（Polish - Swedish War，1600—1629）以《阿尔特马克休战协定》（Truce of Altmark）的签署而告终。该条约规定，瑞典继续控制利沃尼亚和维斯瓦河口地区，利沃尼亚道加瓦河以北地区被割让给瑞典，其东南部的拉特加里亚仍由波兰—立陶宛联邦统治。

处于瑞典统治之下的爱沙尼亚一度繁荣昌盛，爱沙尼亚的教育和文化事业得到了快速发展。瑞典国王古斯塔夫二世·阿道夫（Gustavus II Adolphus，1611—1632 年在位）于 1632 年创立了爱沙尼亚的第一所大学——塔尔图大学，推动了爱沙尼亚教育的发展。这一时期爱沙尼亚语的研究取得了较大进展，越来越多的书籍以爱沙尼亚语出版，爱沙尼亚文化得到了广泛的传播。从 17 世纪末开始，瑞典国王在爱沙尼亚农村大力推行改革，积极改善农村生活条件和农奴地位，当地农奴在瑞典统治下比之后在俄国

---

① 陈力丹、鹿方宁：《三次民族觉醒中的拉脱维亚新闻传播业》，《新闻界》2014 年第 9 期。

统治下享有更大的自由。

为了对抗瑞典在波罗的海地区的霸主地位，波兰—立陶宛联邦、丹麦和俄国结成军事联盟，并于 1700 年发动了大北方战争（Great Northern War，1700—1721）。俄国军队战胜了瑞典军队，瑞典被迫于 1721 年和俄国签订了《尼斯塔德条约》（Treaty of Nystad），瑞典将爱沙尼亚（Estonia）、利沃尼亚（Livonia）、英格里亚（Ingria）和芬兰东南部割让给俄国。之后，爱沙尼亚受俄国统治时间长达约 200 年。

在俄国统治下，爱沙尼亚农奴的处境再次恶化。沙皇彼得一世（Peter Ⅰ，1689—1725 年在位）废除了瑞典在爱沙尼亚农村开展的改革，恢复了地主的特权，爱沙尼亚农奴受到了更大的压迫。直到 19 世纪上半叶，沙皇亚历山大一世（Alexander Ⅰ，1801—1825 年在位）决定废除爱沙尼亚地区的农奴制，当地农民才获得了自由权。沙皇政府于 1832 年制定了《社会构成法》，规定俄罗斯族是统治民族，第二大民族乌克兰族为"小俄罗斯人"，其余为"异族人"，俄罗斯族享有在政治、经济、文化、教育和社会等方面的特权。① 爱沙尼亚人因此被划归为"异族人"，遭受到诸多不平等的待遇。

德意志于 1871 年实现统一后，俄国当局怀疑和担心波罗的海地区的德意志精英会将爱沙尼亚和拉脱维亚的农民引向中欧的德意志文化圈，因此开始削弱他们的权力。俄国当局在波罗的海地区推行俄罗斯化政策，禁止爱沙尼亚人和其他少数民族使用本民族语言，并强迫他们改信东正教。② 例如，在 19 世纪八九十年代，爱沙尼亚的教育、法院和行政体系均被俄罗斯化，俄语成为法庭上唯一的官方语言，爱沙尼亚语教学被禁止，只能采用俄语进行教学。这些俄罗斯化的政策不仅没有实现同化爱沙尼亚人的目的，反而强化了他们的民族意识。随着 19 世纪欧洲民族解放运动的风起云涌，爱沙尼亚人也开展了反对沙皇俄国统治的斗争。③

1905 年，俄国爆发了资产阶级民主革命，这场革命波及爱沙尼亚。爱沙尼亚人趁此机会向俄当局提出抗议，要求赋予其出版、集会、普选等权利。迫于民众的压力，沙皇尼古拉斯二世（Nicholas Ⅱ，1894—1917 年

---

① 李朋：《苏联民族政策失误刍议》，《西伯利亚研究》2004 年第 4 期。

② 左凤荣：《民族政策与苏联解体》，《当代世界与社会主义》2010 年第 2 期。

③ 徐刚：《爱沙尼亚与俄罗斯关系变迁：基于国家建构的初步考察》，《俄罗斯学刊》2017 年第 6 期。

在位）颁布了《整顿国家秩序宣言》，授予爱沙尼亚人一些基本的公民权利，如举行集会、言论自由和成立政党的权利。

二月革命爆发后，沙皇尼古拉斯二世下台，罗曼诺夫王朝灭亡，俄罗斯帝国政权瓦解。此时爱沙尼亚人要求独立，俄国资产阶级临时政府拒绝给予其完全的独立地位，但他们愿意给予爱沙尼亚人一定的自主权。十月革命爆发后，布尔什维克夺取了俄国政权。之后，爱沙尼亚于 1917 年 11 月 28 日首次宣告独立，苏俄红军前往爱沙尼亚，企图重新占领该地，但德军于当年 12 月提前占领了爱沙尼亚。在周边国家的共同干预下，爱沙尼亚于 1918 年 2 月 24 日再次宣布独立。根据苏俄同德国及其同盟国（奥匈帝国、奥斯曼帝国、保加利亚）于 1918 年 3 月 3 日签订的《布列斯特—立托夫斯克条约》（Treaty of Brest-Litovsk），苏俄正式放弃了爱沙尼亚。

德国在第一次世界大战中战败后，于 1918 年 11 月 11 日向协约国投降，此时苏俄违反了《布列斯特—立托夫斯克条约》，于当月进攻爱沙尼亚军事重镇纳尔瓦（Narva），苏俄红军在当年年底已经占领了大片爱沙尼亚领土。随后，爱沙尼亚人民在英国舰队的支援下，于 1919 年 2 月将苏俄红军逐出了爱沙尼亚。1920 年 2 月 2 日，苏俄与爱沙尼亚签署了《塔尔图和约》（Tartu Peace Treaty），正式承认了爱沙尼亚的独立，并建立了外交关系。

在第一次世界大战结束后，爱沙尼亚的大部分土地仍然掌握在德意志族大地主手中。在爱沙尼亚独立前夕，大约有一半的爱沙尼亚农民没有土地，许多农民为了拥有土地而皈依了东正教并前往苏俄。在此背景下，爱沙尼亚于 1919 年 10 月启动了土地改革，其主旨为征收德国大地主的土地并重新分配给爱沙尼亚农民。在本次土地改革过程中，大多数德意志族大地主的土地被征收，政府为爱沙尼亚农民创建了数万个农场。在政治体制上，爱沙尼亚于 1920 年通过了新宪法，建立了议会民主制度，政府受到议会的监督。

在民族政策方面，爱沙尼亚针对少数族裔制定了宽容的政策。1925 年，爱沙尼亚通过了《少数民族文化自治法》（Cultural Autonomy of Ethnic Minorities Act），允许拥有 3000 人及其以上的民族和宗教群体享有文化自治权利，赋予了爱沙尼亚境内少数民族——德意志族人、俄罗斯族人、瑞典族人和犹太族人文化自治。①

1939 年 8 月 23 日，纳粹德国与苏联签署了《苏德互不侵犯条约》附属秘密议定书（Secret Additional Protocol to the Treaty of Non-Aggression），将爱沙尼亚等国家作为交易，以保证各自的战略需求。② 根据这一议定书，苏联与爱沙尼亚签订了《苏联与爱沙尼亚互助条约》（Soviet-Estonian Mutual Assistance Treaty），取得了在战争期间占领爱沙尼亚相关港口和军事设施以及在有关地区驻军的权利。苏联于 1940 年 6 月 16 日向爱沙尼亚提出所谓保证实施互助条约和防止反苏挑衅行为的要求，出兵占领了爱沙尼亚全境，并在爱沙尼亚建立了共产党政府，成立了爱沙尼亚苏维埃社会主义共和国（Estonian Soviet Socialist Republic）。同年 8 月，爱沙尼亚经过"公民投票"并入苏联，成为苏联的加盟共和国之一。

纳粹德国军队于 1941 年 6 月入侵苏联，随即占领了爱沙尼亚全境。一部分爱沙尼亚人视德国军队为"解放者"，并与其展开合作。苏联于 1944 年重新占领了爱沙尼亚，之后调整了该加盟共和国的边界，把爱沙尼亚的佩兹里（Petseri）和伊万哥罗德（Ivangorod）划给俄罗斯联邦。之后，苏联不断地向爱沙尼亚迁入俄罗斯族人，以此改变爱沙尼亚的人口构成。到 1989 年，爱沙尼亚族人口约占总人口的 61.5%，而俄罗斯族人口约占 30.3%。③

斯大林去世后，苏联对爱沙尼亚的控制有所放松。到戈尔巴乔夫时期，苏联对爱沙尼亚的控制进一步放松，该国开始出现了持不同政见的政治团体及政党，例如爱沙尼亚人民阵线、爱沙尼亚民族独立党等。苏联发生"八一九事件"后，爱沙尼亚于 1991 年 8 月 20 日宣布独立，苏联最高苏维埃于 1991 年 9 月 6 日承认其独立。④

自恢复独立以来，爱沙尼亚开始奉行以市场为导向的经济政策，加入欧盟成为其国家发展战略。1995 年，爱沙尼亚与欧盟签署了《欧洲协定》，并于同年 11 月正式提交了加入欧盟的申请。在 1997 年 12 月召开的

① Kari Alenius, "The Birth of Cultural Autonomy in Estonia: How, Why, and for Whom?", *Journal of Baltic Studies*, Vol. 38, No. 4, 2007.

② Raymond James Sontag and James Stuart Beddie, *Nazi-Soviet Relations*, 1939-1941, Washington: Department of State, 1948, pp. 78-79.

③ "Estonia Population", http://www.country-data.com/cgi-bin/query/r-4348.html.

④ 邱蔚芳：《俄罗斯与爱沙尼亚的经济关系》，《今日东欧中亚》1998 年第 1 期。

欧盟卢森堡首脑会议上，欧盟决定开启与爱沙尼亚的入盟谈判，双方的入盟谈判于 1998 年 3 月 31 日正式开始。爱沙尼亚按照欧盟的要求，在法律、农业、渔业、运输等相关领域进行了改革。之后，欧盟根据"哥本哈根标准"对爱沙尼亚相关领域进行了审查和评估，基于爱沙尼亚取得的改革成效，欧盟最终确定爱沙尼亚达到了入盟条件。2002 年 12 月，欧盟哥本哈根首脑会议决定将于 2004 年 5 月接纳爱沙尼亚、塞浦路斯、匈牙利、捷克、拉脱维亚、立陶宛、马耳他、波兰、斯洛伐克、斯洛文尼亚等 10 个新的成员国加入欧盟。2003 年 9 月，爱沙尼亚就是否加入欧盟举行全民公投，有约 66.8% 的选民支持加入欧盟。[1]

自 2004 年 5 月 1 日起，爱沙尼亚正式成为欧盟的成员国，并于 2007 年 12 月 21 日成为申根国家，2011 年 1 月 1 日起加入欧元区。加入欧元区后，爱沙尼亚进出口贸易发展良好，根据 2018 年的统计数据，爱沙尼亚出口总额的 68% 为欧盟内部贸易，进口总额的 77% 来自欧盟成员国。[2] 在第 9 届欧洲议会 705 个席位中，爱沙尼亚拥有 6 个席位。

爱沙尼亚总面积约 4.53 万平方公里，总人口约 132 万（截至 2022 年 2 月）。[3] 爱沙尼亚的主体民族为爱沙尼亚族，人口约占总人口的 68.7%，第二大民族为俄罗斯族，人口约占总人口的 24.8%。[4] 爱沙尼亚境内的少数民族还有德意志族、乌克兰族、白俄罗斯族等。爱沙尼亚的官方语言为爱沙尼亚语，英语、俄语亦被广泛使用，居民主要信奉基督教路德宗、东正教和天主教。

二　拉脱维亚

拉脱维亚共和国（The Republic of Latvia）简称拉脱维亚，位于波罗

---

① "European Union Candidate Countries: 2003 Referenda Results", https://crsreports.congress.gov/product/pdf/RS/RS21624/4.

② "Country - Profiles/Estonia", 欧盟官方网站: https://european - union.europa.eu/principles-countries-history/country-profiles/estonia_en.

③ "Estonia Population", https://worldpopulationreview.com/countries/estonia-population.

④ "Explore All Countries-Estonia", https://www.cia.gov/the-world-factbook/countries/estonia/.

的海东岸，北部与爱沙尼亚相邻，南部与立陶宛接壤，东部与俄罗斯相邻，东南部与白俄罗斯接壤。

拉脱维亚古镇采西斯

拉脱维亚首都里加市

　　在公元前3000年左右，一部分印欧人进入波罗的海周边地区，与当地的原住民进行融合，逐渐形成了波罗的部落（Baltic Tribes），成为拉脱维亚人和立陶宛人的祖先。由于该地区西部被海洋、森林和沼泽包围，处于与外界相对隔绝的状态，因此波罗的部落长期保持着独特的文化和本土宗教信仰。直到公元1世纪，古罗马历史学家塔西陀在其著作《日耳曼尼亚志》中记载了波罗的海地区，称生活在这片土地上的居民为埃斯蒂

拉脱维亚首都里加市圣彼得教堂

人（Aesti），这成为历史上对于该地区最早的文字记载。9 世纪左右，该地区受来自北欧的维京人的统治。

从公元 10 世纪起，在今拉脱维亚的土地上出现了早期的封建生产关系。罗马教皇于 12 世纪晚期派遣传教士来到了道加瓦河（Daugava）下游开展传教活动，逐渐在当地建立了由德意志商人和传教士为主的定居点。由于当地居民没有接受基督教信仰，圣剑骑士团被派往这一地区，开始用武力强迫当地居民改信基督教，但受到了当地居民的顽强反抗。在德意志封建主和罗马教廷的支持下，圣剑骑士团在里加和东部地区建立了据点，开始征服波罗的海沿岸的各个部落。到 13 世纪早期，拉脱维亚各部落相继被征服。德意志人控制了今拉脱维亚的大部分以及爱沙尼亚的南部地区，他们在被征服地区建立了十字军国家利沃尼亚，将居住在这片土地上的人称为利沃人。①

利沃尼亚骑士团②在这片被占领的土地上建立起了德意志封建模式的

---

① 章秉孚：《拉脱维亚共和国的历史沿革》，《今日前苏联东欧》1992 年第 4 期。

② 其前身为圣剑骑士团，于 1237 年被并入条顿骑士团，形成条顿骑士团的一个独立的分支。——作者注

政治、经济制度，大批德意志人移居此地，成为这片土地的新主人。随着大批德意志移民的到来和德意志文化及生活方式的传播，当地居民逐渐被德意志化。移民的到来推动了当地商业的发展，里加成为当地主要的贸易中心。从 14 世纪至 16 世纪，各股政治势力在利沃尼亚领土上为争权夺利而冲突不断，其中以利沃尼亚骑士团和里加大主教区的争斗最为激烈。骑士团在 15 世纪以前对拉脱维亚具有绝对的控制权，但在 1410 年格伦瓦尔德战役（Battle of Grunwald）中失利后，教区势力乘机得到了较大发展。

俄国沙皇伊万四世（Ivan Ⅳ，1547—1584 年在位）为争夺波罗的海出海口和波罗的海东岸土地，与利沃尼亚骑士团、瑞典、丹麦、波兰—立陶宛发生了利沃尼亚战争（Livonian War，1558—1583），俄国军队遭到失败。利沃尼亚战争结束后，爱沙尼亚北部归属于瑞典统治，爱沙尼亚南部连同今拉脱维亚的东北部形成了利沃尼亚公国（Duchy of Livonia，1561—1621）以及库尔兰和瑟米加利亚公国（Duchy of Courland and Semigallia，1561—1795），隶属于立陶宛大公国即之后的波兰—立陶宛联邦。

16 世纪末至 17 世纪前期，为了争夺土地，瑞典和波兰—立陶宛联邦多次交战，瑞典逐渐向南获得了更多的土地，波兰—立陶宛联邦则丧失了许多土地。在 1600—1629 年间的两次大规模战争后，瑞典占领了利沃尼亚公国的绝大部分地区，并一度占领今拉脱维亚西部的库尔兰和瑟米加利亚公国。根据 1629 年双方签署的《阿尔特马克休战协定》，拉脱维亚的绝大部分地区由瑞典占据，仅东南部的拉特加里亚仍由波兰—立陶宛联邦统治。在 16 世纪欧洲宗教改革运动中，大多数拉脱维亚人成为了新教徒。受波兰—立陶宛影响，拉特加里亚仍以天主教为主。

处于瑞典统治之下的拉脱维亚一度繁荣昌盛，拉脱维亚的教育和文化事业得到了快速发展。在瑞典政府的资助下，德意志神职人员约翰·厄恩斯特·格吕克（Johann Ernst Glück）于 17 世纪下半叶将《圣经》翻译成拉脱维亚语，从而规范了拉脱维亚书面语，成为拉脱维亚人的标准用语。从 17 世纪末开始，瑞典国王在拉脱维亚农村大力推行改革，积极改善农村生活条件和农奴地位，当地农奴在瑞典统治下比之后在俄国统治下享有更大的自由。

在 1700 年爆发的大北方战争（1700—1721 年）中，俄国军队战胜了瑞典军队，瑞典被迫与俄国进行不平等的和谈。1721 年，瑞典和俄国签订了《尼斯塔德条约》（Treaty of Nystad），今拉脱维亚的大部分地区被割让给俄国。在 1772—1795 年间，波兰—立陶宛联邦三次被俄国、普鲁士、奥地利三国瓜分，俄国在此期间吞并了拉特加里亚、库尔兰等地区。在 18 世纪末，俄国吞并了今拉脱维亚的全部领土。俄国将拉脱维亚北部①和爱沙尼亚南部合并为利沃尼亚省，将拉脱维亚东南部的拉特加里亚并入波洛茨克省，在库尔兰地区建立了库尔兰省。

在俄国统治下，拉脱维亚农奴的处境再次恶化。沙皇彼得一世（Peter Ⅰ，1689—1725 年在位）废除了瑞典在拉脱维亚农村开展的改革，恢复了地主的特权，拉脱维亚农奴受到了更大的压迫。直到 19 世纪上半叶，沙皇亚历山大一世（Alexander Ⅰ，1801—1825 年在位）决定废除拉脱维亚地区的农奴制，当地农民才获得了自由权。沙皇政府于 1832 年制定了《社会构成法》，规定俄罗斯族是统治民族，第二大民族乌克兰族为"小俄罗斯人"，其余为"异族人"，俄罗斯族享有在政治、经济、文化、教育和社会等方面的特权。拉脱维亚人因此被划归为"异族人"，遭受到诸多不平等的待遇。

在第一次世界大战期间，拉脱维亚成了德俄两国的战场之一。1915 年末，德军占领了库尔兰西部，数以万计的拉脱维亚人被迫疏散到俄国内陆。俄国二月革命后，拉脱维亚成立了一些政党，包括拉脱维亚布尔什维克党、拉脱维亚孟什维克党和拉脱维亚农民联盟等。当俄国二月革命后建立的资产阶级临时政府——克伦斯基政府明确表示不允许拉脱维亚进行文化和政治自治时，拉脱维亚的相关政党确立了实现国家独立的目标。

第一次世界大战结束后，拉脱维亚人民委员会于 1918 年 11 月 18 日在里加宣布拉脱维亚脱离俄国而独立，卡尔利斯·乌尔马尼斯（Kārlis Ulmanis）成为拉脱维亚共和国临时政府首脑。当年 12 月，苏俄入侵拉脱维亚，几乎占领了拉脱维亚所有领土，拉脱维亚社会主义苏维埃共和国于 1918 年 12 月 17 日在苏俄的支持下宣告成立。1920 年 1 月，经过了近一年的内战后，拉脱维亚白军在外国势力支持下将红军击溃，拉脱维亚苏维埃政府被迫解散。当年 5 月 1 日，拉脱维亚资产阶级制宪会议召开，资产阶级取得了国家政权。

在第二次世界大战前夕，拉脱维亚承受着来自苏联和德国的压力。

---

① 今拉脱维亚维德泽姆（Vidzeme）。——作者注

1939 年 8 月 23 日，纳粹德国与苏联签署了《苏德互不侵犯条约》附属秘密议定书（Secret Additional Protocol to the Treaty of Non-Aggression），两个大国承认拉脱维亚是苏联势力范围的一部分。在此背景下，德国与拉脱维亚于 1939 年 10 月签署了一项重新安置协定，约有 5 万名德意志人从拉脱维亚迁徙到德国。1940 年 6 月 17 日，苏联军队占领了拉脱维亚，拉脱维亚成立了亲苏政府并加入苏联。

纳粹德国军队于 1941 年 6 月入侵苏联，随即占领了拉脱维亚全境，拉脱维亚社会主义改造与建设被迫中断。在德国占领期间，拉脱维亚建立了党卫军，主要由当地志愿者组成，他们站在德国一边对抗苏联。党卫军对境内的犹太人进行了种族灭绝，导致拉脱维亚的犹太人几乎完全消失。1945 年 5 月，苏联红军解放了拉脱维亚全境，恢复了中断的社会主义改造和建设。第二次世界大战结束后，拉脱维亚重新并入苏联，成为其加盟共和国。随着大量俄罗斯族人的迁入，拉脱维亚境内的俄罗斯族人总数从不足 20 万（19 世纪末）增长至 90 万左右（1989 年）。[1]

1991 年 8 月 21 日，拉脱维亚最高苏维埃宣布拉脱维亚共和国恢复主权，拉脱维亚重新成为独立国家。拉脱维亚议会于当年 10 月 15 日通过了《关于恢复拉脱维亚共和国公民权的决定》（On The Renewal of the Republic of Latvia Citizens'Rights and Fundamental Principles of Naturalization），规定在 1940 年 6 月 17 日[2]前具有拉脱维亚共和国国籍的居民以及他们住在拉脱维亚共和国境内的后代自动成为拉脱维亚公民，而对其他居民取得拉脱维亚国籍附加了一些条件，例如要求掌握拉脱维亚语的水平必须达到议会特别法令的规定，放弃原有国籍，必须在拉脱维亚长住 16 年以上，等等。[3] 这些附加条件导致 70 万人失去了拉脱维亚公民资格，仅有 7% 的俄罗斯族人取得了拉脱维亚国籍，未获得国籍的众多俄罗斯族人不仅丧失了包括选举权在内的大部分政治权利，而且在出国、就业等方面屡遭不便。[4] 之后，拉脱维亚又陆续通过了《电子媒体法》等法律，限制俄语等非官方语言在广播电视媒体上的使用。这一系列法律法规引起了拉脱维亚境内俄罗斯族人的强烈不满，以俄罗斯族人为主的政党

---

[1] "Latvia Russians", https：//minorityrights. org/minorities/russians-4/.

[2] 苏联在这一天占领拉脱维亚首都里加，这一天成为拉脱维亚被占领纪念日。——作者注

[3] 冬治：《拉脱维亚的俄罗斯人处境艰难》，《世界知识》1992 年第 17 期。

[4] 马钢：《俄罗斯与拉脱维亚：交恶的背后……》，《世界知识》1998 年第 10 期。

"和谐中心联盟"（Harmony Center）多次提出议案，要求将俄语列为拉脱维亚的第二官方语言。但是，拉脱维亚政坛的主流派别均对此议案表示反对，这些议案无一获得通过。语言政策是拉脱维亚等波罗的海国家开展少数民族治理的措施之一，相关国家通过强化并推广本国官方语言，以此建立国家认同，推动境内俄罗斯族等少数民族的社会融入。在拉脱维亚政府的努力下，拉脱维亚俄语使用人群中掌握拉脱维亚语的人数大幅上升，由1989年的22.3%上升至2000年的58.5%。[①]

　　1995年10月27日，拉脱维亚向欧盟提交了加入申请。欧盟于1997年7月对拉脱维亚的入盟申请发表了意见，指出拉脱维亚在政治上需要改善司法制度、加强反腐败斗争，在经济上存在私有化制度不够健全、难以应对欧洲单一市场的竞争等不足，从而未将拉脱维亚列入首批东扩名单之中。[②] 此后，拉脱维亚根据欧盟的意见积极推动国内改革。在欧盟于1999年10月发布的第二份关于拉脱维亚入盟情况的评估报告中，欧盟认为拉脱维亚符合"哥本哈根标准"中政治方面的要求，且国内已形成一个运转良好的市场经济体。因此，在1999年12月召开的欧盟赫尔辛基首脑会议上，欧盟宣布将于2000年开始与拉脱维亚进行入盟谈判。

　　欧盟与拉脱维亚的谈判包括货物自由流通、人员自由流动、公司法改革、竞争政策改革等多项内容，在拉脱维亚政府和企业代表的共同努力下，双方谈判取得了良好进展。2002年12月，欧盟哥本哈根首脑会议决定将于2004年5月接纳拉脱维亚、塞浦路斯、匈牙利、捷克、爱沙尼亚、立陶宛、马耳他、波兰、斯洛伐克、斯洛文尼亚等10个新的成员国加入欧盟。2003年9月20日，拉脱维亚就是否加入欧盟举行全民公投，有约66.9%的选民支持加入欧盟。[③]

　　自2004年5月1日起，拉脱维亚正式成为欧盟的成员国，并于2007年12月21日起成为申根国家，于2014年1月1日起正式加入欧元区。加入欧元区后，拉脱维亚进出口贸易发展良好，根据2018年的统计数据，

---

① Boris Tsilevich, "Development of the Language Legislation in the Baltic States", *International Journal on Multicultural Societies*, Vol. 3, No. 2, 2001.

② "Latvia and the Enlargement of the European Union", https：//www. europarl. europa. eu/enlargement/briefings/10a3_en. htm? textMode＝on.

③ "European Union Candidate Countries：2003 Referenda Results", https：//crsreports. congress. gov/product/pdf/RS/RS21624/4.

拉脱维亚出口总额的 67% 为欧盟内部贸易，进口总额的 75% 来自欧盟成员国。① 在第 9 届欧洲议会 705 个席位中，拉脱维亚拥有 8 个席位。

拉脱维亚总面积约 6.46 万平方公里，总人口约 189 万（截至 2021 年初）。② 拉脱维亚的主体民族为拉脱维亚族，人口约占总人口的 62.7%，第二大民族为俄罗斯族，人口约占总人口的 24.5%。③ 拉脱维亚境内的少数民族还有白俄罗斯族、乌克兰族、波兰族等。拉脱维亚的官方语言为拉脱维亚语，居民主要信奉基督教路德宗和东正教。

三 立陶宛

立陶宛共和国（The Republic of Lithuania）简称立陶宛，位于波罗的海东岸，北接拉脱维亚，东连白俄罗斯，南邻波兰，西濒波罗的海和俄罗斯的加里宁格勒州。

早在公元前 3000 年左右，一部分印欧人进入波罗的海周边地区，与当地的原住民进行融合，逐渐形成了波罗的部落（Baltic Tribes）。这些部落居民最初从事狩猎及采集，之后从事农业生产。波罗的海周边区域自然资源丰富，立陶宛人和拉脱维亚人的祖先早在罗马时期就开始和罗马人开展贸易，他们用波罗的海出产的优质琥珀换取罗马人的金属制品。

由于波罗的部落处于欧洲相对边缘的区域，直到公元 1 世纪，古罗马历史学家塔西陀才在其著作《日耳曼尼亚志》中记载了波罗的海地区，称生活在这片土地上的居民为埃斯蒂人，这成为历史上对于该地区最早的文字记载。正是因为这种相对的孤立，使立陶宛语在近代被认为受到外界影响较小，成为现存的两种波罗的语族之一。④ 立陶宛语也被认为是现存

---

① "Country-Profiles/Latvia"，欧盟官方网站：https://european-union.europa.eu/principles-countries-history/country-profiles/latvia_en.

② "Population number, its changes and density"，拉脱维亚官方统计网站：https://stat.gov.lv/en/statistics-themes/population/population-number/247-population-number-its-changes-and-density? themeCode=IR.

③ "Explore All Countries-Latvia"，https://www.cia.gov/the-world-factbook/countries/latvia/.

④ 另一种是拉脱维亚语，与立陶宛语能部分相互理解。——作者注

立陶宛首都维尔纽斯市圣约翰教堂

立陶宛首都维尔纽斯市

的印欧语系中最古老的语言之一，保留了原始印欧语中的一些特征。此外，早期的立陶宛人在文化上和其他欧洲人也有较大的差异，以立陶宛人为代表的波罗的人是欧洲最晚接受基督教的族群。

　　大约从 5 世纪开始，一些斯拉夫人及斯堪的纳维亚人开始来到波罗的海地区经商，这一地区逐渐成为重要的中转站。虽然这一地区商业历史悠久，但当地社会发展缓慢，长期处于原始部落社会阶段。纵观此时的波罗的海地区，北部的爱沙尼亚人没有形成严格意义上的社会组织，中部的拉

立陶宛大公格迪米纳斯（1316—1341 年在位）

脱维亚人虽然组成了许多小的封建领地，但没有形成统一的国家。南部的立陶宛人则是波罗的海地区中最早建立了国家的民族，他们在 13 世纪第一次建立了自己的国家。

13 世纪初期，圣剑骑士团开始对立陶宛、拉脱维亚和爱沙尼亚的异教徒们发动攻击。到 1227 年，骑士团已经占领了拉脱维亚和爱沙尼亚的大部分地区，当地的原住民、小领主及农民被迫接受天主教信仰及德意志上层的统治。之后，圣剑骑士团开始向立陶宛地区发起进攻。1236 年 9 月 22 日，立陶宛人的祖先在今立陶宛境内的索勒（Saule）击退了圣剑骑士团。圣剑骑士团在此战役中被彻底摧毁，其残部于次年并入条顿骑士团，成为条顿骑士团下属的利沃尼亚骑士团（Livonian Knights），再也无力发动对立陶宛的战争。拉脱维亚议会及立陶宛议会于 2000 年决定将索勒战役发生的 9 月 22 日确定为波罗的团结日（Baltic Unity Day）。①

击败圣剑骑士团之后，立陶宛人开始了内战，一方是以明达哥斯

---

① "The Balts' Unity Day events to be held in Liepāja", https：//www. mfa. gov. lv/en/news/latest-news/54832-the-balts-unity-day-events-to-be-held-in-liepaja.

（Mindaugas，1253—1263 年期间为立陶宛大公）为首的势力，另一方是以明达哥斯的侄子格德维达斯（Gedvydas）、陶特维拉（Tautvila）以及明达哥斯的妹夫维金塔斯（Vykintas）三人组成的反明达哥斯联盟。三人联盟于 1250 年联合了利沃尼亚骑士团和里加大主教对明达哥斯势力展开了进攻，赢得了一些战役的胜利。陶特维拉在里加受洗，并被提名为立陶宛未来的大公。明达哥斯通过拉拢利沃尼亚骑士团大团长安德烈亚斯·冯·斯特兰（Andreas von Stirland），并接受了皈依基督教的条件，从而将利沃尼亚骑士团争取过来，与其建立了军事联盟，最终于 1251 年取得了内战的胜利。1253 年 7 月 6 日①，明达哥斯加冕为大公，成为第一位已知的立陶宛大公，其疆域包括今立陶宛以及白俄罗斯的部分土地。

　　1263 年，立陶宛反抗军领袖特莱尼奥塔（Treniota）②和明达哥斯的连襟纳尔西亚大公道曼塔斯（Duke Daumantas of Nalšia）联合起来，暗杀了明达哥斯和他的两个儿子。此后，特莱尼奥塔成为立陶宛的大公（1263—1264 年在位），他抛弃了基督教的信仰，使立陶宛重新成为异教的大公国。为了使立陶宛的居民皈依基督教，利沃尼亚骑士团不断侵扰立陶宛，双方进行了长达数个世纪的冲突。

　　14 世纪初期，在格迪米纳斯大公（Gediminas，1316—1341 年在位）的统治下，立陶宛的实力大大增强。格迪米纳斯于 1319 年与蒙古人结盟，共同对抗利沃尼亚骑士团。③由于骑士团长期以要求立陶宛人皈依基督教为借口对立陶宛进行袭击，格迪米纳斯不堪其扰，他于 1322 年给教皇约翰二十二世（John XXII，1316—1334 年在位）写信，请求教皇保护立陶宛免受骑士团的侵扰，格迪米纳斯还要求接受洗礼。在里加大主教弗雷德里克·洛贝斯塔特（Frederic Lobestat）的帮助下，立陶宛和利沃尼亚骑士团实现了短暂的和平。对于格迪米纳斯提出皈依基督教的行为，立陶宛境内信仰本土多神教的立陶宛人指责他抛弃了古代诸神，从而使格迪米纳斯对是否皈依基督教犹豫不决，他于 1323 年拒绝接待抵达里加的教皇使节，并驱逐了境内的方济各会士。

---

　　①　立陶宛于 1991 年从苏联独立之后，将每年的 7 月 6 日作为立陶宛的国家纪念日，这天也被称为"明达哥斯加冕日"。——作者注

　　②　为明达哥斯的外甥，维金塔斯的儿子。——作者注

　　③　Shirin Akiner, *Religious language of a Belarusian Tatar Kitab：A Cultural Monument of Islam in Europe*, Wiesbaden：Otto Harrassowitz Verlag, 2009, p. 22.

　　14 世纪 20 年代早期，格迪米纳斯率领立陶宛军队在伊尔平河战役（Battle on the Irpin River）中击败了罗斯诸王联军，征服了今乌克兰中部的广大地区，将立陶宛的边界向黑海扩展，最终使立陶宛的领土从波罗的海扩张到了黑海。格迪米纳斯于 1341 年去世后，国内出现了动乱，继位的幼子雅努季斯（Jaunutis）于 1345 年被他两个哥哥凯什图季斯（Kęstutis）和阿尔吉尔达斯（Algirdas）联手推翻。此后，阿尔吉尔达斯成为立陶宛公国大公（1345—1377 年在位），在其统治期间，立陶宛大公国达到了鼎盛时期。阿尔吉尔达斯占领了斯摩棱斯克公国（Principality of Smolensk）和布良斯克公国（Principality of Bryansk），从而控制了今俄罗斯的西部地区和乌克兰的北部地区。此外，阿尔吉尔达斯还在 1362 年的蓝水河战役（Battle of Blue Waters）中率军大败金帐汗国的军队，夺取了基辅。此次军事行动后，立陶宛大公国完全控制了乌克兰中部地区。

　　阿尔吉尔达斯于 1377 年去世后，继任者为他的儿子约盖拉（Jogaila，1377—1434 年在位）。约盖拉继承的立陶宛是一个主要由两个民族和两种政治制度组成的实体，西北部的立陶宛人和前基辅罗斯的鲁塞尼亚人（Ruthenians），其中鲁塞尼亚部分包括今乌克兰、白俄罗斯和俄罗斯西部的部分土地。[①] 在约盖拉继任初期，他得到了他叔叔凯什图季斯的支持。后来由于条顿骑士团的挑拨，两人之间出现了矛盾。凯什图季斯率军于 1381 年向维尔纽斯进发，与约盖拉势力产生了冲突，立陶宛内战爆发（Lithuanian Civil War，1381—1384）。1382 年，两支大军在特拉凯（位于维尔纽斯西郊）附近对峙，约盖拉邀请凯什图季斯和他的儿子维陶塔斯（Vytautas）前来商量休战，待两人到来后，约盖拉借机逮捕了凯什图季斯和维陶塔斯，凯什图季斯不久后被暗杀。维陶塔斯设法逃离维尔纽斯，并在条顿骑士团的帮助下继续与约盖拉作战。1384 年，约盖拉和维陶塔斯和好，约盖拉给予维陶塔斯其父的头衔和领地，两人开始合力对抗条顿骑士团。

　　1384 年，路易一世的第三女雅德维加（Jadwiga Andegaweńska，1384—1399 年在位）加冕为波兰女王。为了抵抗条顿骑士团的侵略，波兰王国和立陶宛大公国于 1385 年在克列沃（Krewo）签订联盟条约，规

---

① Daniel Z. Stone, *The Polish-Lithuanian State*, 1386-1795, Seattle：University of Washington Press, 2001, p. 4.

定波兰女王雅德维加嫁给立陶宛大公约盖拉，约盖拉成为波兰国王，但须改宗天主教。1386年，雅德维加和约盖拉结婚后，约盖拉登上波兰—立陶宛王位，称瓦迪斯瓦夫二世（Władysław Ⅱ）。波兰与立陶宛实现联合，建立了长达几百年的联盟关系。

约盖拉成为波兰—立陶宛国王后，任命他的弟弟斯基尔盖拉（Skirgaila，1386—1392年在位）为立陶宛大公国摄政，作为他不在立陶宛时的代理人。由于斯基尔盖拉的施政不得人心，维陶塔斯于1389年发动内战，企图取而代之成为摄政，但未能成功。维陶塔斯不得不再次与条顿骑士团结盟，以割让萨莫吉希亚（Samogitia）为代价换取条顿骑士团的支持。与此同时，波兰贵族不满约盖拉在立陶宛事务中投入太多精力，因此提出让维陶塔斯取代斯基尔盖拉成为立陶宛大公国的摄政，以终止立陶宛的内战。约盖拉和维陶塔斯同意了这个提议，双方于1392年签署了《奥斯查瓦协定》（Ostrów Agreement），允许维陶塔斯以约盖拉的名义统治立陶宛大公国。

立陶宛内战结束后，维陶塔斯继续推行阿尔吉尔达斯时期的东进政策，尽可能地向东方扩张。1395年，维陶塔斯趁着金帐汗国可汗脱脱迷失被帖木儿击败的机会，通过援助脱脱迷失复位，从金帐汗国取得了不少土地。到公元14世纪末，由维陶塔斯摄政的立陶宛的疆域涵盖了波罗的海周边、今乌克兰和白俄罗斯大部分以及今俄罗斯和波兰的部分区域，成为欧洲的大国之一。

在1399年的沃尔斯克拉河战役（Battle of the Vorskla River）中，维陶塔斯率领的由立陶宛人、波兰人和条顿骑士团等组成的联军遭到帖木儿·忽格鲁特（Temur Qutlugh）率领的蒙古军队的反扑而溃败，从而粉碎了维陶塔斯控制南俄草原的计划，此后维陶塔斯不再干涉金帐汗国事务。由于萨莫吉希亚具有重要的战略地位，当维陶塔斯返回国内后，将重点转向收复萨莫吉希亚。1409年，萨莫吉希亚发起了反对条顿骑士团统治的暴动，维陶塔斯与约盖拉利用这次暴动，迅速召集由波兰人、立陶宛人、俄罗斯人、乌克兰人、白俄罗斯人等组成的联军向条顿骑士团总部玛丽亚堡（Marienburg）进军。双方在次年交战于格伦瓦尔德，联军在格伦瓦尔德战役（Battle of Grunwald）中重挫了由德意志人、法兰西人、瑞士人等组成的条顿骑士团，阻止了条顿骑士团的东侵。战争结束后，波兰—立陶宛与条顿骑士团于1411年签订了《第一次托伦和约》（First Peace of

Thorn），约定条顿骑士团与立陶宛的边界退回到 1409 年以前，骑士团在波兰国王瓦迪斯瓦夫二世和立陶宛大公维陶塔斯在位期间放弃对萨莫吉希亚的领土要求，在他们去世后，萨莫吉希亚重新归条顿骑士团所有，骑士团占领的多布任（Dobrzyń）归还给波兰。

虽然维陶塔斯在战后收复了萨莫吉希亚，但条顿骑士团不甘失败，数次发动战争试图夺取该地，直到 1422 年双方签署了《梅尔诺湖条约》（Treaty of Lake Melno），议定将除了梅梅尔（Memel）[①] 及其周围领地以外的萨莫吉希亚永远归属立陶宛，从而解决了关于萨莫吉希亚归属权的争议。在维陶塔斯统治时期，立陶宛大公国逐步推行中央集权，他用忠于自己的地方长官取代那些与大公有着血缘关系的本地王公，从而形成了立陶宛大公国新的贵族阶层。

维陶塔斯于 1430 年去世，瓦迪斯瓦夫二世支持自己的弟弟什维特里盖拉（Švitrigaila，1430—1432 年在位）成为立陶宛大公。什维特里盖拉在条顿骑士团的支持下，反抗波兰在立陶宛的统治地位，导致波兰与立陶宛发生了军事冲突，立陶宛和波兰的联盟出现了裂痕。1432 年，立陶宛境内亲波兰势力选举维陶塔斯的弟弟齐吉曼塔斯（Žygimantas，1432—1440 年在位）为大公，从而导致立陶宛发生内战，什维特里盖拉势力与齐吉曼塔斯势力发生了多次争斗。齐吉曼塔斯率领的军队于 1435 年在乌克梅尔盖（Ukmergé）[②] 附近击败了什维特里盖拉势力与条顿骑士团的联军。两年后，齐吉曼塔斯控制了立陶宛全境，什维特里盖拉逃亡至摩尔多瓦。

1440 年，齐吉曼塔斯被暗杀，瓦迪斯瓦夫二世与第四任妻子佐菲娅·霍尔桑斯卡（Zofja Holszańska）的次子卡西米尔（Casimir，1440—1492 年在位）被立陶宛贵族立为立陶宛大公。因其兄波兰国王瓦迪斯瓦夫三世于 1444 年与奥斯曼土耳其军队交战中阵亡，卡西米尔迫使波兰贵族在 1447 年接受他为波兰国王，从此，卡西米尔开始统治波兰与立陶宛，称为卡西米尔四世（Casimir Ⅳ，1447—1492 年在位）。

公元 15 世纪末，莫斯科大公国（Grand Duchy of Moscow，1283—1547 年）开始崛起，立陶宛在东方受到的压力越来越大。莫斯科大公国的大公伊万三世（Ivan Ⅲ，1462—1505 年在位）在位期间，收复了基辅

---

① 今立陶宛西部沿海城市克莱佩达。——作者注
② 位于维尔纽斯西北部。——作者注

罗斯故土，最终统一了雅罗斯拉夫尔、诺夫哥罗德、彼尔姆、特维尔等罗斯公国。莫斯科大公国国力逐渐强盛，欲占领今乌克兰和白俄罗斯全境。斯摩棱斯克是当时立陶宛最东端的前哨，当地军队屡次击退了来自莫斯科大公国军队的入侵。1514 年，莫斯科大公国军队包围斯摩棱斯克，立陶宛大贵族格林斯基因夺权失败，转而投靠莫斯科大公瓦西里三世（Vasily Ⅲ，1505—1533 年在位），在他的帮助下，莫斯科大公国占领了斯摩棱斯克。当年 9 月 8 日，立陶宛—波兰联军在盖特曼（Hetman）[①] 奥斯特罗格斯基（Ostrogski）的指挥下，于奥尔沙战役[②]（Battle of Orsha）中打败了莫斯科大公国的军队，但此次战争的胜利仅仅牵制住了莫斯科大公国的进一步入侵。

1547 年，莫斯科大公伊万四世（Ivan Ⅳ）正式加冕为"全俄罗斯的沙皇"（Tsar of all the Russias，1547—1584 年在位），他是俄罗斯的第一位沙皇。伊万四世在位期间建立了沙皇专制政体，打击地方割据势力，统一了俄罗斯。面对沙皇俄国的扩张势头，迫使立陶宛与波兰的联盟变得更加紧密。1569 年，波兰和立陶宛大公国在波兰东边的卢布林（Lublin）通过了成立统一国家的决议，即卢布林联盟（Union of Lublin），建立了波兰—立陶宛联邦（Polish-Lithuanian Commonwealth，1569—1795 年），首都从克拉科夫迁到华沙。在这次联合中，波兰人逐渐占据了主导地位。

波兰—立陶宛联邦的国王由波兰贵族选举产生，获选的国王也会被立陶宛贵族选为立陶宛大公。波兰和立陶宛在名义上完全平等，立陶宛对自身事务拥有自主权。由于后期立陶宛的衰落，波兰逐渐在联盟内部拥有了绝对的优势，许多立陶宛贵族自发地改说波兰语，立陶宛人的语言、文化甚至民族认同也都出现了波兰化的倾向。

17 世纪中期，波兰—立陶宛联邦的农奴制进入了危机阶段。1648 年，博赫丹·赫梅利尼茨基（Bohdan Khmelnytsky）领导的哥萨克人在乌克兰发动民族起义，反对波兰贵族的压迫。这次起义最开始只是哥萨克人参与，当居住在乌克兰的东正教徒（农民、市民、小贵族等）加入他们后，这场起义最终变为乌克兰的独立运动。博赫丹·赫梅尔尼茨基与俄国沙皇阿列克谢·米哈伊洛维奇（Aleksei Mikhailovich）于 1654 年签订了《佩列

---

① 15—18 世纪波兰、乌克兰及立陶宛大公国军队指挥官的头衔。——作者注
② 奥尔沙是今白俄罗斯东北部城市，位于第聂伯河上游河畔。——作者注

亚斯拉夫条约》（Treaty of Pereyaslav），规定乌克兰并入俄国，接受沙皇统治。俄国人根据该条约对乌克兰实行保护，出兵进攻波兰—立陶宛的领地，于1667年占领了第聂伯河左岸的东乌克兰地区，双方于同年签署了《安德鲁索沃休战协定》（Truce of Andrusovo）。根据此条约，俄国获得了东乌克兰、基辅和斯摩棱斯克等领土。东乌克兰自此与俄国正式合并，西乌克兰则继续在波兰—立陶宛联邦的统治之下。

为了实现在波罗的海地区扩张，瑞典于1655年入侵波兰—立陶宛联邦，小北方战争（也称为第一次北方战争，Little Northern War，1655—1660）爆发，瑞典军队于1656年攻陷了华沙。为了反击瑞典，波兰—立陶宛于1656年与俄国结成反瑞联盟，此后又与奥地利、丹麦、勃兰登堡结盟共同对抗瑞典。1659年11月，联军在尼堡战役（Battle of Nyborg）中重创了瑞典军队。此后，由法国出面调停，瑞典与波兰—立陶宛联邦于1660年缔结了《奥利瓦和约》（Treaty of Oliva），规定波兰—立陶宛联邦放弃对瑞典王位的要求[1]，并将立沃尼亚的大部分地区和里加割让给瑞典，勃兰登堡完全获得了普鲁士公国的主权，波兰—立陶宛联邦失去了对普鲁士公国的宗主权。

接连的战争使波兰—立陶宛联邦走向衰落，为了争夺波兰—立陶宛联邦的控制权，俄国、奥地利与法国、西班牙、撒丁等国进行了战争，史称"波兰王位继承战争"（War of the Polish Succession，1733—1738）。这场战争严重破坏了波兰—立陶宛联邦的主权和国家经济，原本强大而独立的波兰—立陶宛联邦的军事力量也在18世纪上半叶的战乱中走向没落。之后，从1772年至1795年，波兰—立陶宛联邦被俄国、普鲁士、奥地利三国进行了三次瓜分，俄国吞并了立陶宛、库尔兰、西白俄罗斯和沃伦西部，把边界推进到涅曼河—布格河一线；奥地利占领了包括克拉科夫、卢布林在内的全部小波兰和一部分玛佐夫舍地区；普鲁士夺得其余的西部地区、华沙以及玛佐夫舍地区的其余部分。至此，波兰—立陶宛联邦灭亡，从欧洲地图上消失长达123年之久。

19世纪初，拿破仑在一系列辉煌的战役中打败了奥地利、普鲁士和俄国，占领了华沙。1812年，在俄法战争前夕，原立陶宛大公国内爆发

---

① 波兰国王约翰二世的父亲西格斯蒙德三世（Sigismund Ⅲ）曾是瑞典的国王。——作者注

了反抗俄国的暴动。拿破仑抵达维尔纽斯后，他建议重建波兰—立陶宛联邦。但由于半年后拿破仑侵俄失败，并继续向西撤退，立陶宛的大部分地区重新归属俄国。俄国的统治使立陶宛人波兰化的趋势得到逆转，开启了俄罗斯化的进程，立陶宛人的民族意识在这一时期觉醒，当地贵族曾于1830—1831 年间和 1863—1864 年间发动了反抗俄国统治的起义，试图恢复波兰—立陶宛联邦，但均被俄国镇压。

为了同化立陶宛人，俄国宣称立陶宛在波兰化之前，立陶宛人的土地属于俄罗斯人，因此发起了"恢复俄罗斯起源"（Restoration of the Russian Beginnings）的行动，俄国迁徙了一部分俄罗斯人到立陶宛居住，并在文化和宗教方面开展同化。一方面，俄国于 1832 年关停了维尔纽斯大学，并于 1865 年正式禁止出版和使用立陶宛语的印刷品。另一方面，俄国对当地的天主教会势力进行打压，拆除了一些天主教堂，还把一些天主教堂移交给东正教势力，并在当地新建了一部分东正教堂。①

在第一次世界大战中，德国于 1915 年占领了立陶宛。随着德国的实力在战争中被削弱，立陶宛趁机于 1918 年 2 月 16 日宣布独立，成立了资产阶级共和国，从而结束了德国的占领。立陶宛独立后，要求收回梅梅尔作为其港口。虽然 1919 年《凡尔赛条约》规定梅梅尔脱离德国，但梅梅尔仍处于国际联盟的统治之下。1923 年，立陶宛利用梅梅尔地区发生的动乱，出动军队控制了梅梅尔地区。之后，协约国大使会议确定梅梅尔主权属于立陶宛，但应享有特殊地位，应当实行自治，立陶宛政府表示同意，梅梅尔改用立陶宛语名称克莱佩达（Klaipeda）。克莱佩达城市居民主要使用德语，其农村居民主要为立陶宛人。

1939 年 3 月，立陶宛在德国的威逼下将克莱佩达割让给纳粹德国，纳粹德国在立陶宛的扩张引发了苏联的警觉。苏联于 1939 年 10 月与立陶宛签署互助条约，苏联将从入侵波兰中夺得的维尔纽斯归还给立陶宛，作为交换，立陶宛同意苏联在其国内驻军。1940 年 6 月，立陶宛独裁者安塔纳斯·斯梅托纳（Antanas Smetona）逃离了立陶宛，之后苏联控制了立陶宛局势，并主持进行了议会选举，新成立的立陶宛政府决定并入苏联。

当纳粹德国于 1941 年向苏联宣战时，一些立陶宛人发动了六月起义，

---

① "The Rule of Russian Empire in Lithuania（1795-1918）", http：//www. truelithuania. com/topics/history-and-politics-of-lithuania/history-of-lithuania.

在考纳斯起义的队伍占领了警察局和几个军火库。① 起义者宣布立陶宛独立并建立了立陶宛临时政府，他们将德军视为解放者，但纳粹德国没有支持立陶宛独立，而是直接统治了这一地区。随着纳粹德国在第二次世界大战中走向失败，苏联于 1944 年再次占领了立陶宛。在苏联统治时期，立陶宛的维尔纽斯和克莱佩达等地区迁入了大量的俄罗斯人，立陶宛境内的俄罗斯族人口比例迅速提升。

　　1990 年 3 月 11 日，立陶宛率先宣布脱离苏联独立，成为第一个宣布脱离苏联而独立的国家，但苏联不予承认，并派兵进行镇压。随着苏联境内的其他地区陆续宣布独立，苏联国务委员会于 1991 年 9 月 6 日承认了立陶宛的独立。立陶宛重获独立后，开始靠近西方阵营，致力于加强与美国、西欧的关系，并不遗余力地申请加入欧盟和北约。

　　1995 年 12 月 8 日，立陶宛正式向欧盟提交了入盟申请。虽然立陶宛未被列入首批东扩名单之内，但欧盟表示可与立陶宛进行预备性谈判。基于立陶宛的改革进展，在 1999 年 12 月召开的欧盟赫尔辛基首脑会议上，欧盟决定将于 2000 年与立陶宛开展入盟谈判。

　　为了顺利加入欧盟，立陶宛在市场机制、农业、渔业、能源等方面进行了全面的改革，因此整个谈判过程较为顺利。2002 年 12 月，欧盟哥本哈根首脑会议决定将于 2004 年 5 月接纳立陶宛、塞浦路斯、匈牙利、捷克、爱沙尼亚、拉脱维亚、马耳他、波兰、斯洛伐克、斯洛文尼亚等 10 个新的成员国加入欧盟。随后，立陶宛与欧盟于 2003 年 4 月签署了入盟条约。2003 年 5 月 10 日，立陶宛就加入欧盟举行全民公投，有约 91.1% 的选民赞成加入欧盟。②

　　自 2004 年 5 月 1 日起，立陶宛正式成为欧盟的成员国，并于 2007 年 12 月 21 日起成为申根国家，2015 年 1 月 1 日起加入欧元区。加入欧元区后，立陶宛进出口贸易发展良好，根据 2018 年的统计数据，立陶宛出口总额的 59% 为欧盟内部贸易，进口总额的 69% 来自欧盟成员国。③ 在第 9

---

① ［美］凯文·奥康纳：《波罗的海三国史》，王加丰等译，中国大百科全书出版社 2009 年，第 129 页。

② "European Union Candidate Countries：2003 Referenda Results"，https：//crsreports. congress. gov/product/pdf/RS/RS21624/4.

③ "Country-Profiles/Lithuania"，欧盟官方网站：https：//european-union. europa. eu/principles-countries-history/country-profiles/lithuania_en.

届欧洲议会 705 个席位中, 立陶宛拥有 11 个席位。

　　立陶宛总面积约 6.53 万平方公里, 总人口约 281 万 (截至 2021 年 1 月)。[①] 立陶宛的主体民族为立陶宛族, 人口约占总人口的 84.6%。[②] 少数民族有波兰族、俄罗斯族、白俄罗斯族、乌克兰族等。立陶宛的官方语言为立陶宛语, 居民主要信奉天主教、东正教、基督教路德宗等。

---

　　① "Key results of the 2021 Population and Housing Census", 立陶宛官方统计网站: https://osp. stat. gov. lt/en/informaciniai-pranesimai? eventId=288049.

　　② "Key results of the 2021 Population and Housing Census", 立陶宛官方统计网站: https://osp. stat. gov. lt/en/informaciniai-pranesimai? eventId=288049.

参考文献

一 中文著作类

1. 陈文海：《法兰克人史纪》，人民出版社 2018 年版。

2. 郝时远、朱伦主编：《世界民族》第七卷，中国社会科学出版社 2013 年版。

3. 何志龙：《中东国家通史—塞浦路斯卷》，商务印书馆 2007 年版。

4. 刘必权：《世界列国志·克罗地亚》，川流出版社 2008 年版。

5. 刘新利：《德意志历史上的民族与宗教》，商务印书馆 2009 年版。

6. 田烨：《整合下的分裂：欧洲一体化进程中的民族与国家》，中国社会科学出版社 2021 年版。

7. 王觉非：《欧洲历史大辞典》（上册），上海辞书出版社 2007 年版。

8. 王觉非：《欧洲历史大辞典》（下册），上海辞书出版社 2007 年版。

9. ［丹］克努特·J. V. 耶斯佩森：《丹麦史》，李明等译，商务印书馆 2012 年版。

10. ［德］史蒂文·奥茨门特：《德国史》，常县宾等译，中国大百科全书出版社 2009 年版。

11. ［俄］拉夫连季：《往年纪事》，朱寰等译，商务印书馆 2011 年版。

12. ［法］皮埃尔·米盖尔：《法国史》，蔡鸿滨等译，商务印书馆 1985 年版。

13. ［法］乔治·杜比：《法国史》，吕一民等译，商务印书馆 2010 年版。

14. ［美］凯文·奥康纳：《波罗的海三国史》，王加丰等译，中国大百科全书出版社 2009 年版。

15.［美］马克·T. 胡克：《荷兰史》，黄毅翔译，东方出版中心 2009 年版。

16.［美］R. J. 克兰普顿：《保加利亚史》，周旭东译，中国大百科全书出版社 2009 年版。

17.［美］史蒂芬·贝莱尔：《奥地利史》，黄艳红译，中国大百科全书出版社 2009 年版。

18.［美］威廉·M. 马奥尼：《捷克和斯洛伐克史》，陈静译，东方出版中心 2013 年版。

19.［美］约翰·R. 兰普：《南斯拉夫史》，刘大平译，东方出版中心 2016 年版。

20.［意］路易吉·萨尔瓦托雷利：《意大利简史》，沈珩等译，商务印书馆 2013 年版。

21.［英］爱德华·吉本：《罗马帝国衰亡史》（上册），黄宜思等译，商务印书馆 1997 年版。

22.［英］爱德华·吉本：《罗马帝国衰亡史》（下册），黄宜思等译，商务印书馆 1997 年版。

23.［英］保罗·阿尔布拉斯特：《低地国家史》，王宏波译，中国大百科全书出版社 2013 年版。

24.［英］大卫·科尔比：《芬兰史》，纪胜利等译，商务印书馆 2013 年版。

25.［英］罗伯特·基：《爱尔兰史》，潘兴明译，东方出版中心 2010 年版。

26.［英］雷蒙德·卡尔：《西班牙史》，潘诚译，东方出版中心 2009 年版。

27.［英］尼尔·肯特：《瑞典史》，吴英译，中国大百科全书出版社 2009 年版。

28.［英］尼古拉·克莱伯：《罗马尼亚史》，李腾译，东方出版中心 2010 年版。

29.［英］尼古拉斯·杜马尼斯：《希腊史》，屈闻明等译，东方出版中心 2012 年版。

30.［英］耶日·卢克瓦斯基、赫伯特·扎瓦德斯基：《波兰史》，常程译，东方出版中心 2011 年版。

二 中文类论文

1. 陈家瑛：《葡萄牙与欧共体》，《瞭望》1992 年第 1 期。

2. 陈力丹、鹿方宁：《三次民族觉醒中的拉脱维亚新闻传播业》，《新闻界》2014 年第 9 期。

3. 陈乐民：《戴高乐主义和民族主义》，《西欧研究》1990 年第 5 期。

4. 陈祥超：《意大利与 20 世纪的法西斯主义》，《世界历史》2001 年第 1 期。

5. 陈文海、王文婧：《墨洛温王朝的"国土瓜分"问题——〈法兰克人史〉政治取向释读》，《历史研究》2014 年第 4 期。

6. 邓开颂：《葡萄牙占领澳门的历史过程》，《历史研究》1999 年第 6 期。

7. 冬治：《拉脱维亚的俄罗斯人处境艰难》，《世界知识》1992 年第 17 期。

8. 樊春菊：《马其顿问题的历史与现状》，《国际资料信息》2001 年第 4 期。

9. 高晓川：《奥匈帝国的民族与民族关系治理》，《世界民族》2014 年第 4 期。

10. 高晓川：《1989 年捷克斯洛伐克天鹅绒革命中的民意压力与捷共妥协》，《当代世界与社会主义》2018 年第 1 期。

11. 郭保强：《西班牙法西斯和佛朗哥政权》，《历史教学问题》1999 年第 3 期。

12. 郭元增：《巴西 500 年回眸与展望》，《拉丁美洲研究》2000 年第 3 期。

13. 葛志强：《保加利亚历史概要》，《东欧》1997 年第 1 期。

14. 黄德明：《论威斯特伐利亚和约对国际法的影响》，《江汉论坛》2000 年第 6 期。

15. 和静钧：《保加利亚：犹疑不安入欧盟》，《世界知识》2005 年第 11 期。

16. 侯树栋：《德意志封建王权的历史道路》，《河南大学学报》（社会科学版）2002 年第 3 期。

17. 何志龙：《塞浦路斯加入欧盟的原因》，《陕西师范大学学报》（哲学社会科学版）2015 年第 6 期。

18. 何志龙：《外来移民与塞浦路斯的民族形成——兼述塞浦路斯历史上希腊族人与土耳其族人的关系》，《世界民族》2006 年第 1 期。

19. 何志龙：《移民活动是早期人类社会历史交往的普遍形式——从历史交往看移民与塞浦路斯早期人类社会的形成和发展》，《西北大学学报》（哲学社会科学版）2002 年第 4 期。

20. 江晟：《论弗朗索瓦一世时期的法国宗教政策》，《史学月刊》2017 年第 4 期。

21. 金志霖：《独立战争：西班牙 19 世纪的第一次革命》，《史林》2003 年第 5 期。

22. 金重远：《试论汉萨同盟的历史影响和衰亡原因》，《华东师范大学学报》（哲学社会科学版）2001 年第 5 期。

23. 孔庆榛：《葡萄牙殖民帝国的兴衰》，《历史教学：高校版》1990 年第 6 期。

24. 孔源：《罗马尼亚，历史夹缝里的国家》，《世界知识》2006 年第 4 期。

25. 阚思静：《1848—1849 年匈牙利革命》，《世界历史》1985 年第 4 期。

26. 刘长新：《试析冷战背景下的葡萄牙康乃馨革命》，《安徽史学》2017 年第 3 期。

27. 刘虹男：《墨洛温王朝中后期"王权虚无论"考议》，《华南师范大学学报》（社会科学版）2021 年第 3 期。

28. 刘林海：《史学界关于西罗马帝国衰亡问题研究的述评》，《史学史研究》2010 年第 4 期。

29. 刘新利：《德国的宗教改革与国家统一》，《经济社会史评论》2017 年第 3 期。

30. 刘自成：《论布匿战争性质的转换》，《贵州大学学报》（社会科学版）1998 年第 2 期。

31. 李朋：《苏联民族政策失误刍议》，《西伯利亚研究》2004 年第 4 期。

32. 李云飞：《钦差巡察与查理曼的帝国治理》，《中国社会科学》

2017 年第 8 期。

33. 梁清：《国家利益视角下的马耳他语言教育政策研究》，《国别和区域研究》2020 年第 1 期。

34. 鲁慎：《16 世纪初葡萄牙东方海上优势的确立》，《西北第二民族学院学报》（哲学社会科学版）2000 年第 4 期。

35. 马钢：《俄罗斯与拉脱维亚：交恶的背后……》，《世界知识》1998 年第 10 期。

36. 米尔恰·巴贝什：《喀尔巴阡山——多瑙河区域早期历史与文明》，《文明》2016 年第 5 期。

37. 戚德刚：《"塞尔维亚克拉伊纳共和国"》，《光明日报》2011 年 7 月 22 日第 8 版。

38. 青觉、谭刚：《民族主义：意大利复兴运动及民族国家建构的精神动力》，《世界民族》2017 年第 1 期。

39. 邱蔚芳：《俄罗斯与爱沙尼亚的经济关系》，《今日东欧中亚》1998 年第 1 期。

40. 任东波：《历史与理论的张力：反思"威斯特伐利亚"》，《史学集刊》2019 年第 4 期。

41. 沈坚：《凯尔特人在西欧的播迁》，《史林》1999 年第 1 期。

42. 阿·加伦-卡莱拉，斯力：《卡勒瓦拉》，《世界文学》1998 年第 2 期。

43. 田烨：《法国民族主义理念下的多元文化主义》，《世界民族》2014 年第 2 期。

44. 王海霞：《奥地利的永久中立政策及当前面临的挑战》，《国际观察》1998 年第 4 期。

45. 王三义：《改制后的短暂辉煌：以奥匈帝国史为例》，《社会科学论坛》2017 年第 10 期。

46. 王新：《克里米亚战争史学研究中的几个问题》，《史学月刊》1985 年第 5 期。

47. 王亚平：《试析中世纪早期西欧采邑制形成的社会基础》，《经济社会史评论》2015 年第 1 期。

48. 徐刚：《爱沙尼亚与俄罗斯关系变迁：基于国家建构的初步考察》，《俄罗斯学刊》2017 年第 6 期。

49. 邢来顺：《启蒙运动与德国的文化民族主义》，《浙江学刊》2007年第 3 期。

50. 薛晓建：《1848 年奥地利革命中的大学生军团》，《中国青年政治学院学报》1992 年第 6 期。

51. 叶成城、唐世平：《第一波半现代化之"帝国的黄昏"——法国与西班牙的改革之殇》，《世界经济与政治》2016 年第 3 期。

52. 杨淑君：《斯堪的纳维亚诸民族的形成和发展》，《外国问题研究》1990 年第 2 期。

53. 闫瑜：《三十年战争和〈威斯特发里亚和约〉》，《德国研究》2003 年第 3 期。

54. 杨燕杰：《保加利亚民族复兴运动的伟大号角——纪念帕伊西·希伦达尔斯基诞生 270 周年和他的〈斯拉夫保加利亚史〉问世 230 周年》，《国际论坛》1992 年第 1 期。

55. 章秉孚：《拉脱维亚共和国的历史沿革》，《今日前苏联东欧》1992 年第 4 期。

56. 张法：《基督教的起源与世界史的重写》，《武汉理工大学学报》（社会科学版）2004 年第 3 期。

57. 张附孙：《七年战争和"交外革命"》，《云南教育学院学报》1993 年第 4 期。

58. 张千帆：《从权利保障视角看族群自治与国家统一（上）》，《国家检察官学院学报》2009 年第 5 期。

59. 张世满：《试析克罗地亚走向独立的历史进程》，《世界历史》1997 年第 4 期。

60. 张万杰：《季米特洛夫与共产国际对西班牙内战的援助（1936—1939）》，《江西师范大学学报》（哲学社会科学版）2019 年第 4 期。

61. 张小济、张琦：《明显的经济拉动——欧盟欠发达成员国参与经济一体化的经验和启示》，《国际贸易》2004 年第 2 期。

62. 张尧娉：《一场政治交易的结果——教皇国的建立》，《世界文化》2010 年第 7 期。

63. 张禹东、李相军：《资本主义世界历史生成的内在逻辑》，《学术研究》2019 年第 4 期。

64. 周桂银：《意大利战争与欧洲国家体系的初步形成》，《史学月刊》2002 年第 11 期。

65. 周荣耀：《戴高乐主义论》，《世界历史》2003 年第 6 期。

66. 周世秀：《葡萄牙何以率先走上海外扩张之路》，《世界历史》1999 年第 6 期。

67. 周尊南：《浅谈胡斯战争》，《郑州大学学报》（社会科学版）1980 年第 3 期。

68. 左凤荣：《民族政策与苏联解体》，《当代世界与社会主义》2010 年第 2 期。

69. 赵林：《基督教与罗马帝国的文化张力》，《学术月刊》2015 年第 4 期。

70. 赵克毅：《试论拿破仑对意大利的战争》，《河南师大学报》（社会科学版）1980 年第 3 期。

71. 赵克毅、辛益：《意大利民族解放运动在 1848 年欧洲革命中的作用与意义》，《河南大学学报》（哲学社会科学版）1986 年第 1 期。

72. 郑宪：《无政府工团主义与内战前的西班牙第二共和国》，《苏州大学学报》1997 年第 2 期。

73. ［葡］阿·康斯坦丁诺夫、申生：《加入欧共体：葡萄牙克服经济落后的途径》，《国际经济评论》1991 年第 5 期。

74. ［西］叶·奥斯特罗夫斯卡娅、申生：《西班牙与欧共体：获得成员国资格后的初步成果》，《国际经济评论》1992 年第 2 期。

75. ［意］罗曼诺·乌果里尼：《加里波第与意大利的统一：从国家到人类》，《厦门大学学报》（哲学社会科学版）2011 年第 2 期。

三 外文类著作

1. Amy McKenna, *Estonia*, *Latvia*, *Lithuania*, *and Poland*, Chicago: Britannica Educational Publishing, 2014.

2. Alan K. Bowman, Edward Champlin and Andrew Lintott, *The Cambridge Ancient History Volume* 10: *The Augustan Empire*, 43 *BC–AD* 69, New York: Cambridge University Press, 1996.

3. Alessandro Manzoni, *Discorso Sopra Alcuni Punti Della Storia Longobardica in Italia*, Milano: Centro Nazionale Studi Manzoniani, 2005.

4. Alvin Jackson, *Ireland* 1798 – 1998: *War*, *peace and beyond*, West

Sussex: Willey-Blackwell, 2010.

5.Bernard A.Cook, *Belgium: A history*, New York: Peter Lang, 2004.

6. Bettina Marquis, Charlotte Bretscher - Gisiger and Thomas Meier, *Lexikon des Mittelalters*, Stuttgart: Verlag J.B.Metzier, 1999.

7. Bryan Cartledge, *The Will to Survive: A History of Hungary*, New York: Columbia University Press, 2011.

8.Carlton J.H.Hayes, *A Political and Social History of Modern Europe: Volume 1: 1500-1815*, Wokingham: Dodo Press, 2007.

9.Claude Orrieux, *A history of ancient Greece*, John Wiley & Sons, 1999.

10.Daniel Z.Stone, *The Polish-Lithuanian State*, 1386-1795, Seattle: University of Washington Press, 2001.

11.David Birmingham, *A Concise History of Portugal*, Cambridge: Cambridge University Press, 1993.

12.David H.Close, *The Origins of the Greek Civil War*, London: Longman, 1995.

13.David Ross, *Ireland History of a Nation*, New Lanark: Geddes & Grosset, 2002.

14.Dennis Castillo, *The Maltese Cross: A Strategic History of Malta*, Westport: Praeger, 2005.

15. Edgar Feuchtwanger, *Bismarck: A Political History*, New York: Routledge Press, 2014.

16.Franklin D.Scott, *Sweden: The Nation's History*, Minneapolis: University of Minnesota Press, 1977.

17.Geoffrey Parker, *The Dutch Revolt*, London: Penguin, 1985.

18. Geoffrey Parker, *The Thirty Years' War*, New York: Routledge Press, 1987.

19.Georg Haggrén, Petri Halinen, Mika Lavento, Sami Raninen and Anna Wessman, *Muinaisuutemme jäljet: Suomen esi - javarhaishistoria kivikaudelta keskiajalle*, Helsinki: Gaudeamus Helsinki University Press, 2015.

20. Gilbert Trausch, *Blick in die Geschichte*, Stuttgart: Seewald - Verlag, 1983.

21.Gordon A.Craig, *Germany*, 1866-1945, New York: Oxford University

Press, 1978.

22.Guy Thewes, *Les gouvernements du Grand-Duché de Luxembourg depuis 1848*, Luxembourg: Service information et presse, 2006.

23.Heiko Haumann, *A History of East European Jews*, Budapest: Central European University Press, 2003.

24.Ian M.Motley, *Romania: A Profile*, New York: Praeger Publishers, Inc., 1970.

25.J.C.H.Blom and E.Lamberts, *History of the Low Countries*, New York: Berghahn Books, 1999.

26.Jean Carpentier and François Lebrun, *Histoire de France*, Paris: Seuil, 1987.

27.Johan Christiaan Boogman, *Nederland en de Duitse Bond 1815-1851*, Groningen-Djakarta: J. B. Wolters, 1955.

28.Joerg Baten, *A History of the Global Economy: From 1500 to the Present*, New York: Cambridge University Press, 2016.

29.Jos Bazelmans, "The early-medieval use of ethnic names from classical antiquity: The case of the Frisians", in Ton Derks and Nico Roymans, *Ethnic Constructs in Antiquity: The Role of Power and Tradition*, Amsterdam: Amsterdam University Press, 2009.

30.Jean Berenger, *A History of the Habsburg Empire 1273-1700*, New York: Longman, 1994.

31. Józef Buszko, *Historia Polski 1864 - 1948*, Warszawa: Państwowe Wydawnictwo naukowe, 1988.

32.Jonathan Israel, *The Dutch Republic: Its Rise, Greatness, and Fall, 1477-1806*, Oxford: Clarendon Press, 1995.

33.Jana K.Schulman, *The Rise of the Medieval World, 500-1300: A Biographical Dictionary*, Westport: Greenwood Press Group, 2002.

34. John R. Lampe and Marvin R. Jackson, *Balkan Economic History, 1550-1950: From Imperial Borderlands to Developing Nations*, Bloomington: Indiana University Press, 1982.

35.Jan W de Vries, Peter Burger and Roland Willemyns, *Het verhaal van een taal: negen eeuwen Nederlands*, Amsterdam: Prometheus, 2003.

36. Kálmán Benda, *Magyarország Történeti Kronológiája*, Budapest: Akadémiai Kiadó, 1981.

37.Kazamias, George, Petrides, Antonis K, Koumas, Emmanouil, *Introduction to the History of Cyprus*, Nicosia: Open University of Cyprus, 2013.

38.Kreins Jean—Marie, *Histoire du Luxembourg*, Paris: Presses Universitaires de France, 2003.

39.László Kontler, *Millennium in Central Europe: A History of Hungary*, Budapest: Atlantisz Publishing House, 1999.

40.Maartje M.Abbenhuis, *The Art of Staying Neutral the Netherlands in the First World War*, 1914–1918, Amsterdam: Amsterdam University Press, 2006.

41.Nora Berend, *At the gate of Christendom: Jews, Muslims and 'Pagans' in Medieval Hungary*, Cambridge: Cambridge University Press, 2001.

42. Norman Davies, *Europe: A History*, New York: Oxford University Press, 1996.

43.Niall Ferguson, *The War of the World: History's Age of Hatred*, New York: The Penguin Press, 2006.

44.Oskar Krejčí, *Geopolitics of the Central European region: the view from Prague and Bratislava*, Bratislava: Publishing House of the Slovak Academy of Sciences, 2005.

45.Pál Engel, *The Realm of St Stephen: A History of Medieval Hungary 895–1526*, London and New York: I.B.Tauris, 2001.

46.Paul–Henri Spaak, *The Continuing Battle: Memoirs of A European 1936–1966*, London: Weidenfeld, 1971.

47.Robert A.Kann, *A History of the Habsburg Empire*, 1526–1918, Oakland: University of California Press, 1980.

48.Rondo E.Cameron, *France and the Economic Development of Europe*, 1800–1914, London: Psychology Press, 2000.

49.René Grousset, *The Empire of the Steppes*, New Brunswick: Rutgers University Press, 1970.

50.Richard J.Evans, *The Coming of the Third Reich*, New York: Penguin Books, 2004.

51. Raymond James Sontag and James Stuart Beddie, *Nazi – Soviet*

Relations, 1939—1941, Washington: Department of State, 1948.

52. ShiriDaniel Z. Stone, *Tlanguage of a Belarusian Tatar Kitab: A Cultural Monument of Islam in Europe*, Wiesbaden: Otto Harrassowitz Verlag, 2009.

53. Stanislav J. Kirschbaum, *A History of Slovakia: The Struggle for Survival (Second Edition)*, New York: St.Martin's Publishing Group, 2005.

54. Viliam Cicaj, Vladimir Seges, Julius Bartl, Dusan Skvarna, Robert Letz and Maria Kohutova, *Slovak History: Chronology & Lexicon*, Mundelein: Bolchazy-Carducci Publishers, 2002.

55. William Crotty and David E.Schmitt, *Ireland on the World Stage*, New Jersey: Pearson Education Inc, 2001.

四 外文类论文

1. Agatha Anna Bardoel, "The Urban Uprising at Bruges, 1280—1281", *Revue belge de Philologie et d'Histoire*, Vol.72, No.4, 1994.

2. A.M.Eckstein, "Polybius, Demetrius of Pharus, and the Origins of the Second Illyrian", *Philology*, Vol.89, No.1, 1994.

3. Bertila Galván, Cristo M. Hernández, Carolina Mallol, Norbert Mercier, Ainara Sistiaga and Vicente Soler, "New evidence of early Neanderthal disappearance in the Iberian Peninsula", *Journal of Human Evolution*, Vol.75, 2014.

4. Boris Tsilevich, "Development of the Language Legislation in the Baltic States", *International Journal on Multicultural Societies*, Vol.3, No.2, 2001.

5. György Rácz, "The Congress of Visegrád in 1335: Diplomacy and Representation", *The Hungarian Historical Review*, Vol.2, No.2, 2013.

6. Charles W. Ingrao, "A Pre - Revolutionary Sonderweg", *German History*, Vol.20, No.3, 2002.

7. John L.Snell, "Wilson on Germany and the Fourteen Points", *Journal of Modern History*, Vol.26, No.4, 1954.

8. Jana Velemínská, Bruzek Jaroslav, Petr Veleminsky, Lucie Bigoni, Alena Sefcakova and Stanislav Katina, "Variability of the Upper Palaeolithic skulls from Předmostí near Přerov (Czech Republic): Craniometric comparison

with recent human standards", *Homo: internationale Zeitschrift fur die ver-gleichende Forschung am Menschen*, Vol.59, No.1, 2008.

9.João Zilhão, "Neandertals and Moderns Mixed, and It Matters", *Evolutionary Anthropology*, Vol.15, No.5, 2006.

10.Kari Alenius, "The Birth of Cultural Autonomy in Estonia: How, Why, and for Whom?", *Journal of Baltic Studies*, Vol.38, No.4, 2007.

11.Kamil Sertoglu and Ilhan Ozturk, "Application of Cyprus to the European Union and the Cyprus Problem", *Emerging Markets Finance and Trade*, Vol.39, No.6, 2003.

12.Leslie C.Tihany, "Hungarian Revolution: 1848–1849", *The Review of Politics*, Vol.42, No.1, 1980.

13.Marnix Beyen, "A Tribal Trinity: The Rise and Fall of the Franks, the Frisians and the Saxons in the Historical Consciousness of the Netherlands since 1850", *European History Quarterly*, Vol.30, No.4, 2000.

14. Michael Gehler and Wolfram Kaiser, "A Study in Ambivalence: Austria and European Integration 1945–95", *Contemporary European History*, Vol.6, No.1, 1997.

15.Milan Hlavačka, "Formování moderního českého národa 1815–1914," *Historický Obzor*, Vol.9/10, No.20, 2009.

16.P.Delev. "Lysimachus, the Getae, and archaeology", *The Classical Quarterly*, Vol.50, No.2, 2000.

17.Paschalis M.Kitromilides, "'Imagined Communities' and the Origin of the National Question in the Balkans", *European History Quarterly*, Vol.19, No.2, 1989.

18.P.S.Barnwell, "Emperors, Jurists and Kings: Law and Custom in the Late Roman and Early Medieval West", *Past & Present*, No.168, 2000.

19.Richard Cavendish, "The Duke of Orleans is Ambushed", *History Today*, Vol.57, No.11, 2007.

20.Roderick Pace, "A Small State and the European Union: Malta's EU Accession Experience", *South European Society and Politics*, Vol. 7, No. 1, 2002.

21.Werner Feld, "The Association Agreements of the European Communities: A Comparative Analysis", *International Organization*, Vol. 19, No. 2, 1965.

22. Thomas Holand, "Richard II's King of Ireland?", *Medieval History*, Vol.11, No.1, 2003.